ABHANDLUNGEN ZUR KUNST-, MUSIK- UND
LITERATURWISSENSCHAFT, BAND 149

DER VEREINSAMTE MENSCH

STUDIEN ZUM WANDEL DES EINSAMKEITSMOTIVS
IM ROMAN VON RAABE BIS MUSIL

VON RENATE MÖHRMANN

1974

BOUVIER VERLAG HERBERT GRUNDMANN · BONN

meiner Mutter

PT 749
MOH

German fiction — 19the — Hist. & crit.
„ — 20the — „

Solitude in literature

ISBN 3 416 00961 4

INHALTSVERZEICHNIS

POLARITÄT VON EINSAMKEIT UND VEREINIGUNG
IN DER FIKTIVEN WELT ROBERT MUSILS

EINLEITUNG

Reflexionen zum Phänomen der Einsamkeit

Wie alle geistig-seelischen Begriffe ist auch der Begriff der Einsamkeit nicht eindeutig und endgültig bestimmbar. Ebenso wie Liebe, Angst und Tod gehört die Einsamkeit zu den archetypischen Erfahrungen des Menschen, die, neben ihrer unveränderlichen Kernsubstanz, durch die Zeit bedingte Varianten aufweisen. Diese Zeiteinflüsse sind dabei keineswegs bloß äußerliche Faktoren, die das Phänomen nur geringfügig verändern, den Kern jedoch unangetastet lassen, sondern von so wesentlicher Bedeutung, daß man nicht mehr von einer einheitlichen Erfahrungsqualität sprechen kann. Ebensowenig einheitlich kann die Frage beantwortet werden, ob der natürliche und erstrebenswerte Zustand des Menschen die Gemeinschaft oder die Einsamkeit ist, selbst wenn man zunächst, durch die äußere Tatsache, daß der Mensch nicht allein, sondern in der Ehe, Familie oder Gruppe lebt, eher geneigt ist, der wohl ältesten Ansicht über menschliches Verhalten, dem aristotelischen Wort vom „zoon politikon" beizupflichten. Dennoch bedeutet die Tatsache des gemeinschaftlichen Lebens zunächst nur einen äußeren, soziologisch-biologischen Aspekt und beweist nicht, daß die Einsamkeit hier aufgehoben ist. Es gibt genügend Beispiele, wo gerade durch die physische Nähe das Gefühl der Isolation stärker empfunden wird, als beim tatsächlichen Alleinsein. Aber auch hier haben die unterschiedlichen Geistesepochen divergierende Antworten gefunden, und man darf Karl Vossler zustimmen, wenn er in seiner „Poesie der Einsamkeit in Spanien" schreibt: „Es gibt aber auch Zeiten und Völker, in denen der Einzelne und Einsame als die Norm, als Urnatur und Vorbild angesetzt und die Gesellschaft als das Entartete und Naturwidrige oder Naturferne verworfen wird[1]." Als eines der eindringlichsten Bekenntnisse zur Einsamkeit darf folgendes Schopenhauer-Zitat gelten:

„Überhaupt kann jeder *im vollkommensten Einklange* nur mit sich selbst stehen; nicht mit seinem Freunde, nicht mit seiner Geliebten: denn die Unterschiede der Individualität und Stimmung führen allemal eine, wenn auch geringe Dissonanz herbei. Daher ist der wahre tiefe Friede des Herzens und die vollkommene Gemütsruhe, dieses nächst der Gesundheit höchste irdische Gut, allein in der Einsamkeit zu finden und als dauernde Stimmung nur in der tiefsten Zurückgezogenheit. Ist dann das eigene Selbst groß und reich, so genießt man den glücklichsten Zustand, der auf dieser armen Erde gefunden werden mag[2]."

Es ist offensichtlich, daß die naive Assoziation von allein = einsam = traurig nicht stichhaltig ist. Nach Schopenhauer empfindet der Mensch gerade in der Gemeinschaft nicht gemeinsam, da die fremde Individualität als Störungsfaktor empfunden wird und die Harmonie beeinträchtigt. Die Einsamkeit ist daher der allein erstrebenswerte Zustand. Ähnliches äußert Nietzsche, wenn er schreibt: „Fliehe, mein Freund, in deine Einsamkeit! Ich sehe dich betäubt vom Lärme der großen Männer und zerstochen von den Stacheln der kleinen[3]."

Aus dem Vorhergesagten wird deutlich, daß das Einsamkeitserlebnis nicht von seinem geistesgeschichtlichen Hintergrund gelöst betrachtet werden kann, sondern in engster Korrelation zu ihm steht. Aufklärerische, empfindsame, impressionistische oder nihilistische Einsamkeitsempfindungen weisen, neben ihrer gemeinsamen Grundstruktur, spezifische, unverwechselbare Merkmale auf, die eine perspektivische Betrachtungsweise notwendig machen.

Die Untersuchung der archetypischen Verhaltensweisen ist eher eine Aufgabe der Psychologie und der Philosophie als der Literatur. Es ist daher auch keineswegs erstaunlich, daß den spärlichen literaturwissenschaftlichen Veröffentlichungen über die Einsamkeit eine viel größere Anzahl philosophischer und psychologischer Untersuchungen gegenübersteht. Für diese Arbeit sind deren Ergebnisse jedoch von geringer Verwertbarkeit, ebenso wie beispielsweise die der soziologischen Studien von Peter Hofstätter, Philipp Lersch und Ulrich Beer[4], bei denen es sich häufig um anthropologische Systematisierungen handelt, wie auch bei Gerhard Kölbel, der vom Schlaf als der Urform des Einsamkeitserlebens spricht[5], oder um statistische Abgrenzungen von Masse und Einzelnem. Wesentlich ist, daß mit Kierkegaard, Heidegger und Jaspers die Auseinandersetzung mit der Einsamkeit in der Philosophie beginnt[6]. Dieser Tatbestand ist insofern symptomatisch, als er eine erhöhte Bedeutung und Vertiefung der Einsamkeitserfahrung reflektiert. Heidegger entwickelt in seinem philosophischen Hauptwerk „Sein und Zeit" ähnliche Ansichten über die einsame Existenz, wie Rilke sie dichterisch in „Den Aufzeichnungen des Malte Laurids Brigge" gestaltet. Heidegger sieht in einem existentiellen

„Un-zuhause" die ursprüngliche Seinsform, in der allein der Mensch zu seinem Selbst und zur Wesenhaftigkeit gelangt, und bezeichnet die Flucht in das „Zuhause der Öffentlichkeit" als defizienten Seinsmodus[7]. Es wird die Aufgabe dieser Untersuchung sein, den sich allmählich vollziehenden Prozeß der Vertiefung der Einsamkeitserfahrung und seinen reziproken Gewinn oder Verlust zu analysieren.

Obwohl sich das Einsamkeitsmotiv zweifelsohne auch im Drama verfolgen läßt — gerade die Bühnenwerke Hauptmanns kreisen immer wieder um die lebensvernichtende Verlassenheit des Menschen —, bietet sich aus gattungsimmanenten Gründen eine Konzentration auf den Roman an. Selbst der Einsamste unter den Dramatis Personae befindet sich immer noch in einer Gemeinschaft von anderen Einsamen, zu denen er in einem dialogischen Verhältnis steht. Tiefste Einsamkeit indessen äußert sich nicht mehr dialogisch, sondern monologisch. Sie ist ihrem Wesen nach undramatisch[8]. Ein völliges menschliches Verstummen, Einsamkeit, die sich nicht mehr artikulieren kann — wie sie beispielsweise Musil in seiner „Tonka" gestaltet —, würde die dramatische Form ad absurdum führen. In gewisser Weise kann daher das Drama eine Vereinsamung aus seiner Gattung heraus relativieren, während der Roman als „die Form der transzendentalen Heimatlosigkeit[9]" — wie Lukács ihn bezeichnet hat — das Instrumentarium par excellence ist, um eine ins Grenzenlose ausgeweitete Einsamkeit evident zu machen. Für eine Orientierung am Roman spricht außerdem das nicht zu übersehende Phänomen, daß das Auftreten der individuellen Einsamkeit — das (wie aus der historischen Perspektive ersichtlich wird) in die nachmittelalterliche Zeit der Renaissance fällt —, mit dem Auftreten der ersten bedeutsamen europäischen Romane koinzidiert. Lukács betont diesen Zusammenhang von Einsamkeit und Roman in bezug auf Cervantes' „Don Quixote": „So steht dieser erste große Roman der Weltliteratur am Anfang der Zeit, wo der Gott des Christentums die Welt zu verlassen beginnt; wo der Mensch einsam wird und nur in seiner nirgends beheimateten Seele den Sinn und die Substanz zu finden vermag[10]." Eine literarische Form, die in so offensichtlicher Beziehung zu der beginnenden menschlichen Seinsdesorientierung und anwachsenden Heimatlosigkeit steht, ist in erhöhtem Maß geeignet für eine Studie des Einsamkeitsmotivs.

Eine ähnlich prädominierende Eignung läßt sich für die Wahl der behandelten Epochen nicht nachweisen. Es wäre eine „interpretatorische tour de force", wollte man die gewählte Zeitspanne von Raabe bis Musil als eine causa finalis für Vereinsamung schlechthin betrachten. Das subjektive Moment spielt ganz ohne Frage bei einer solchen Zäsur eine nicht fortzuleugnende Rolle. Die Grenzen hätten auch enger oder weiter gezogen werden, oder ganz anders ausfallen können. Wesentlich ist, daß es hier nicht um eine möglichst vollständige Addition von Vereinsamungsfällen geht, sondern um den Prozeß einer Wandlung, den die literaturwissenschaftliche Forschung bisher viel zu wenig beachtet hat, da sie sich in den meisten Fällen mit dem Hinweis auf die verlorene Gottesrelevanz als Ursache für Vereinsamung begnügt hat[11]. Von daher erhält die vorgenommene Epochenwahl eine gewisse Rechtfertigung, da sich hier durch den Durchbruch zur Moderne eine auffällige Variationsbreite der Einsamkeitserfahrung nachweisen läßt. Die ganze Spannweite von zutiefst gefürchteter Einsamkeit bis zu einem fast hybriden Einsamkeitsfanatismus wird in diesem Zeitraum durchlebt. Zum erstenmal wird der Eigenwert der Einsamkeit – jenseits aller Funktionalität oder Kausalität – als Seinssteigerung erfahren, um schon im selben Augenblick in den Schrecken des Auswegslosen umzuschlagen, der den Menschen seine Heimatlosigkeit auch in der angenommenen Einsamkeit erkennen läßt.

Das Motiv der Wandlung bedingt ferner ein besonderes, induktives Auswahlverfahren, das gelegentlich eine gewisse Uneinheitlichkeit in der literarischen Qualität zur Folge hat. Da es sich um eine modifizierende Motivuntersuchung handelt, wäre es jedoch einseitig und verfälschend, wollte man sie nur aus wenigen Meisterwerken ableiten. Häufig sind es ja gerade Werke von sekundärer Bedeutung, die Zeittypisches viel sichtbarer und reiner zum Ausdruck bringen.

Auf eine Auseinandersetzung mit der spezifischen Einsamkeit des Künstlers wurde bewußt verzichtet, da man dann nicht an der romantischen Künstlereinsamkeit hätte vorbeigehen können und damit die Gefahr der Uferlosigkeit gegeben wäre. Zudem gibt es gerade unter den spärlichen sekundärliterarischen Untersuchungen über das Einsamkeitsproblem[12] eine Arbeit von W. Rehm, die sich mit der Dichter-Künstler-Einsamkeit um die Jahrhundertwende auseinandersetzt[13].

Trotz des hier angewandten hauptsächlich einzelanalytischen Verfahrens soll nicht darauf verzichtet werden, die historische Bezogenheit der jeweiligen Einsamkeitserfahrung sichtbar zu machen und sie einem größeren Gesamtzusammenhang zuzuordnen.

10

Es versteht sich von selbst, daß es nicht das Anliegen einer einleitenden Retrospektive sein kann, eine auch nur annähernd lückenlose Entwicklung des Einsamkeitsphänomens nachzuzeichnen. Ebensowenig kommt es in diesem Zusammenhang darauf an, neue Forschungsergebnisse zu vermitteln. Es geht hier vor allem darum, Blinklichter zu setzen, Frühformen hervorzuheben und Entwicklungsstränge aufzuzeigen, die für den in dieser Arbeit behandelten Zeitabschnitt von Bedeutung sind.

1346 vollendete Petrarca seine „De Vita Solitaria"[14], und es ist kein Zufall, daß das erste umfassende Dokument[15] über die Einsamkeit in der Renaissance, der Epoche des beginnenden Individualismus, entstand. Der mittelalterliche Mensch hatte eine individualistische Einsamkeit nicht gekannt. Er hatte seinen festumrissenen Platz in der kirchlichen und ständischen Gesellschaft, und sein Leben innerhalb dieser Ordnungen war geregelt bis zum Faltenwurf und Haarschnitt des Ritters und der Gewandung des Mönches. Einzelseelische Empfindungen waren ihm fremd. Leben bedeutete für ihn Leben in der Gemeinschaft, in der sich alles nach einer vorbestimmten Form abspielte, deren Motto „ordo" war, das heißt die Ordnung und der Orden[16]. Eine Ausnahme hiervon bildeten die Mystiker, die ein tief inneres, metaphysisches Einsamkeitsgefühl gekannt haben. Das Alleinsein mit Gott verlangte von ihnen eine Loslösung nicht nur von allen weltlichen Gütern, von all dem, was vom kirchlichen Standpunkt aus „vanitas" war, sondern darüber hinaus einen Verzicht auf jede menschliche Bindung, jede Freundschaft und jeden nicht um Gott kreisenden Gedanken[17]. Es vollzog sich an ihnen ein Prozeß des „Entwerdens". Andererseits darf aber nicht vergessen werden, daß es sich, ebenso wie bei den asketischen Einsamkeitsformen der Mönche, um ein Alleinsein mit Gott handelt. Für den Mystiker ist der Zustand der Verlassenheit daher kein permanenter, sondern wird durch die „unio mystica" wieder aufgehoben. Tiefstes Alleinsein mündet in ein Alleins-Sein mit Gott.

Die Loslösung aus dem hierarchischen Gefüge vollzog sich in der Renaissance. Der Mensch entdeckte seine eigene Individualität und im gleichen Maße, in dem sich sein Selbst stärkte und behauptete, verloren der mittelalterliche Dogmatismus und das normative Denken ihre Allgemeingültigkeit. Die letzte maßgebliche Instanz war nun nicht mehr die Kirche,

sondern das Individuum selbst. Damit wird die eigene subjektive Empfindung zum Wertmesser, die von keiner außer- oder überindividuellen
Ordnung mehr korrigiert wird. So spricht Rudolf Kayser in „Die Zeit ohne
Mythos" von der Renaissance als der „radikalsten kulturellen Revolution",
in der es um „die Ausrottung des religiös-absoluten Lebensstiles" geht und
in der „zum ersten Mal die Angelegenheiten des Ich vertreten werden[18]."

Dem Bedeutungszuwachs des Ich-Bewußtseins steht aber auf der
anderen Seite ein Kommunikationsverlust gegenüber, da die zwischenmenschlichen Beziehungen ja nicht mehr durch die normierenden Vor-
schriften der christlichen Kirche oder der ständischen Ordnungen geregelt
werden. Daraus ergibt sich die Korrelation zwischen Individualismus und
Einsamkeit. Da im Mittelalter das Alleinsein nur in funktionaler Beziehung
zum Göttlichen gesehen und erlebt wurde, wäre eine Abhandlung wie die
Petrarcas nicht denkbar gewesen. Petrarcas Buch ist bedeutsam, weil es
zum erstenmal die säkularisierte Einsamkeit beschreibt. So heißt es im
4. Abschnitt des ersten Buches, aus dem die Tendenz des Ganzen schon
deutlich hervorgeht:

„. . . qui vel amore literarum amicum ocio, & literis locum amo, vel
fortasse odio quodam ex dissimilitudine morum orto, popolum fugio, . . .
[. . .] viuere ut velis, ire quo velis, stare ubi velis, viuere inter purpureos
florum thoros, autumno caducarum inter frondium aceruos acquiscere, . . .
in utraque tuum esse, & ubicunque fueris esse tecum, procul a malis,
procul ab exemplis scelerum . . .[19]"

Es ist wichtig, die Motive kurz zu betrachten, die Petrarca hier für seine
Einsamkeitsliebe angibt. Zunächst fällt auf, daß Gott mit keinem Wort
erwähnt wird. Der Autor zieht sich nicht aus religiösen Motiven zurück.
Die flüchtige Erwähnung am Ende „procul a malis, procul ab exemplis
scelerum" wirkt eher wie eine schnell noch hinzugefügte, aufgepfropfte
Wendung, die ihm gerade vor Abschluß der Motivkette noch eingefallen ist
und kann daher nicht als Diesseitsabkehr gewertet werden. Drei unterschiedliche Gründe lassen sich erkennen: Zuerst wird die Liebe zu Büchern
angeführt[20], wobei der Ausdruck „literarum amicum" verdeutlicht, daß es
ihm nicht nur um Bildung, sondern ebenso um den Genuß geht, um
humanistische als auch um epikureische Werte. Sodann mutmaßt er, daß
ihm der Geschmack der Masse nicht zusagt und zuletzt wiederholt er
betont, daß es ihm hauptsächlich um die Eigengesetzlichkeit seines Ich und

die Ausbildung seiner Persönlichkeit gehe. Die letzten beiden Gründe müssen im Auge behalten werden, da sie in dem von mir behandelten Zeitraum eine zunehmende Bedeutung gewinnen. Dennoch muß klar gesehen werden, daß Petrarcas Einsamkeit sich noch grundlegend von der des 20. Jahrhunderts unterscheidet. Sie bedeutet ihm — und er steht damit noch ganz in der Tradition der antikischen Naturvorstellung — einfach äußere Zurückgezogenheit und Gegenpol zum geschäftigen, oberflächlichen Stadtleben. Ganz kategorisch und einseitig stellt er dem „miser occupatus" den „felix solitarius" gegenüber. Das ganze 2. Traktat handelt „De miseria occupati, ac faelicitate solitarii . . .[21]" Einsamkeit bedeutet noch keine geistig-seelische Erfahrung, sondern ist lokalisierbar als ländlich abgeschiedene Stätte, die besonders geeignet zum Studium geistreicher und erbaulicher Werke ist. Das wird deutlich, wenn er fortfährt: „Nec vero unquam mihi amici praesentia interrumpi solitudo videbitur, sed ornari, ad postremum si alterrutro carendum sit, solitude ipsa'priuari maluerim, quam amico[22]."

Idyllische Ländlichkeit, Bücher als Bildungsmöglichkeit, ein gleichgestimmter Freund und Seelenharmonie sind nicht das, was die Einsamkeit bestimmt, von der in dieser Untersuchung die Rede sein soll. Schon hier wird die begriffliche Uneindeutigkeit und die Schwierigkeit einer genauen Abgrenzung des Wortes Einsamkeit offenbar. Die Sprache benutzt hier denselben Ausdruck für unterschiedliche Erscheinungsformen. Selbst wenn man von äußerer und innerer Einsamkeit sprechen würde, wäre die Unklarheit damit nicht behoben, da sowohl in der Einsamkeit der Aufklärung als auch in der des Rokokos Freunde, ja ganze Gruppen von Menschen gegenwärtig sind und es sich deshalb aus der heutigen Sicht nicht einmal um äußeres Alleinsein, sondern vielmehr um ein gemeinsames In-der-Natur-Sein handelt. Dennoch sprechen die Dichter der Aufklärung auch in diesem Fall von Einsamkeit[23]. Es ist offensichtlich, daß das Einsamkeitsmotiv ohne seine epochale Gebundenheit unverständlich bleibt und eine historische Analyse unumgänglich ist.

Petrarca hatte zum erstenmal einer weltzugewandten, humanistisch-individualistischen Einsamkeit sein Lob gezollt. Dennoch ist es nicht so, daß es sich von diesem Zeitpunkt an um einen gradlinig verlaufenden Säkularisierungsprozeß handelt. Immer wieder, zunächst im Barock, aber auch bis zu Kierkegaard, der Alleinsein und Angst nur in Beziehung zur Erbsünde, also zu Gott sieht[24], taucht die religiös bedingte Einsamkeit auf

— sei es als asketische Form, um zum ewigen Leben zu gelangen oder aber, leidvoll erfahren, als Folge einer religiösen Abkehr.

Im Zeitalter des Barocks läßt sich besonders am Typus des Eremiten die veränderte Form der Einsamkeitserfahrung nachweisen. Die vielen weltabgewandten Einsiedlergestalten dieser Epoche dokumentieren, wie sehr die selbstbewußte, weltfreundliche und emanzipierte Einsamkeit der Renaissance vergessen war. Das tiefe Mißtrauen gegen alles Irdische, die eingewurzelte Angst vor der Unzulänglichkeit und Unverläßlichkeit der Welt, — mit einem Wort: die ganze pessimistische Urerfahrung des Barocks spiegelt sich in der Gestalt des Einsiedlers wieder. Hier wird Einsamkeit als selbstauferlegte Buße und Reue erlebt. Sie bedeutet die einzige Möglichkeit, der verderblichen und trügerischen Diesseitigkeit zu entgehen. Die Klause wird zur letzten Zufluchtsstätte, wo Seelenfrieden und Gottgefälligkeit noch gewährleistet sind. Es ist daher bezeichnend, daß der Held des barocken Schelmenromans, der Picaro, nach der Vielfältigkeit und Buntheit seiner Abenteuer die Welt verläßt und als Einsiedler endet[25]. Diese theozentrische barocke Einsamkeit, wie sie uns in den literarischen Zeugnissen der Eremiten begegnet, ist im höchsten Maße entsagungsvoll, düster und pessimistisch. Aber bereits 1668/69 läßt sich an einem der bedeutendsten Beispiele des Picaroromans, am „Simplicissimus", eine Wandlung des Einsiedlertums feststellen. Der noch typisch barocken, weltabgewandten Einsiedelei des Vaters, zu Anfang des ersten Buches, steht die sehr viel freundlichere des Sohnes am Schluß des sechsten Buches, der „Continuatio", gegenüber. Anstelle des ausgemergelten, Kräuter und Wurzel verzehrenden Einsiedlers, dessen Angesicht „bleich = gelb und mager" war[26], begegnet uns ein „starcker wol proportionirter" Athlet mit „lebhaffter schöner Farb", der der paradiesischen Fruchtbarkeit seiner Insel samt Palmwein nicht ablehnend gegenübersteht[27]. Betont werden muß auch, daß es sich bei dieser Inseleinsiedelei nicht um eine selbstgewählte Abgeschiedenheit aus Weltüberdruß handelt, sondern um eine zufällige und unabänderliche Folge eines Schiffbruchs. Notwendigerweise müssen daher Gebetsübungen und fromme Kontemplationen zunächst vor der pragmatischen Bewältigung des Lebensunterhalts zurückstehen. Dadurch erhält diese Einsamkeit gewisse neue, abenteuerliche Elemente, die sowohl in der des Vaters als auch in der von Petrarca beschriebenen noch fehlten. Sie nimmt bereits verschiedene Züge der erst etwa 50 Jahre später aufkommenden Robinsonaden vorweg. Diese Hinweise mögen genügen, um die schon latent vorhandene Abkehr von der pessimistischen, weltverneinenden Barockeinsamkeit und die allmähliche Hinwendung zu einer sehr viel diesseitigeren und optimistischeren Einsamkeitsfreude in der Natur auszudrücken.

Im Rokoko stoßen wir auf ganz neue Einsamkeitsmotive. Nicht mehr der Gelehrte, der Eremit oder der Abenteurer begibt sich in die Abgeschiedenheit, sondern der Liebende. Die rauhe, unwirtliche Natur der echten barocken Einsiedelei, die gerade in ihrer Kargheit dem weltabgewandten Büßer willkommen war, verwandelt sich nun in eine heiter-idyllische, schäferlich-arkadische und bietet den geeigneten Rahmen für die Seelenergüsse der Liebenden. Hier klagt der Enttäuschte schmachtend sein Leid oder schwelgt der Erfolgreiche genüßlich im Vorgefühl kommender Freuden. Folgendes Zitat aus „Der liebenswürdigen Adalie" ist charakteristisch für die Einsamkeit, in der die Heldin ihren totgeglaubten Geliebten betrauert:

„. . . so fande sie sich in einer Gegend / welche die Natur so Wunder schön ausgeschmücket / daß die Augen die angenehmste Weide daran genossen.

Sie sahe eine grüne Wiese mit nicht gemeiner Anmuth vor sich / wo das bunte Schmeltzwerck der mannigfaltigen Blumen so herrlich prangte / daß die heiteren Sonnen Strahlen in solche selbst verliebt schienen / in dem sie mit ihren Blicken unauffhörlich auff diese Frühlings Kinder spielten: [. . .] Von der Seiten stunde ein hoher Berg / . . . in dessen Mitten aber weidete sich eine Heerde Wollenreicher Schaafe / und der vergnügte Schäffer spielte auff seiner Feld Schallmeyen so lustig / daß Berge und Thäler einen frohen Wieder=Hall gaben: Hinter der auffmercksamen Adalie saß die muntere Nachtigall auff dem Ast eines dick=belaubten Baumes / welche durch ihre süsse Kehle die Gegenwart eines so wunder schönen Fräuleins mit ungemeiner Anmuth preißte / und mit ihren bezaubernden Liebkosen Adalien dergestalt einnahm, daß sie entzückt ins grüne Graß unter einen schattichten Baume sanck. Viele andere Vögel stimmten den holden Klange der Nachtigall bey / und suchten durch ihr Zwitschern dieser irrdischen Göttin ein Ergetzlichkeit zu machen . . .[28]"

Hier singt und zwitschert, tönt und klingt alles in anmutigster Harmonie, und ein verspielter und leichtmütiger Eros scheint allgegenwärtig, um jede Traurigkeit zu verscheuchen. So nimmt es auch nicht Wunder, daß die Heldin bereits mit ihrem Geschick versöhnt scheint und in das allgemeine Entzücken einstimmt. Diese Seelenstimmung würden wir heute kaum noch mit dem Begriff Einsamkeit bezeichnen. Dennoch verwendet ihn Hunold und mit ihm seine Zeitgenossen. Man muß sich vergegenwärtigen, daß es sich hier um die erste nachbarocke Generation handelt, die sich gerade erst aus den Banden des 17. Jahrhunderts befreit hat, die weder das Hohe noch das Tiefe will, sondern ein Leben in spielerischer Festlichkeit und graziöser Aufgeputztheit. Amor ist allgegenwärtig und die Welt ein „Liebeskabinett", aber doch nur soweit, daß die Grenzen des Konventionell-Wohlgefälligen nie überschritten werden. So seufzt Adalie wohl über den Verlust ihres Geliebten, „doch sie ließ die Betrübniß nicht dergestalt Überhand nehmen / daß sie sich selbiger allein auffgeopffert; sondern ihre Schmertzen waren nach Art erhabener Seelen gemäßiget / . . .[29]" Tiefere Empfindungen werden als störende Mißtöne aus einem Lebenskonzept ausgeklammert, dessen Motto anmutige Unbeschwertheit ist. Für eine Gesellschaft, deren Lebensgefühl so einseitig auf das Dekorative abgestimmt ist, kann Einsamkeit nicht innere Einkehr und Selbstbesinnung bedeuten. Sie ist zu verstehen als ländliches Treiben, als geselliges Beieinandersein in einer domestizierten Natur, als Gegensatz zum höfischen Leben. Man begibt sich deshalb auch nie allein in die Natur, sondern in Gesellschaft von Freunden und Gleichgesinnten. Die Landschaftsbilder von Watteau und Boucher spiegeln diese bukolische Einsamkeitsschwärmerei wieder. Bunt aufgeputzte, adelige Schäfer und Schäferinnen tändeln um künstliche Grotten und spielen Landleben, spielen sich selbst vor einer ländlichen Kulisse[30].

In der Einsamkeitsauffassung der Aufklärung findet man Tendenzen, die schon Petrarca in seinem „De Vita Solitaria" dargelegt hatte. Wesentlich ist, daß die stoisch-epikureische Philosophie der Antike in der Popularphilosophie zum allgemeinen Bildungsgut geworden war. Das stoisch-bürgerliche Pflichtbewußtsein sieht gerade in der Abgeschiedenheit die Möglichkeit zur Weiterbildung und zur konzentrierten Geistesarbeit gewährleistet und mißt ihr einen didaktischen Wert bei. Der epikureischen Richtung geht es um den Begriff der „Glückseligkeit", die gerade im Naturgenuß erreicht wird. Das Petrarkische „otium et studium" klingt durch. Genau wie in der Renaissance war wieder ein umfangreiches Werk über die Einsamkeit entstanden. 1785 vollendete J. G. Zimmermann sein vierbändiges opus „Ueber die Einsamkeit"[31], und differenziert hier zum erstenmal zwischen einsam und allein sein. So heißt es: „Einsam ist man zuweilen auch da, wo man nicht alleine ist, . . . Einsam ist ein denkender Kopf an mancher vornehmen Tafel[32]." Der bislang herrschende Gegensatz von äußerer Abgeschiedenheit und geselligem Leben, von Natur und Welt, wird nun in den innermenschlichen Bereich transponiert und zu einem Gegensatz von Geistesgemeinschaft und Geistesfremdheit vertieft. Allerdings verliert der Verfasser diesen subtileren Gedanken schon bald wieder aus den Augen und erläutert, als echter Repräsentant der Aufklärung, die rational zweckmäßige Korrelation zwischen Einsamkeit und Geselligkeit:

„Es ist freylich überhaupt nicht gut, daß der Mensch alleine sey. Nicht nur unzählige Bedürfnisse, sondern ein natürlicher und angebohrner Vereinigungstrieb knüpfen die Bande der Gesellschaft, und bestimmen uns wahrlich nicht zur Einsamkeit. Gesellschaft ist des Menschen erste Nothdurft[33]."

So hat die Einsamkeit für Zimmermann, als einem Vertreter des aristotelischen „zoon politikon", keinen Wert an sich, sondern gewinnt ihn erst in bezug auf die Gesellschaft. Der kluge Staatsmann, der Denker oder Dichter bedarf einer temporären Abgeschiedenheit gewissermaßen als renovatio, als Bildungsasyl, um sich sodann wieder mit größerem Nutzen seinen Mitmenschen zuzuwenden. Aus eben diesen Gründen läßt schon J. M. von Loën in seinem typischen Roman der Frühaufklärung, „Dem redlichen Mann am Hofe", seinen Helden die idyllische Landabgeschiedenheit gegen ein Leben bei Hofe eintauschen, da es für den Klugen und Tugendhaften keine höhere Pflicht gibt, als der Gemeinschaft zum Vorbild zu leben[34]. Die erste staatspolitische Aktion, die der Held verrichtet, entspricht demzufolge auch ganz der Geisteshaltung seiner Zeit. Er schickt den durch ausschweifende Genüsse erkrankten König zunächst zur Entschlackungskur in die Einsamkeit. Dieser Fall ist symptomatisch. Die zahlreichen Eremitagen, Landschlösser, Teepavillons und Jagdhäuser zeugen von der Beliebtheit dieser gelegentlichen Ausflüge ins Ländliche. Hier wird Einsamkeit zur vielseitigen Oase, zum Stimulans und Regulativ, zum Allheilmittel für physische und psychische Indisposition. In dieser Einsamkeitsauffassung manifestiert sich das ganze utilitaristische Denken der Aufklärung.

Parallel hierzu verlief die andere, völlig entgegengesetzte Bewegung des Pietismus, die — wie Christa Fichte ausführlich belegt[35] — gerade für die moderne Einsamkeitserfahrung von großem Einfluß gewesen ist. Es mag zunächst erstaunen, wenn man trotz der offensichtlichen Gemeinschaftlichkeit des pietistischen Lebens, der zahlreichen Konventikel und Brüdergemeinschaften, in denen zusammen gebetet, gesungen und gearbeitet wird, dennoch auf das Erlebnis der Einsamkeit verweist. Wieder handelt es sich um den bereits einleitend erwähnten Gegensatz von äußerer und innerer Einsamkeit. Die Tatsache, daß der Pietist in seiner Tätigkeit fast niemals isoliert ist, schließt nicht aus, daß er sich dennoch innerlich allein fühlen kann. „Einsam ist man zuweilen auch da, wo man nicht alleine ist, . . ." hatte schon Zimmermann notiert[36]. Das Wesentliche und Neue ist ja gerade, daß das Grunderlebnis der Pietisten nicht mehr die kultisch orthodoxe Gottesimmanenz der christlichen Kirche ist, sondern eher dem verinnerlichten Gottesgefühl der Mystiker vergleichbar wird. Während der Mystiker aber erst nach einer völligen Selbstaufgabe, nach dem Stadium des „Entwerdens", zu einer „unio mystica" gelangte, erfuhr der Pietist Gott gerade in seinem ureigenen So-Sein, in seiner ganz spezifischen Individualität. Christa Fichte bezeichnet deshalb die Gemeinde der Pietisten als eine „Gemeinschaft von Einsamen"[37] und sieht in der „natürlichen Einmaligkeit des Einzelnen . . . die Ursache seiner religiösen Einsamkeit[38]". Trotz äußeren Beisammenseins bleibt das Gotteserlebnis ein rein subjektivistisches, abhängig von der religiösen Prädisposition eines jeden Individuums, wodurch im besonderen Maße die Gefahr einer Vereinzelung in der Gemeinsamkeit gegeben ist. Zum erstenmal scheint sich hier die eingangs angeführte Korrelation von Individualismus und Isolation zu verwirklichen. Wenn der Mensch der Renaissance trotz seiner allmählichen Loslösung vom mittelalterlichen Dogmatismus noch nicht von einem vertieften, bewußten Einsamkeitserlebnis durchdrungen war, so deshalb, weil die Folgen derartig komplexer Umschichtungsprozesse erst nach großen Zeitspannen zutrage treten. Der humanistische Gelehrte war wohl allein, aber im Grunde nicht einsam, da er doch im Sinne Petrarcas die gesamte griechisch-römische Dichterwelt zur Gesellschaft hatte. Der barocke Eremit lebte mit Gott und der Mensch des Rokokos und der Aufklärung unter seinesgleichen. Zu einem echten Bewußtsein dessen, was innere Einsamkeit bedeutet, ist es nie gekommen.

Im Pietismus nun werden die ersten Anzeichen für den Preis offenbar, den der Individualismus für seine Befreiung zu zahlen hatte. Gerade weil der Pietist als Einzelner, Einsamer, nicht mehr in kultischer Gemeinschaft

18

Geborgener vor Gott steht und sein religiöses Verhältnis nicht mehr das mittelalterlich dogmatische ist, wird seine Einsamkeit eine zutiefst individualistische und berührt den innersten Kern seines Wesens. Noch kann diese Einsamkeit immer wieder im religiösen Empfinden geborgen und aufgehoben werden. Fällt aber einmal diese religiöse Verwurzelung fort, – wie sich schon in der Empfindsamkeit andeutet – ohne daß an ihrer Stelle neue, produktive Wertkategorien geschaffen werden, so stoßen wir auf die solipsistische, inhaltslose Vereinsamung eines William Lovell.

Das persönliche Frömmigkeitserlebnis der Konventikler führte im Verlaufe der Zeit zu einem immer stärker werdenden Subjektivismus, der in einen rührselig-schwelgerischen Seelenkult mündete und bereits den Übergang zur Empfindsamkeit kennzeichnet. Die fast privat wirkende Gottesgemeinde der Pietisten weitete sich zu einer Gemeinschaft gleichge-stimmter Seelen, in der ein gefühlvoller Freundschaftskult das religiöse Anliegen immer mehr in den Hintergrund drängte. Auf diese Weise wird auch in der Empfindsamkeit der Zustand einer permanenten und radikalen Verlassenheit zunächst noch vermieden, da das Nachlassen des religiösen Gefühls durch eine schwelgerisch-melancholische Seelenfreundschaft sub-stituiert werden kann.

Die schwärmerisch glücklichen oder unglücklichen Helden der frühen empfindsamen Romane veranschaulichen die veränderte Gefühlsstruktur. Die unglückliche Liebe wird zu einem der Hauptmotive dieser Romane. Das Neue ist nun, daß der Liebende seine Verlassenheit in schwelgerisch schwermütiger Melancholie genießt. Er flieht aus der geselligen Welt in die Einsamkeit, um sich seiner Trauer ungestört hingeben zu können, sie künstlich zu verlängern und auf diese Weise seine Leiden in „Freuden der Phantasie" umzuwandeln. Eine ähnliche Gefühlshaltung läßt sich auch im Impressionismus nachweisen, wenn etwa der Held aus Schnitzlers „Blumen" fast eigensinnig in seiner Trauerstimmung verharrt oder wenn in Musils „Verwirrungen des Zöglings Törleß" der jugendliche Protagonist seine Trennung von den Eltern wehmütig auskostet und eigentlich recht gern Heimweh hat. Diese Umwandlung der Vereinsamung in Selbstgenuß, die für die Empfindsamkeit spezifisch ist, ist aber gerade der wesentlichste Faktor, der den Menschen noch vor einer radikalen Einsamkeitserfahrung bewahrt. Die intensive Beschäftigung mit sich selbst läßt die Konfrontation mit dem Nichts noch nicht zu.

19

Auffällig bleibt allerdings die Diskrepanz zwischen der Sehnsucht nach Seelengemeinschaft und ihrer tatsächlichen Verwirklichung. Wie ist eine solche Vielzahl von unglücklich Liebenden bei einem so hohen Kurswert der Liebe in dieser Frühphase der Empfindsamkeit erklärbar? Wie kommt es zu einer Vereinsamung der Liebenden? Es liegt hauptsächlich daran, daß von vornherein keine echte Ich-Du Bindung angestrebt wurde, sondern daß es, genau wie im Zustand der Verlassenheit, um die höchst persönlichen „Angelegenheiten des Ich", um den Selbstgenuß geht. Es wurde gar keine wirkliche Mühe darauf verwandt, den anderen in seiner Eigenart zu erfassen, sondern es ging hauptsächlich darum, durch ihn bestätigt zu werden und zu einer intensiveren Empfindung seiner selbst zu gelangen. Da die Wirklichkeit im seltensten Fall den Anspruch, den der Liebende auf den anderen erhoben hatte, erfüllen kann, bleibt die Frustration nicht aus. Das Paradoxe aber ist nun, daß der Liebende diese Enttäuschung und Nichterfüllung seiner Wünsche unbewußt herbeigesehnt hatte. Zwischen seiner Liebessehnsucht und seiner Vereinsamung besteht also eine Korrelation oder, noch pointierter ausgedrückt: die Vereinsamung wird zur Prämisse für eine höchste Gefühlssteigerung, weil nur hier eine durch keine Wirklichkeitsansprüche mehr beeinträchtigte Seelengemeinschaft erlebt werden kann.

Auch Werther geht es im Grunde nur sehr sekundär um Lotte, wie folgende Worte aus seinem Brief vom 13. Juli bezeugen: „Ja ich fühle, ... — daß sie mich liebt! Mich liebt! — Und wie wert ich mir selbst werde, wie ich — ... wie ich mich selbst anbete, seitdem sie mich liebt![39]" Die Anhäufung und Wiederholung der Ichformen illustrieren diese ganze egozentrische Seelenlage. Im Gegensatz zu den frühen empfindsamen Romanen jedoch, wird nun, in der Spätphase, Einsamkeit als Spielhaltung aufgegeben. Das solitäre Schwelgen in sanfter Traurigkeit vertieft sich zu einer düsteren Seelenstimmung, die schon den Weltschmerz des 19. Jahrhunderts ahnen läßt. Werther ist nicht mehr imstande, Phantasie und Wirklichkeit voneinander zu trennen. Seine sentimentalische Vereinsamung schafft keine Genußsteigerung mehr, sondern mündet letzten Endes in Selbstvernichtung und Freitod.

Aus all diesem wird die ganze Differenzierung und Ambivalenz, die das Einsamkeitserlebnis durchgemacht hat, offenbar. Vergegenwärtigt man sich den einfachen Selbstgenuß des Petrarkischen „felix solitarius", der es zufrieden war, in der Einsamkeit seine geistigen Vorläufer zu lesen, so wird deutlich, wie weit sich das Individuum von diesen anfänglichen Freuden der Abgeschiedenheit entfernt hat. Aus eben diesem Grunde ist es unzulänglich und irreleitend, dem literarischen Einsamkeitsproblem vom Phänomenologischen her nahe kommen zu wollen. Die häufig in der Senkundärliteratur angewandten Kategorien, wie natürliche und unnatürliche, primäre und sekundäre, passive und aktive Einsamkeit, sind wenig aussagefähig, wenn sie aus ihrem epochalen Zusammenhang gelöst betrachtet und nicht aus dem Verständnis der Dichtung näher analysiert werden.

Wenn Herman Schmalenbach von der „Passivität der echten Einsamkeit[40]" spricht, sollte man zunächst annehmen, daß die Protagonisten der empfindsamen Romane die wahren Repräsentanten der Einsamkeit sind. Aber auch da erheben sich Schwierigkeiten: Was soll zunächst unter echter Einsamkeit verstanden werden? Ist sie vielleicht deshalb echt, weil sie mit der eigenen Vorstellung kongruent ist? Oder ist sie echt, weil sie der Zeitströmung entspricht oder, gerade umgekehrt, weil sie sich von ihr emanzipiert? Soll eine Periode zum Maßstab der anderen werden? Und — woraus ist zu folgern, daß echte Einsamkeit passiv ist? Nietzsches Einsamkeit, in der ein Werk von weltweiter Wirkung entstanden ist, beweist das Gegenteil. Wenn E. Mills in seiner Dissertation Werther als den „Schwächling der Einsamkeit"[41] bezeichnet, ohne diese Schwäche ausführlicher zu untersuchen, ist das wenig aussagefähig. Als Schwächlinge werden auch teilweise Hanno Buddenbrook, Heiner Lindner und Thomas in „Mao" bezeichnet[42]. Das Wesentliche ist doch gerade, zunächst zu untersuchen, wie die spezifische Struktur dieser Schwäche ist, welche Motive sie bewirkt haben und welche Ausdrucksfunktion ihr innerhalb der Dichtung zukommt. Es erscheint mir daher unerläßlich, zumindest einleitend, einen summarischen Überblick über die Entwicklung der Einsamkeitsauffassung zu geben, um das Besondere der hier gewählten Epoche herausheben zu können.

Eine Auseinandersetzung mit dem Einsamkeitsgedanken der Klassik würde den Rahmen dieser Einleitung sprengen. In Anlehnung an die klassizistische Ästhetik, könnte man soviel sagen, daß es sich um eine „schöne Einsamkeit" handelt, die durch das organische Lebensgefühl Goethes und die Schillersche Vorstellung vom freien Menschen ihre Hauptprägung erfahren hat. Individuelles, schöpferisches Alleinsein und harmonisch-geselliges „Gemeinsein" wechseln einander ab und gehören beide wesentlich zum Erfahrungsbereich der klassischen Helden. Aber schon von der romantischen Generation wird diese Harmonie nicht mehr erreicht. W. Rehm sieht die Wurzeln für das bis zur Qual vertiefte Einsamkeitserlebnis der Generation der Jahrhundertwende in der Romantik: „Es ist die romantische und spätromantische Generation, die dies bis zur Furchtbarkeit erlebt, die zuerst die zerrissene, problematische Natur und Existenz, das forcierte Talent darstellt und erlebt und aus ihrem Ich und Ichkult nicht mehr den so ersehnten Weg in die Gemeinschaft findet[43]." Tieck gestaltet in seinem Roman „William Lovell" eine Einsamkeitserfahrung, die durch nichts mehr gemildert ist und bis zur völligen Selbstvernichtung führt. Werthers „Ichschmerz" weitet sich hier zu einer ausweglosen Zerrissenheit, die nirgendwo mehr beheimatet ist. Kainz spricht deshalb von Lovell und Balder als den „ersten Zerrissenen" schlechthin[44]. Zu Beginn des Romans erscheint Lovell zunächst ganz in der Tradition der Empfindsamkeit, wenn es von ihm heißt: „Er ist unglücklich, weil er glücklich ist, — aber auch wieder glücklich, weil er an Unglück Ueberfluß hat, denn glaube mir nur, er würde seine poetischen Leiden um vieles Geld nicht verkaufen[45]." Das genüßliche Auskosten des Leidens — hier der eingebildeten unglücklichen Liebe — war charakteristisch für die Seelenbeschaffenheit des Empfindsamen. Aber der so beschriebene Zustand ist nur das Anfangsstadium eines Prozesses, der mit der radikalen Desillusionierung und Vernichtung des Individuums endet. Tieck läßt von Anfang an keinen Zweifel an seiner Intention. Am Ende ist Lovell „zerknickt". Sein Selbstgenuß hatte sich zur Sucht gesteigert, aber seine erschöpfte und ermattete Phantasie vermochte die immer größer werdende Leere und Vereinsamung zwischen den einzelnen, fast nur noch mechanisch vollzogenen Liebesabenteuern nicht mehr zu füllen. Von allen verlassen gelangt er plötzlich zu der Erkenntnis:

„Seit ich hier bin, ist mein Herz mehr zerrissen als je, ich habe mich nie vorher mit diesen Augen betrachtet. In der düstern Einsamkeit reißen sich alle Sophismen, alle Truggestalten mit Gewalt von mir los, ich fühle mich von allen jenen Kräften verlassen, die mir sonst so willig zu Gebote standen. Eine schreckliche Nüchternheit befällt mich, wenn ich an mich selbst denke, ich fühle meine ganze Nichtswürdigkeit, wie jetzt nichts in mir zusammenhängt, wie ich so gar nichts bin, nichts, . . . und was mich am meisten zu Boden wirft, ist, daß ich mir nicht als ein Ungeheuer, sondern als ein verächtlicher, gemeiner Mensch erscheine[46]."

22

Diese Vereinsamung hat weder zu einer Verinnerlichung noch zu einer Vergeistigung geführt. Sie enthält keinerlei positive Werte mehr, sondern enthüllt die völlige Inhaltslosigkeit und Ausgezehrtheit der Existenz, die auch eine aufblitzende Erkenntnis nicht mehr abwenden kann. Hier hat sich die heiter humanistische Abgeschiedenheitsstimmung des ersten Einsamkeitstraktates in ihr Gegenteil verkehrt. Die Entdeckung der Einzelseele, die Freude am eigenen Selbst, die nach der mittelalterlichen Gebundenheit wie ein Befreiungsakt gewirkt hatte, ist zur Ich-Sucht ausgeartet und hat schließlich in paradoxer Pervertierung ihrer selbst zur Seinsentfremdung und ins Nichts geführt. Der Prozeß der Vereinsamung scheint zu einem Endpunkt gekommen zu sein. Die anfangs erwähnten, von Holthusen, Fichte und Rehm vertretenen Ansichten von dem Kausalnexus zwischen Gottesverlust und negativer Vereinsamung sehen sich zunächst bestätigt. Dennoch ist einzuwenden, daß dieser Tiefpunkt nicht zwangsläufig etwas Definitives sein muß, daß das Auftauchen eines Phänomens noch nicht die ewige Kontinuation seiner selbst beweist. Es wäre eine verhängnisvolle Vereinfachung, wenn man in der Tatsache, daß Lovell — und er steht hier exemplarisch — aus seiner Einsamkeit nichts zu machen versteht und sich selbst zerstört, eine Strafe für seine religiöse Gleichgültigkeit sähe. Eine solche theozentrische Interpretation scheint mir einem literarischen Phänomen gegenüber nicht gerechtfertigt. Es ist erstaunlich, daß sie immer wieder von literarischer Seite gemacht wird. Auch in dieser Arbeit ist darauf hingewiesen worden, daß erst mit der Renaissance die Reflexionen über die Einsamkeit beginnen und daß zwischen Individualismus und Isolation ein Zusammenhang besteht. Dennoch konstituiert die Entbindung aus dem Christentum doch keineswegs eine conditio sine qua non, die dazu führt, daß es nur eine Frage der Zeit ist, bis der von Gott abgefallene Mensch an seiner Vereinsamung zugrunde geht. Damit erhöbe man das Christentum zum ausschließlichen und obersten Bewertungsprinzip. Das Entscheidende ist doch, daß die Einsamkeit nicht als ein Vakuum erlebt wird, sondern ausgefüllt von Gefühls- oder Geistesinhalten, die zu einer Intensivierung der Empfindung führen. Es ist daher nicht Lovells Verhängnis, daß er nicht Gott gefunden, sondern daß er *nichts* gefunden hat.

Eine wesentliche Neubewertung erfährt das Einsamkeitserlebnis durch die Bewegung des Weltschmerzes in der ersten Hälfte des 19. Jahrhunderts. Die zahlreichen Käuze und Sonderlinge im Erzählwerk Jean Pauls, die sich aus dem Ungenügen und Leiden an der prosaischen Alltagswelt in den Kleinstinnenraum zurückziehen und sich durch die Kräfte ihrer Phantasie ein „Glück im Winkel"[47] schaffen, spiegeln die veränderte Einsamkeitsvorliebe.

Bei Platen verdüstert sich die Weltabseitigkeit, die bei Jean Paul teilweise noch ins Idyllische transponiert werden konnte, in bittere Weltabsage.

> „Es liegt an eines Menschen Schmerz,
> an eines Menschen Wunde nichts,
> Es kehrt an das, was Kranke quält,
> sich ewig der Gesunde nichts,
> Und wäre nicht das Leben kurz,
> das stets der Mensch vom Menschen erbt,
> So gäb's Beklagenswerteres
> auf diesem weiten Runde nichts.
> [...]
> Es hoffe Jeder, daß die Zeit
> ihm gebe, was sie Keinem gab,
> Denn Jeder sucht ein All zu sein
> und Jeder ist im Grunde nichts[48]."

Diese ganze Vanitas-Stimmung findet ihre theoretische Untermauerung in der pessimistischen Metaphysik Schopenhauers. Da seiner Theorie nach das ganze Lebensprinzip auf einem nie ruhenden, unablässig strebenden Willen basiert, der aber gerade durch seine Grundlosigkeit und die Abwesenheit eines spezifischen Zieles nie befriedigt werden kann, befindet sich der Mensch in einem ewigen Teufelskreis von Begierde und Überdruß, von Schmerz und Langerweile.

„Die Basis alles Wollens aber ist Bedürftigkeit, Mangel, also Schmerz, dem er [der Mensch] folglich schon ursprünglich und durch sein Wesen anheimfällt. Fehlt es ihm hingegen an Objekten des Wollens, indem die zu leichte Befriedigung sie ihm sogleich wieder wegnimmt; so befällt ihn furchtbare Leere und Langeweile: d. h. sein Wesen und sein Dasein selbst wird ihm zur unerträglichen Last. Sein Leben schwingt also gleich einem Pendel hin und her zwischen dem Schmerz und der Langenweile, welche beide in der Tat dessen letzte Bestandteile sind[49]."

Das Höchste, was der Mensch in seinem Leben erreichen kann, sind weder wie auch immer geartete Genüsse noch persönliche Freuden, sondern größtmögliche Schmerzlosigkeit und Abwesenheit von Langerweile[50]. Um in den Genuß eines solchen schmerzlosen Zustands zu gelangen, bedarf es einer kontinuierlichen und konsequenten Beschränkung, zu der die Einsamkeit die sicherste Gewährleistung bietet.

„Sich selber genügen, sich selber alles in allem sein . . . ist gewiß für unser Glück die förderlichste Eigenschaft; [. . .]
Ganz *er selbst sein* darf jeder nur, solange er allein ist: wer also nicht die Einsamkeit liebt, der liebt auch nicht die Freiheit: denn nur, wenn man allein ist, ist man frei. [. . .] Demgemäß wird jeder in genauer Proportion zum Werte seines eigenen Selbst die Einsamkeit fliehen, ertragen oder lieben. Denn in ihr fühlt der Jämmerliche seine ganze Jämmerlichkeit, der große Geist seine ganze Größe, kurz: jeder sich als was er ist. Ferner, je höher einer auf der Rangliste der Natur steht, desto einsamer steht er, und zwar wesentlich und unvermeidlich[51].“

Hier wird Einsamkeit zum elitären Seelen- und Geistesadel, zur Signatur einer Art vornehmen Menschen, der sich wohltuend von dem nach Gesellschaft lechzenden Narren unterscheidet. Gerade weil Schopenhauer weiß, daß die Einsamkeitsvorliebe keine natürliche Eigenschaft des Menschen ist, sondern dem Willen zum Leben diametral entgegengesetzt, empfiehlt er, daß man sie sich anerzieht: „Ein Hauptstudium der Jugend sollte sein, *die Einsamkeit ertragen zu lernen*[52].“
Dennoch darf diese lobende Beurteilung des Alleinseins nicht darüber hinwegtäuschen, daß es hier keineswegs um positive Werte an sich geht. Die in der Einsamkeit angesammelten Geistesgüter sind nicht mit denen der humanistischen Gelehrten zu vergleichen. Schopenhauers Einsamkeitsliebe unterscheidet sich grundlegend von derjenigen Petrarcas. Anders als der Dichter der „Solitude“ zieht sich der Philosoph der „Welt als Wille und Vorstellung“ nicht um des Selbstgenusses willen zurück, sondern aus dem resignierenden Wissen um die Sinnlosigkeit alles Bestehenden und der Überzeugung, daß das Nichtsein dem Dasein vorzuziehen ist.
Schopenhauers metaphysische Einsamkeitsbewertung hat besonders nach 1848 eine starke Wirkung gehabt. Nach den gescheiterten revolutionären Bestrebungen schlug die allgemeine Stimmung in eine weltabgewandte Resignation um, und man fühlte sich durch das erkenntnistheore-

tische Adieu-Welt dieses Philosophen im tiefsten verstanden. Nicht nur in den Romanen Stifters und Raabes, sondern teilweise noch bis zu Musils Hauptwerk, „Dem Mann ohne Eigenschaften", läßt sich diese passive Weltabkehr und kontemplative Verschanzung im eigenen seelischen Innenraum verfolgen.

Erst mit Nietzsche verliert die Einsamkeit ihren Vanitas-Charakter und wird zur conditio sine qua non, die zur Erneuerung und Selbstbewußtwerdung des Menschen führt. Leitmotivisch durchzieht der Einsamkeitsgedanke Nietzsches ganzes Leben. Er selbst sagt, daß er „als ein Philosoph und Einsiedler aus Instinkt[53]" das Wort ergreift. Dieses Einsiedlertum ist hier aber völlig säkularisiert zu verstehen, denn Nietzsche hat seine radikale Loslösung vom Christentum immer wieder betont. „Gott ist tot", sagt Zarathustra als Sprachrohr des Autors, der die Religion neben der Philosophie und der Moral zu den drei Kategorien zählt, die den europäischen Nihilismus herbeigeführt haben. Eine so klare Absage an Gott hatte es vorher noch nicht gegeben. Für Nietzsche war sie nötig, um dem Menschen selbst neues Ansehen zu verschaffen. „Die Religion hat den Begriff ‚Mensch' erniedrigt; ihre extreme Konsequenz ist, daß alles Gute, Große, Wahre übermenschlich ist und nur durch eine Gnade geschenkt . . .[54]" Nicht den transzendenten Mächten soll der Mensch alles Große verdanken, sondern sich selbst. Dazu aber ist es nötig, daß der Mensch erst wieder „Mensch wird" und sich selbst erkennt. Hierin liegt nach Nietzsche die Bedeutung der Einsamkeit, denn nur dort kann er es lernen. Nicht nur im „Zarathustra", der „Stimme der menschlichen Einsamkeit", wie A. Baeumler es ausdrückt[55], sondern in fast allen seinen Werken kreisen seine Aphorismen um diesen Gedanken. In der „Morgenröte" heißt es:

„Unter vielen lebe ich wie viele und denke nicht wie ich; nach einiger Zeit ist es mir dann immer, als wolle man mich aus mir verbannen und mir die Seele rauben — und ich werde böse auf jedermann und fürchte jedermann. Die Wüste tut mir dann not, um wieder gut zu werden[56]."

Weg zum eigenen Selbst, Quelle zur „Produktivität", „intellektuelle Wohltat", Stätte, fern vom „Marktgeschrei des Pöbels" — all dieses sind Perspektiven seiner Einsamkeit, ohne daß jedoch die spezifisch Nietzschesche Qualität schon deutlich geworden wäre. Die aufgezählten Charakteristika hätten auch, in naiverer sprachlicher Verkleidung bei

Petrarca, J. M. v. Loën oder Zimmermann vorkommen können. Eher schon läßt sich das Neue aus folgenden Worten heraushören:

„Wachet und horcht, ihr Einsamen! Von der Zukunft her kommen Winde mit heimlichem Flügelschlagen; und an feine Ohren ergeht gute Botschaft.

Ihr Einsamen von heute, ihr Ausscheidenden, ihr sollt einst ein Volk sein . . . [57]"

Nietzsches ganze Auffassung vom Sein als etwas Werdenden, ewig Wiederkehrenden, die er im „Nachlaß der Achtziger Jahre" ausführlich darlegt, klingt hier durch. Die Zukunftswinde, die sich nur in der Einsamkeit vernehmen lassen, künden von der ewigen Metamorphose, von der immer wiederkehrenden Steigerung alles Existierenden, das den Willen zum Jetzt und zum Leben hat. So nennt Nietzsche die Einsamkeit seine „Heimat", da sie für ihn die Urzelle alles dessen ist, was war, ist und immer sein wird, unveränderlich in ihrer ständigen Veränderung, als wechselndes Werdendes einziger Garant für das Sein.

Nietzsche hat seine wohltuende, reine, azurne Einsamkeit geliebt und konnte nicht ohne sie sein. Nur hier wußte er sich sicher vor der Geschwätzigkeit und Zudringlichkeit der meisten, vor der zur Schau gestellten Bildung der Pseudogelehrten und der protzigen Selbstgefälligkeit der Philister. Er hat an der Geistlosigkeit seiner Zeit gelitten und ihr in den „Unzeitgemäßen Betrachtungen" einen Spiegel vorgehalten. Er selbst war bewußt unzeitgemäß und einsam. Er wollte es sein, denn nur durch die Vereinsamung konnte er den Weg zu sich selbst finden. Von allen Apologeten der Einsamkeit ist er es, der ihr den höchsten und uneingeschränktesten Wert beigemessen hat. Die ungeheure Wirkung, die er auf die verschiedenen Geistesrichtungen gehabt hat, setzte nicht gleich ein. Bis 1890 war Nietzsche relativ unbekannt. Das änderte sich aber schlagartig, nachdem Georg Brandes 1889 in Kopenhagen öffentliche Vorlesungen über ihn gehalten hatte. Von da an nahm sein Einfluß ständig zu. Während man in den späten Romanen Raabes und Fontanes, außer vereinzelten Bemerkungen, noch keine Wirkung erkennt, hat gerade seine Bewertung des Alleinseins, sein Wille zur Einsamkeit in den Romanen der ersten Dekade des 20. Jahrhunderts deutliche Spuren hinterlassen.

FORMEN DES EINSAMKEITSERLEBENS VOR
DER JAHRHUNDERTWENDE

Isolierung und Bindung des Menschen in den Romanen von Wilhelm Raabe

Das Motiv des einsamen Menschen, des „von der allgemeinen Heer-
straße ... verlaufenen Genossen[1]", der sich aus den unterschiedlichsten
Gründen in einem antinomischen Verhältnis zu seiner Umwelt befindet,
nimmt in den Romanen Raabes — angefangen von seinem Erstlingswerk
„Die Chronik der Sperlingsgasse" bis zu seinem Spätwerk — einen
prädominierenden Raum ein. An vier Beispielen, die repräsentativ für die
verschiedenen Schaffensperioden des Dichters stehen, soll das Phänomen
der Einsamkeit untersucht werden. Für die Jugendepoche (1854—1862) —
in Anlehnung an die Aufgliederung Fritz Martinis[2] — wurde „Die Chronik
der Sperlingsgasse" gewählt, für die Stuttgarter Zeit (1862—1870) „Der
Hungerpastor" und für den Höhepunkt seines erzählerischen Schaffens, die
Reife- und Alterszeit, die so unterschiedlichen Romane wie „Stopfkuchen" und „Die Akten des Vogelsangs". Die Beschränkung auf nur vier
Romane ist für eine kontrastierende Motivuntersuchung ausreichend,
zumal es sich bei Raabe um eine relativ einheitliche fiktive Welt, um den
kleinbürgerlichen Mittelstand mit seinen Ärzten und Pastoren, Lehrern und
Schriftstellern, Kaufleuten und Beamten handelt[3]. Die Grundmotive von
der Bewährung oder dem Scheitern in der alltäglichen Welt, von Illusion
und Desillusion des Einzelnen kehren in variierter Form in allen Romanen
wieder.

Der Raabesche Mensch lebt nicht mehr in der biedermeierlich idyllischen Welt, die ein versöhnliches, geborgenes Dasein gewährleistete. Er
weiß um die bedrohenden Lebensmächte, um das Ungesicherte der
Existenz, die keine Transzendierung durch das Religiöse mehr findet.
Allein auf sich selbst verwiesen, muß er sich mit den Widerständen und
Widrigkeiten des Schicksals auseinandersetzen[4]. Bereits in dem roman-
tischsten Buch, „Der Chronik der Sperlingsgasse", in dem die verklärt
idyllischen Züge noch dominieren, ist dieses Wissen um die Bedrohung der
menschlichen Existenz latent vorhanden. Schon zu Anfang heißt es: „Es
steht zu keiner Zeit ein Glück so fest, daß es nicht von einem Windhauch
oder dem Hauch eines Kindes umgestürzt werden könnte[5]", oder später,

anläßlich Mariens Begräbnis: „Ach, wir armen Menschen, ist nicht das ganze Leben ein solcher Gang zum Richtplatz? [6]" Im Verlaufe des Geschehens spricht der Chronikerzähler allein 17 mal von sich als einem einsamen Menschen oder von seiner vereinsamten Situation.

Die Hauptprotagonisten im „Hungerpastor" gehen ebenfalls einsam ihren Weg und befinden sich sowohl in der Gymnasial- als auch in der Universitätszeit in der Isolation. „Wie früher, gingen auch jetzt die beiden Freunde ... vereinsamt auf einem Seitenpfade ...[7]" Während man bei dem Ich-Erzähler der Chronik mehr von einer biologisch bedingten, organischen Alterseinsamkeit sprechen kann, die der des Stechlins verwandt ist, handelt es sich bei Moses Freudenstein und Hans Unwirsch vornehmlich um eine soziologische. Als Kind, in der Gasse, war der Schustersohn durchaus kein Außenseiter, sondern nahm aktiv teil an den Freuden und Leiden seiner Altersgenossen, war mitteilsam seiner Familie gegenüber und hatte Freunde unter Kindern und Erwachsenen. Im Grunde beginnt sein „vereinsamter Seitenpfad" erst mit dem Besuch des Gymnasiums, und zwar weniger bedingt durch eine ungenügende Intelligenz, als durch das herrschende hierarchische Gesellschaftsgefüge. Es ist ja gerade wesensbezeichnend für ihn, daß er wohl eine schüchterne, nicht aber eine verschlossene Natur ist, daß er sowohl seinen nächsten Verwandten als auch ganz Fremden, wenn sie ihm vertrauensvoll begegnen, wie der Leutnant Götz und dessen Nichte, seine innersten Empfindungen und Gedanken mitteilen kann. Auch an seinen verschiedenen Lebensstationen als Präzeptor ist seine Außenseiterstellung in erster Linie durch die Konfrontation mit einer ihm wesensfremden Gesellschaft bedingt, deren Inhaltslosigkeit eine Gemeinsamkeit verhindert und ihn zur Verkapselung in sich selbst treibt. Es handelt sich also ganz offensichtlich um eine von außen verhängte Einsamkeit und keineswegs um eine innerlich gewollte. Die ganze Mentalität des Hans Unwirsch ist durchaus keine problematisch-vielschichtige, bei der Ich-Verwirklichung oder Persönlichkeitskult, Gefühlsgeiz oder egozentrische Selbstbehauptung eine Rolle spielte, sondern eine einfach strukturierte und klar durchschaubare. Immer ist Hans vertrauensvoll bereit, am anderen teilzunehmen, von jedem Unglück angerührt und geradezu prädestiniert zur Gemeinsamkeit.

Bei Moses ist die soziologische Komponente von geringerer Gewichtigkeit. Sie bedeutet eher die vordergründige Schicht, hinter der sich sein Wille zum Alleingang verbirgt. Für sein Ziel, mit *seinem* Intellekt und des

30

Vaters Geld eine glänzende Karriere zu machen, ist ihm eine echte Bindung, die ein emotionales Engagement bedeuten würde, nur hinderlich. Herz und Erfolg schließen einander aus, und da ihm nur das letzte als das allein Erstrebenswerte erscheint, ist ihm das erste überflüssig. Schon in frühester Jugend verwirklicht er ohne die geringste Anstrengung und in zynischer Kälte die Veltenschen Leitverse, „Sei gefühllos! Ein leichtbewegtes Herz ist ein elend Gut auf der wankenden Erde[8]", der nachzukommen für den Helden des Vogelsangs ein Leben nicht ausgereicht hatte. So ist Moses auf all seinen Lebensstationen stets gesellig, aber immer allein. Seine Freundschaft zu Hans ist von seiner Seite eine äußere Beziehung, ohne Einsatz der eigenen Person. Dieses bewußte Alleinsein hat nichts gemein mit dem Einsamkeitswillen eines Malte Laurids Brigge, denn es ist rein pragmatischer Natur, ohne alle Transzendenz, ermöglicht durch eine prädominierende Gefühlskälte. Am Ende des Romans erfüllt sich für beide Protagonisten nach märchenhaften Kategorien ihr Geschick. Jeder bekommt seinen Lohn. Hans findet die ihm wesensverwandte Gefährtin und die Möglichkeit, wenn auch in einem äußerlich bescheidenen Rahmen, mit ihr gemeinsam sein Lebensethos zu verwirklichen. Moses bringt es zu Glanz und Besitz, innerlich erstarrt und vereinsamt. Durch diese simplifizierte, symmetrische Kontrastierung von kaltem und warmem Herzen, von Wissen und Gefühl, von negativem und positivem Hunger, von Einsamkeit aus Kalkül und Einsamkeit aus Treue zum eigenen Wesen, wird die Komplexität der menschlichen Natur zu wenig berücksichtigt. Der intentionale Gehalt des Romans ist zu durchsichtig spürbar, das Didaktisch-Rhetorische zu breit ausgewalzt. Auf eine einfache Formel reduziert, läßt sich das Einsamkeitserlebnis folgendermaßen beschreiben: Das idealistische Individuum gerät durch die Konfrontation mit einer realistisch-materialistischen Umwelt in Konflikt und wird, wenn es seine Wesensidentität bewahrt — was niemals ernsthaft in Zweifel gezogen wird —, in die Vereinsamung gedrängt. Diese Außenseitersituation ist keine unabwendbare, sondern eine temporäre, die in dem Augenblick aufgehoben wird, in dem der ebenso ethisch orientierte Partner gefunden ist. Daß die Begegnung dieser beiden „idealischen" Seelen stattfindet, wird ebensowenig in Frage gestellt wie das Festhalten an der idealistischen Lebensanschauung. Denn wenn auch nicht mehr an die Immanenz Gottes geglaubt wird, erfährt diese andererseits auch keine klare Absage, sondern findet ihre Fortsetzung in der säkularisierten Form der Schicksalsgläubigkeit[9]. Das sinnvolle Schicksal wird die für einander Bestimmten am Ende auch zu einander führen[10]. Damit wird die Vielschichtigkeit und Subtilität des Einsamkeitsempfindens auf die Märchenebene reduziert und eine Sentimentalisierung des Gefühls nicht immer vermieden. Es ist nicht ganz abwegig, in bezug auf Hans und Fränzchen von einer Dornröscheneinsamkeit zu sprechen.

Auch in „Stopfkuchen" ist das Einzelgängertum des Protagonisten ganz offensichtlich ein soziologisch bedingtes, das nun allerdings eine sehr viel diffizilere und nuanciertere Gestaltung erfährt. Durch seinen außergewöhnlichen Körperumfang, seine nicht zu überbietende Bequemlichkeit und Trägheit steht Heinrich Schaumann von Anfang an im Gegensatz zu seiner kindlichen Umwelt. Er wird abgelehnt als der Andersgeartete, der den konventionellen Normierungen nicht entspricht, obgleich er durchaus eine Gemeinschaft ersehnt hätte. In der Retrospektive wirft er seinem Schulfreund Eduard vor, daß: „... ihr, solange ich euch zu denken vermag, euer Bestes getan habt, mir die Tage meiner Kindheit und Jugend zu verekeln![11]" Von den Schülern gehänselt, von den Lehrern mißachtet, immer „auf der untersten Bank" der Schulklasse und dennoch den ihm wesensfremden elterlichen Wertvorstellungen verpflichtet, erlebt Schaumann seine Kinder- und Jugendzeit in größter Isolierung und bezeichnet sich selbst zutreffend als einen „Eremiten". Freßlust, Faulheit und Unbeweglichkeit werden von den anderen als seine hervorstechendsten Charakteristika empfunden. Daraus erhellt sich bereits die Tatsache, daß die Konfrontation der Gegensätze, der Gemeinschaft mit dem Einzelnen, nicht ohne weiteres als Gegensätze von Wert und Unwert gedeutet werden können, wie das noch im „Hungerpastor" der Fall war. Im Verlaufe des Geschehens wird zwar die Absicht des Dichters erkennbar, in Schaumann den souveränen und gelassenen Individualisten zu gestalten, der einsam und unabhängig von der Meinung der anderen das eigene Ich entwickelt und — schon durch den Symbolgehalt des Namens vorausgedeutet — zu einer beschaulichen Humanität gelangt. Die Stadtbewohnerschaft dagegen kehrt immer offenkundiger das Beschränkt-Philiströse hervor. Zunächst aber verlaufen die Fronten durchaus nicht eindeutig. Der Gegensatz von Sein und Schein ist nicht von solcher Relevanz, daß man ihn so ohne weiteres in Stopfkuchen vermuten könnte. Die große Verwunderung Eduards, der, trotz seiner afrikanischen Unternehmungen, den Durchschnittsmenschen repräsentiert, bei der allmählichen Entdeckung des wahren Charakters des Schulfreundes, ist durchaus glaubwürdig. Man hatte nichts weiter als Freßlust, Stumpfheit und Trägheit in ihm gesehen und aus derselben Stumpfheit und Trägheit sich gar nicht bemüht, auf sein besonderes Wesen zu achten. Man ließ ihn einfach „unter der Hecke" liegen, was als Einsamkeitssymbol leitmotivisch den ganzen Roman durchzieht. Damit wird der Gegensatz von Bösartigkeit und Güte, wie er noch durch Moses und Hans oder die Geheime Rätin Götz und Franziska verkörpert wird, zu einem Gegensatz von Gleichgültigkeit und Selbstbehauptung modifiziert, der der menschlichen Komplexität einen größeren Spielraum schafft.

Die tiefste Einsamkeit wird von Velten Andres in „Den Akten des Vogelsangs" erlebt. Sie entwickelt sich aus der ganz besonderen Ausschließlichkeit und Unbedingtheit seines Wesens und ist nicht mehr aus soziologischen Motiven ableitbar. An anderer Stelle wird noch ausführlich darauf eingegangen. Zunächst soll festgehalten werden: Alle Protagonisten machen die Erfahrung der Einsamkeit durch, aber bei keinem ist sie im Nietzscheschen Sinne gesuchte, erstrebte und „geliebte" Einsamkeit. Absolute Bindungslosigkeit und uneingeschränktes Alleinsein − sei es um der Selbstgestaltung oder um der künstlerischen Produktivität willen, wie sie Rilke oder Kafka anstrebten − ist für sie kein Ideal. Der Raabesche Mensch ist keineswegs psychisch prädisponiert zur Einsamkeit, sondern sucht die Bindung an ein Du und ist im höchsten Maße gefährdet, wenn er sie, wie im Fall von Velten Andres, nicht findet. Er trachtet danach, die Einsamkeit nicht zur Vereinsamung werden zu lassen, sondern sie durch die Zweisamkeit zu überwinden. Gemeinsam mit dem wesensverwandten Menschen fürchtet er die Einsamkeit nicht, bzw. besitzt sie gar keine Relevanz für ihn. Aber auch neben der existentiellen Geborgenheit im anderen, gibt es für ihn einige wesentliche, immer wiederkehrende Hilfen, die bewirken, daß das Einsamkeitsgefühl nicht zur Entleerung und Selbstdestruktion ausartet, sondern mit Inhalten ausgefüllt wird. Damit kommen wir zum Kernpunkt der Analyse, denn gerade diese Hilfen sind es, die der Raabeschen Einsamkeit ihre ganz spezifische und unverwechselbare Struktur geben. Man kann diese Hilfen auf vier wesentliche Phänomene reduzieren: auf die Kindheit, auf das, was zunächst als Raumimmanenz bezeichnet werden soll, auf die Vision und, wie bereits angedeutet, auf die Liebe. Es versteht sich von selbst, daß es sich nicht um vier voneinander abgegrenzte Gehaltkomplexe handeln kann, sondern daß sich häufig Überschneidungen der einen mit der anderen ergeben.

Folgendes Beispiel zeigt eine schematisierte Übersicht über die Verteilung in den behandelten Romanen:

| | *Romane* | | | |
Hilfen	Chronik	Hungerpastor	Stopfkuchen	Akten
Kindheit	X	X	0	X
Raumimmanenz	X	X	X	X
Vision	X	X	X	X
Liebe	0	X	X	0

Es ist ersichtlich, daß in allen Romanen mindestens drei, im „Hungerpastor" sogar vier Hilfen vorhanden sind, was eine weitere Erhellung auf die bereits beschriebene Unangefochtenheit des Hans Unwirsch wirft. In der „Chronik" und in „Stopfkuchen" kann das Fehlen einer Gegenkraft durch die drei anderen kompensiert werden, was in „Den Akten des Vogelsangs" nicht mehr gelingt. Es geht dabei nicht um eine „a priori-Prädominanz" einer dieser Hilfen – denn sowohl in der „Chronik" als auch in den „Akten" handelt es sich um das Fehlen von Liebe –, sondern um eine Verschärfung und Vertiefung des Einsamkeitsproblems. Wenn in der Dreierkonstellation – Ralff, Marie, Wacholder – der letzte auf seine Liebe Verzicht leisten und die Rolle des Liebenden übergangslos in die des Hausfreundes verwandeln kann, wobei die Gattin des Freundes weiterhin den ersten Platz in seinem Herzen beibehält und er „selige Abende" verbringt, ohne daß an seiner Seelenharmonie gerüttelt wird, bewegt Raabe sich durchaus im Rahmen der Idylle. Bei Velten Andres hat der erzwungene Verzicht auf die Geliebte nichts Idyllisches mehr, sondern führt zu der absoluten Vereinsamung eines Menschen, der im Verlust des anderen auch sich selbst verliert.

Zunächst aber ist es notwendig, die Gegenkräfte zur Einsamkeit näher zu erläutern. Im Gegensatz zu den Romanen Fontanes – wie das nächste Kapitel zeigen wird – nimmt bei Raabe die Kindheit einen breiten Raum und, damit verbunden, eine prädominierende Bedeutung ein. Mit Ausnahme von Heinrich Schaumann erleben alle Protagonisten eine unbeschwert glückliche Kindheit, die überall sehr ähnliche Züge trägt. Eine wesentliche Voraussetzung dazu ist das ungebrochene Verhältnis zu den Eltern, die nicht als autoritäre Instanzen über den Kindern thronen, sondern an ihrer kindlichen Welt, wenn auch in unterschiedlichem Grade, teilnehmen können. Sie üben keinen Verhaltenszwang aus, denn die Ermahnungen des Vater Krumhardts z. B. sind nicht derartig, daß sie die Kinder abhalten könnten, schon nach kurzer Zeit wieder die gleichen Dummheiten anzustellen. Die Väter oder Vormünder stehen keineswegs in der deutschen Vatertradition. Die Kinder sind wirkliche Kinder, die Jungen „Lausbuben", und die Mädchen „Wildfänge", immer zu „Narrheiten" aufgelegt, unerschöpflich in der Erfindung stets neuer Streiche, dabei unsensibel und unsentimental. So beteiligt sich auch Hans Unwirsch, wie alle anderen, unbekümmert an den täglichen Hänseleien des todkranken Lehrer Silberlöffel, ohne dessen Ängste und Erschöpfung zu sehen. Dies soll festgehalten werden, denn in den Romanen nach der Jahrhundertwende treten gerade diese Züge nicht mehr auf. Ebenso wie die Eltern stehen auch die Lehrer, mit Ausnahme von „Stopfkuchen", in keinem antinomischen Verhältnis zu den Kindern, sondern werden vielmehr durch Wohlwollen und Verständnis charakterisiert. Der Lehrer Roder aus der „Chronik", der mit folgenden Worten in die Handlung eingeführt wird: „Lieschen . . . erschien nun, den Lehrer hinter sich herziehend[12]", nimmt an gemeinsamen Sommerausflügen teil und verliert, indem er in das familiäre Gefüge integriert wird, viel von seiner Kathederunantastbarkeit. Professor Fackler greift aktiv ein, um Hans Unwirsch den Besuch der Lateinschule zu ermöglichen, und auch die späteren Lehrer von Velten Andres und Fritz Krumhardt haben nichts Bedrohliches an sich. Gerade dieses vertrauensvolle Verhältnis von Lehrern und Schülern, das keinerlei Spannungen unterliegt und ein im humboldtschen Sinne pädagogisches darstellt, ist von eminenter Wichtigkeit. Es wird noch zu veranschaulichen sein, wie sehr gerade die Pervertierung dieses Verhältnisses zu einer völligen Entwurzelung und Isolierung des jugendlichen Individuums geführt hat. Mit dem Verständnis von Eltern und Erziehern ist bereits die Hauptprämisse für eine glückliche Kindheit gewährleistet. Raabe schafft darüber hinaus weitere günstige Bedingungen, die in variierter Form immer wiederkehren. Da sich die Hauptaktivität der Kinder nicht nur in den eigenen vier

Wänden abspielt, sondern die Gasse der eigentliche Schauplatz der Handlung ist, bleibt die Konfrontation mit den Nachbarn nicht aus. Diese Nachbarschaft hat den Vorteil, ausgesprochen kinderfreundlich zu sein, auch wenn sich dieses Wohlwollen gelegentlich, wie im Falle des Nachbar Hartleben, hinter einer rauhen Schale verbirgt. Damit findet das kindliche Verlangen nach Geborgenheit eine weitere Fundierung durch die Umwelt, und die Aggressionsflächen werden um ein Erhebliches reduziert. Neben dieser vordergründigen Vorteilhaftigkeit erfüllt sie aber eine noch bei weitem entscheidendere Funktion. Die Nachbarn nehmen echten Anteil an der Entwicklung des anderen Kindes und sind bereit, ihm von dem eigenen Erfahrungsbereich abzugeben. Damit erlebt das Kind von Anfang an eine Relativierung der Wertkategorien und ist, im Fall einer zu großen Einseitigkeit oder Unzulänglichkeit der Eltern, nicht nur auf die engste Familie angewiesen, sondern findet eine natürliche Ausweichmöglichkeit bei den Nachbarn. So heißt es in den „Akten":

„Da bot das Häuschen und Stübchen der Nachbarin Andres einen behaglichern Unterschlupf. Es wurde dorten allen Sündern viel leichter vergeben als — bei uns . . . und so sage ich, daß auch ich selber mich lieber bei der Mutter Veltens zu den Sündern als bei meinen eigenen Eltern zu den Gerechten zählen ließ[13]."

Zudem ist es von auffälliger Bedeutung, daß zwischen den Älteren und Jüngeren keine wirklichen Generationsspannungen bestehen. Die Älteren geben echte Lebenshilfen, die von den Jüngeren dankbar angenommen werden. Der alte Mensch hingegen sieht sich belohnt, indem er indirekt noch einmal an Kindheit und Jugend teilnehmen kann. Aus all dem wird deutlich, daß das vereinsamte Kind in der Raabeschen Welt eine Ausnahme bleibt.

Wo diese Ausnahme vorkommt, wie im Fall von Stopfkuchen, liegt das gerade daran, daß die aufgezählten günstigen Voraussetzungen fehlen. Anders als die übrigen Helden, befindet sich Heinrich Schaumann von Anfang an sowohl zu den Eltern und Lehrern als auch zu den anderen Kindern in einem antagonistischen Verhältnis. Ein Junge, der seit frühester Jugend an „schwach auf den Füßen[14]" ist und von solcher Schwerfällig-keit, daß er sich an den Ausgelassenheiten der anderen nicht beteiligen kann, wird zum Opfer ihrer Hänseleien und hat keinen Platz in der Raabeschen Kinderwelt. Der Autor sieht hier betont realistisch. Die gleiche

Grausamkeit, die sich gegen den todkranken Lehrer im „Hungerpastor" richtet, kehrt sich auch gegen Schaumann als den körperlich Benachteiligten und Andersgearteten. Er wird zum Außenseiter und jugendlichen Eremiten, weil er dem kindlichen Konformitätsbedürfnis im Wege steht.

Ebensowenig Rückhalt findet Schaumann bei den Eltern, da diese ein im Raabeschen Sinne atypisches Verhalten an den Tag legen. In ihrem Ehrgeiz, „etwas Großes" aus ihrem Sprößling zu machen, ihn möglichst „Pastor, Regierungsrat oder Sanitätsrat[15]" werden zu lassen, antizipieren sie bereits Züge der positivistisch-materialistisch ausgerichteten Elternpaare der Jahrhundertwende, die durch eine übersteigerte Bildungsbeflissenheit den Heranwachsenden in die Isolation treiben.

Deutlich hebt sich auch der Lehrertypus von den verständnisvollen, wohlwollenden Erziehern der anderen Romane ab. Die Namensverschiebung von Silberlöffel auf Blechhammer deutet auf den Schwund der kommunikativen Fähigkeit und verweist bereits auf den Wedekindschen Oberlehrertypus wie „Knüppeldick", „Affenschmalz" und „Hungergurt" aus „Frühlingserwachen". Schaumann muß vereinsamen, weil seine Umwelt gerade nicht mehr die spezifisch Raabeschen Qualitäten mitbringt, die eine glückliche Kindheit gewährleistete.

Der Kindheit kommt eine polyvalente Bedeutung zu. Ihren augenfälligsten Wert hat sie in dem unreflektierten Gegenwartserlebnis mit seiner unbekümmerten Daseinsfreude. „O du schöne Zeit der schmutzigen Hände, der blutenden Nasen, der zerrissenen Jacken, der zerzausten Haare! Wehe dem Mann, der dich nicht kennenlernte![16]" So schaltet sich der Erzähler reflektierend ein, und das „wehe dem Mann" ist hier nicht nur pathetische Rhetorik, sondern Ausdruck von Raabes Kindheitsbewertung: wenn dieses fundamentale Erlebnis fehlt, werden die Folgen davon noch im Erwachsenenleben zu erkennen sein, denn in dieser Kindheit, die sich auch bei materieller Not in einer geordneten Welt abspielt, in der alles in einem Sinnzusammenhang steht, werden die inneren Kräfte zu einer ethischen Lebensbewährung gewonnen. Schon zu bald entlarvt sich die sinnvolle Welt als eine Illusion, die sich nur in der Kindheit erhalten konnte. Nur zu bald sieht sich der Einzelne in der Konfrontation mit den feindlichen Prinzipien allein auf sich selbst zurückgeworfen. Durch die Rückerinnerung an die Kindheit, an die Zeit, in der die Welt noch freundlich war, vollzieht sich eine Entschärfung der pessimistischen Lebenserfahrung, denn bei allem Wissen um den Illusionscharakter der menschlichen Integrität, ist trotz alledem der Erlebnisgehalt der ersten Lebensepoche von so nachhaltiger Intensität gewesen, daß noch in der Erinnerung davon gezehrt werden kann. Ganz bewußt stellt Raabe im „Hungerpastor" die beiden Kindheiten von Hans und Moses gegenüber. Das Ausfallen des mütterlichen Elementes, das durch nichts Äquivalentes ersetzt wird, das Ausfallen der Gassenspiele und im Grunde der ganzen Kindheit überhaupt, sind die ersten Motive zu Moses späterer Vereinsamung. „Glückliche Kindheit! Alle späteren Lebensalter, die eine einsame Minute fröhlich verträumen wollen, lassen dich vor sich aufsteigen, . . .[17]" Diese Worte enthalten die ganze Bedeutung der Kindheit als Hilfe, als Gegenkraft zur Einsamkeit. An anderer Stelle heißt es:

„. . . ich bin allein! – Allein – und doch nicht allein. Aus der dämmerigen Nacht des Vergessens taucht es auf und klingt es; Gestalten, Töne, Stimmen, die ich kannte, die ich vernahm, die ich einst gern sah und hörte in vergangenen bösen und guten Tagen, werden wieder wach und lebendig[18]."

Daraus wird ganz deutlich – und es ließen sich zahlreiche andere Beispiele anführen –[19], daß der Erlebnisgehalt der Kindheit über seine zeitlich begrenzte Faktizität hinaus lebendig bleibt und durch die Erinnerung, als eine Art „mémoire involontaire", reproduzierbar ist. So ist der Raabesche Mensch allein und „doch nicht allein", da die Gestalten der Kindheit als fiktive Partner evozierbar bleiben und den einzelnen vor einer Konfrontation mit dem Nichts bewahren. Mit der Rückbesinnung auf die Traumwelt der Kindheit kann die Vereinsamung im innerseelischen Raum überwunden werden. Mit dieser Poetisierung der Kindheit steht Raabe durchaus in der literarischen Tradition, in der sich auch Goethe, Keller, Storm und Stifter bewegten.

Wenn wir jetzt zu einer näheren Erläuterung der Raumimmanenz kommen, wird sich zeigen, daß der Dichter hier auf sehr viel weniger traditionellen Bahnen schreitet. Sicherlich bilden Zeit und Raum immer die Grundstrukturen des Romans, denn das Geschehen läuft ab in der Zeit und spielt im Raum. Es geht hier aber darum, wie weit der Raum sich von der Rolle des Handlungshintergrundes, von seiner reinen Kulissenhaftigkeit emanzipiert und zu einer poetischen Eigenständigkeit gelangt. Dies ist nun bei Raabe in einem sehr starken Maße der Fall. Schon die Titel wie: „Die Chronik der Sperlingsgasse" und „Die Akten des Vogelsangs" verweisen auf die Bedeutung des Raumes, der aber auch in der „Kröppelstraße" und der „Roten Schanze" die gleiche Prägnanz besitzt[20]. Nie ist er nur vage geographische Örtlichkeit, nie nur Chiffre des Geschehens, sondern immer weist er durch seine Beseelung über sich hinaus und wird für den in ihm lebenden Menschen zu einem fest integrierten Bestandteil seiner Erfahrungswelt. Der Raabesche Mensch besitzt Raumbewußtsein und schafft sich Raumrealität, denn verglichen mit der Zeit, unterliegt der Raum nicht der gleichen Flüchtigkeit und Vergänglichkeit, sondern symbolisiert die Dauer. Die „Sperlingsgasse" wie auch die „Kröppelstrasse" konnten viele Generationen bergen, und die „Rote Schanze" stammte schon aus dem siebenjährigen Krieg und wird noch weitere Geschlechter überleben. Wenn hier von Raumimmanenz gesprochen wird, soll damit die Bedeutung zum Ausdruck gebracht werden, die der Raum durch die Transzendierung über das Nur-Räumliche für den Menschen besitzt. Es wird deutlich, daß Einsamkeit und Raumimmanenz in einem korrelativen Verhältnis stehen, insofern, als der Raabesche Mensch im Raum eine Geborgenheit erfährt, die ihn, ähnlich wie die Kindheit, vor letzter Vereinsamung schützt. Fehlt diese Bergung im Räumlichen, ist der Mensch in der wahren Bedeutung des Wortes ‚unbehaust', ist die Gefahr der Isolation gegeben. Wenn sich für Hans Unwirsch die Hauslehrerzeit in Kohlenau als eine einsam-unglückliche gestaltet, ist das in nicht unerheblichem Maße auf die mangelnde Raumrealität zurückzuführen. Über den neuen Aufenthaltsort erfährt man nicht viel mehr als folgende Sätze:

„Alles war auf dem Hofe an seinem rechten Flecke, und das Wohnhaus des Fabrikanten, welches links von dem Fabrikgebäude mit demselben einen rechten Winkel bildete, hatte Fenster und Türen, wie es sich gehörte; mehr ließ sich aber auch nicht darüber sagen[21]."

Hier wird Räumlichkeit auf funktionale Richtigkeit reduziert, die in ihrer Rechteckigkeit und Eindimensionalität abweisende Kälte ausstrahlt und dem Menschen nichts Bergendes übermitteln kann.

Es entspricht der besonderen Bedeutung des Raumes, daß sich das Geschehen jeweils nur um eine Örtlichkeit konzentriert. Da es Raabe ja nie um eine realistische Ortsbeschreibung geht, sondern um eine Belebung und Beseelung eines spezifischen Raumes, wird alles andere ausgespart. So ist es keineswegs erstaunlich, daß man sich weder in der „Sperlingsgasse" noch in der „Dorotheenstrasse" die Hauptstadt Berlin vergegenwärtigt. Die

Gegensätzlichkeit von Groß- oder Kleinstadt ist für den Dichter überhaupt nicht relevant, da sich der Mensch auch in der Großstadt seinen Kleinstinnenraum schafft. Der Haupterlebnisgehalt konzentriert sich für Velten Andres in seiner Berliner-Zeit auf das Vorderhaus der des Beaux und das Hinterstübchen der Fechtmeisterin Feucht. Im Grunde aber geschieht auch hier nichts anderes, als daß die Raumidealität des „Vogelsangs" fortgesetzt wird. Es ist ja das Spezifische für den Raabeschen Menschen, daß er Raum immer als Kontinuum erlebt, und daß gerade darin für ihn seine bergende Kraft besteht. Aus dem gleichen Grunde ist es keineswegs zufällig, daß Hans Unwirsch sich in der Großstadt bei einem Schuster und Franziska Götz bei einer Wäscherin einquartiert, da Hans aus einem instinktiven Sicherheitsbedürfnis die Raumstruktur seiner Kindheit fortsetzen möchte, und Fränzchen dieselbe Sicherheit erfährt, indem sie sich der kinderzeitlichen Räumlichkeit des Freundes und damit gleichzeitig ihm selbst nähert. Es ist charakteristisch für Moses, daß es für ihn eine solche Raumkontinuität nicht gibt. Durch den völligen Bruch mit der Kindheit und deren Örtlichkeit verzichtet er von vornherein auf zwei wesentliche Hilfen in der Vereinsamung.

Zunächst werden Kindheit und Raumimmanenz als identische Erlebnisinhalte erfahren, denn die Kindheit wird geprägt durch den Raum, in dem sie sich abspielt. Während die Kindheit aber für den Erwachsenen nur noch in der Erinnerung reproduzierbar ist, behält der Raum seine reale Gegenwärtigkeit. Der Fall „Stopfkuchen" zeigt außerdem, daß auch dort, wo eine Kindheit im Raabeschen Sinn als Kraftquelle fehlt, die Raumimmanenz unabhängig davon eine prädominierende Rolle spielen kann, so daß es gerechtfertigt ist, beide als gesonderte Kategorien zu behandeln. „Die Rote Schanze" ist von Anfang bis Ende des Romans von einer derartigen Plastizität, daß jede andere Örtlichkeit verdrängt wird. Selbst die in exotischer Ferne liegende afrikanische Heimat Eduards verliert neben der „Roten Schanze" ihre Faszination. Ein nicht unerheblicher Teil ihrer Bedeutung erklärt sich daraus, daß es sich hier, im Unterschied zu den drei anderen Romanen, nicht um eine natürliche, von Anfang an gegebene Raumimmanenz handelt, sondern um eine vom Protagonisten gewählte. Schaumann versteht es, den erlittenen Mangel an Raumrealität, das Negativum, in ein Positivum zu verwandeln, indem er sich selbst die ihm adäquate Örtlichkeit schafft. Sobald sein historischer Sinn geweckt ist, beschränkt er sich mit diesem einzig auf die Eroberung der Schanze. Sie wird ihm zum Symbol der Freiheit, zum Asyl vor den Hänseleien der anderen, hinter dessen Schutzwällen er die Möglichkeit zu einer ungestörten, eigenen Seinsverwirklichung gewährleistet sieht. Auf diese Weise werden hier Raumimmanenz und Vision identisch und bewirken die starke Prädominanz der „Roten Schanze". Die beiden Leitsymbole, das „Unter-der-Hecke-Liegen" und „die Rote Schanze", veranschaulichen den engen Zusammenhang von Vereinsamung und Vision: „Ein Mensch, den seine Zeitgenossen unter der Hecke liegen lassen, der sucht sich eben einsam sein eigenes Vergnügen und läßt den andern das ihrige[22]." Das „Unter-der-Hecke-Liegen" symbolisiert hier die Situation des vereinsamten Menschen. Es ist dabei von nicht geringer Bedeutung, daß Raabe gerade das eigenwillige Symbol der Hecke wählt. Verglichen mit anderen Einsamkeitssymbolen, wie Zelle, Sarg, Käfig (Kafka) oder Gitter und Mauer (Benn), die die deprimierende Kommunikationslosigkeit und auswegslose Einengung des Menschen unmißverständlich zum Ausdruck bringen, sind der Hecke, als Bild aus dem Bereich der organischen Natur, neubelebende und schützende Kräfte immanent[23].

So wird Heinrich Schaumann zwar allein gelassen, liegt „unter der Hecke", verharrt dort aber keineswegs in passiver Trägheit, sondern schafft sich eine Vision, die von da an sein ganzes Leben bestimmt und ihn vor einer Vereinsamung bewahrt. Im Grunde ist dieser träge, behäbige und „freßlustige" Stopfkuchen der aktivste unter den Protagonisten, denn wenn er auch zunächst nur von seiner Vision träumt und zu Eduard sagt: „Im Bette habe ich sie am festesten am Wickel . . .[24]" setzt er sich doch bald mit seiner ganzen Person für sie ein und wird tatsächlich Besitzer der „Roten Schanze". Seine Lieblingsredensart: „Friß es aus und friß dich durch![25]" bezieht sich ja nicht nur auf die Lebensmittelsphäre, sondern symbolisiert vor allem seine Bereitwilligkeit, Schicksal auf sich zu nehmen. Das Hecken- und Schanzensymbol, Vereinsamung und Befreiung, bedingen einander, denn „unter der Hecke" wachsen Schaumann allmählich die Kräfte, die ihn befähigen, unabhängig von den anderen seine eigene Persönlichkeit zu entwickeln. Mit dieser fortschreitenden Entwicklung verändert sich auch der Symbolgehalt der „Roten Schanze". Die defensive Grundsituation, die durch das antinomische Verhältnis zu den anderen bedingt war, hatte bewirkt, daß er zunächst, ganz im kriegerischen Sinn, eine Verschanzung vor dem ‚feindlichen Lager' erstrebte, vor den „Schulräten", „Oberlehrern" und „Kollaboratoren", und damit, wie seine militärischen Vorgänger, die Möglichkeit gewann, auf die anderen „herunter zu ballern". „Hu, wenn ich mal von der Roten Schanze aus drunterpfeffern dürfte — unter die ganze Menschheit nämlich, und nachher noch die Hunde loslassen![26]" Hinter dieser vordergründigen Symbolik aber verbirgt sich etwas sehr viel Tieferes. Schon die Inschrift des Hauses: „Da redete Gott mit Noah und sprach: Gehe aus dem Kasten[27]", die in einem scheinbaren Gegensatz zum Schanzensymbol steht, weist daraufhin, daß es nicht nur um einen Rückzug aus der Welt, um das eigenbrötlerische Dasein eines Sonderlings geht, sondern darüber hinaus um ein Sich-Öffnen für Wesentliches und um eine Individuation, die hier -- im Gegensatz zum Afrikareisenden — ganz im Sinne Schopenhauers aus der reinen „Anschauung" gewonnen wird. Daraus wird deutlich, daß für Heinrich Schaumann, wie auch für Hans Unwirsch und Velten Andres, die Vision die Möglichkeit zur Seinsverwirklichung symbolisiert. Im Verlaufe seiner einsamen Jugendzeit wird sein ganz spezifisches So-Sein immer wieder durch die anderen in Frage gestellt. Erst durch die Vision der „Roten Schanze" ahnt er eine Möglichkeit, die ihm immanenten Kräfte zur Entfaltung zu bringen und sich in seiner Wesensart gegen die anderen zu behaupten. Daß er die anderen sogar überrundet, d. h. daß diese im „Kasten bleiben", nämlich kleinbürgerliche Philister, während er herausgeht, trotz „Schlafrock" und „Sofatod", indem er bei aller behaglichen Weltverachtung Weltweite gewinnt, veranschaulicht, daß der Ausweg aus der Isolation noch möglich ist und durch innerseelische Kräfte gewonnen werden kann.

Auch wenn Hans Unwirschs Vision nicht die Konkretisierung durch ein der „Roten Schanze" vergleichbares Ziel erfährt, ist ihre Intensität deshalb nicht geringer. Von frühester Kindheit ist ihm ein Streben immanent, das mit Wissensdurst nur ungenügend charakterisiert ist. Eine tiefinnere Sehnsucht „aus der Dunkelheit nach dem Licht", nach Erkenntnis und Humanität macht sich von Anfang an, wenn auch zunächst noch unartikuliert, in Hans Unwirsch bemerkbar. Raabe verwendet für diesen schon vom Vater geerbten „Hunger" das Symbol der Glaskugel. Das ganze Leben des Protagonisten wird von dieser Leitvision geprägt. Schon in der Wiege streckt Hans Unwirsch „verlangend die kleinen Hände nach der blitzenden Glaskugel aus[28]", und der Roman endet damit, daß sein eigener Sohn das gleiche Lichtverlangen kundtut: „Wie die Augen des Kindes an der leuchtenden Kugel hangen! Regt sich schon der Hunger, der die Welt zertrümmert und wieder aufbaut? [29]" Die Bedeutung dieser Vision läßt sich schon daran erkennen, daß Hans, um sie zu verwirklichen, seine bereits früher beschriebene Passivität überwindet und aktiv in sein Schicksal eingreift. Indem er sich, gegen den hartnäckigen Widerstand seines Vormunds, selbst den Besuch des Gymnasiums ermöglicht, hat er damit seinem Schicksal den entscheidenden „Ruck" gegeben und das schwerwiegendste Hindernis aus dem Weg geräumt. Immer ist die Vision ein Movens, das Kräfte aktiviert, die den Menschen vor einer absoluten Vereinsamung bewahren. Solange die Raabesche Vision ihre Vorbildlichkeit behält, kann der Mensch wohl einsam sein, wie das Beispiel von Heinrich Schaumann zeigt, nie aber im tiefsten Sinne entwurzelt. Da sein Leben, indem es durch die Vision bestimmt ist, noch auf ein Ziel ausgerichtet ist, wird ein metaphysischer Sinnzusammenhang allen Geschehens noch nicht in Frage gestellt. Die verzweifelte Aussage des Hanno Buddenbrock: „Ich kann nichts wollen[30]", ist ein Gedanke, der hier noch nicht gedacht wird.

In „Der Chronik der Sperlingsgasse" tritt, wenn auch, wie erwähnt, in idyllischer Verklärung, die Wechselwirkung von Vision und Einsamkeit ganz deutlich zutage. Wenn Wacholder in seiner Alterseinsamkeit nicht vereinsamt, so deshalb, weil die retrospektive Vision von seiner Liebe, die ihm vor allem durch die Reinkarnation Elisens gegenwärtig bleibt, sein Leben mit Erinnerungsinhalten ausfüllt. Seine Einsamkeit wird durch die gleiche freudvoll schmerzliche Stimmung bestimmt, die Goethe in dem Gedicht „An den Mond" zum Ausdruck bringt:

„Jeden Nachklang fühlt mein Herz
Froh- und trüber Zeit,
Wandle zwischen Freud' und Schmerz
In der Einsamkeit[31]"

Dieser Nachklang ist es, der den trüben Stunden ihre Schärfe nimmt und die Einsamkeit erträglich macht. Die Bereicherung durch eine solche erinnerte Vision ist dem Raabeschen Menschen deutlich bewußt. Reflektierend fragt sich der Chronikerzähler: „Maria! — Würde ich diese Erinnerung mit all ihrem Schmerz für der ganzen Welt Macht, Reichtum, Weisheit lassen? — Ich glaube nicht[32]." Es hat den Anschein, als ob bei diesem Festhalten der Liebe, die ihren Gegenstand schon längst verloren hat, bei diesem Kult des Gefühls, Beziehungen zur Empfindsamkeit deutlich werden. Auch in jener Epoche pflegte man die unglückliche Liebe und genoß bei einsam-traurigen Stimmungen ein gesteigertes Seinsgefühl. Trotz dieser vordergründigen Parallelität handelt es sich bei Raabe aber doch um etwas anderes. Während der Mensch der Empfindsamkeit von vornherein an einer echten Ich-Du-Bindung gar nicht interessiert war, den anderen hauptsächlich als Entfaltung und Ausdruck der eigenen Person erlebte und das Du auf diese Weise zu einem zweiten Ich transfigurierte, ist der Raabesche Mensch in seinem ganzen Wesen bindungsbereit und Du-bezogen. Franz Ralff und Marie, Gustav und Elise, Hans und Franziska, Stopfkuchen und Valentine und als Randfiguren die zahlreichen Elternpaare, exemplifizieren eine echte, harmonische Zweisamkeit, die durch keine solipsistische Ichsucht beeinträchtigt wird. Wenn Wacholder sich hier in gewisser Weise einem Erinnerungskult hingibt, vollzieht er unbewußt, gleichsam als Selbstschutz, eine Umwertung seiner Lebensanschauung, indem er aus einer Not eine Tugend macht. Genau wie die anderen Raabeschen Protagonisten wäre er fähig gewesen, seine Liebe zu leben. Da das Schicksal ihm eine Erfüllung versagt, flüchtet er in die Vision dieser Liebe. Daß ihm dies so reibungslos gelingt, liegt daran, daß es Raabe in seinem Erstlingswerk noch nicht um eine problematische Auseinandersetzung mit der Vereinsamung geht. Im Verlaufe seines dichterischen Schaffens gewinnt die Frage nach der Isolierung und Bindung des Menschen eine zunehmend vertiefte Bedeutung. Auch für Velten Andres sind Vision und Liebe identisch. Von dem Augenblick an, wo Helene Trotzendorff erscheint, wird sie für ihn zum Mittelpunkt seiner Vorstellungswelt. Alles Geschehen hat nur noch in dem Maße Bedeutung, in dem es zu ihr in Beziehung steht. Von Anfang an, wenn auch noch unartikuliert, steht Velten ein gemeinsames Leben mit ihr als Leitvision vor Augen. Raabe weicht hier nicht mehr ins Idyllische aus, sondern erfaßt den Menschen in seiner ganzen Problematik. Die Vision wird zum Ausdruck der individuellen Wesensverwirklichung und ihre Realisierung für den Protagonisten von existentieller Bedeutung. Mit der endgültigen Absage an seine Vision verliert Velten Andres jede Beziehung zur Welt, und es vollzieht sich an ihm die Umkehr des existentiellen Seinsprozesses, der sein Leben von der „Essenz" auf die rein vegetative „Existenz" reduziert. Ohne das geringste Anzeichen von Lebenswillen, teilnahmslos und vereinsamt stirbt er in seiner trostlosen Todesstube in Berlin.

In diesem Roman, den Martini zu den „Gipfelungen von Raabes Erzählkunst[33]", rechnet, wird nichts mehr ins Illusionistische stilisiert.

Alles steht unter dem Zeichen der Auflösung. Auch die Raumimmanenz, die ja bei Raabe in besonderem Maße die Dauerhaftigkeit symbolisiert, und die in den drei anderen Romanen ihre Unveränderlichkeit behält, wird hier in Frage gestellt. Der „Vogelsang" löst sich auf. Mietshäuser, Fabriken und Tanzlokale verdrängen die einstöckigen Gartenhäuser. Die „lebendigen Hecken" müssen weichen, und die Nachbarschaft verstreut sich. Die Vereinzelung des Menschen wird in Beziehung gesetzt zu einer Zeit, in der „Gewöhnlichkeit und Gemeinheit" den „Phantasiemenschen" in die Defensive zwingen. Bewußt konfrontiert Raabe den Abschied Veltens, der seiner Traumvision nachreist, mit der Ankunft der Vergnügungsreisenden, die, von schriller „Blechmusik" begleitet, in lauter Unbekümmertheit den neuen Zeitgeist repräsentieren.

Mit dem endgültigen Verlust seiner Liebe ist Veltens Lebensvision zerstört. Zwei wesentliche Gegenkräfte, die den Menschen vor einer absoluten Vereinsamung bewahren können, versagen ihre Hilfe. Gleichzeitig mit der Auflösung des „Vogelsangs" verliert auch der Raum seine bergende Funktion. Ebenso wenig helfend ist die Rückbesinnung auf die Kindheit, da sie für Velten nur neue schmerzvolle Erinnerung an Helene und den erlittenen Verlust brächte. In dieser äußersten Verlassenheit, die durch nichts mehr gemildert wird, gibt es für den Menschen keinen anderen Ausweg mehr als den Tod. Veltens Tod ist daher keine Dramatisierung des Geschehens, sondern der notwendige und konsequente Abschluß eines Lebens, das dem Protagonisten nur noch als eine sinnlose Absurdität erscheint.

Bevor aber die besondere Situation des „Helden des Vogelsangs" näher analysiert werden soll, muß auf die Liebe in ihrer Bedeutung als Hilfe in der Einsamkeit eingegangen werden. Die Überwindung der Vereinsamung durch eine zwischenmenschliche Beziehung ist wohl als der naheliegendste und häufigste Ausweg anzusehen[34]. Nicht also das Phänomen an sich, wohl aber seine besonderen Strukturen bedürfen der Erläuterung. Bei Raabe handelt es sich nicht um eine temporäre Verdrängung oder Aufhebung der Einsamkeitserfahrung im Zustand des Verliebtseins, sondern um eine Liebe, die sich als Lebenshilfe bewährt. Man könnte deshalb durchaus zutreffend von einer Trostliebe sprechen. Daraus erklärt sich die Ähnlichkeit aller Liebesbeziehungen und ihre geringe erotische Faszination. Das Spezifische dieser Liebe liegt in der Überzeugung, daß eine sinnvolle Lebensbewährung nur in der wahren Gemeinschaft, der immer ein

Verzicht auf Individualität immanent ist, möglich wird. Indem der Hauptakzent auf diese Weise auf das Ethische gesetzt wird, tritt der Trostcharakter der Liebe offen zutage. Im Kampf mit den Lebensmächten, in Zeiten der Not und Bedrohung, bleibt die Bindung an das Du die einzige verläßliche Sicherheit auf Erden. Es ist daher bezeichnend für den Raabeschen Menschen, daß er wohl durch den Verzicht auf die Liebe vereinsamen kann, nicht aber, wie das in den Romanen bei Fontane der Fall ist, in der Liebe selbst. Die Geschlechter stehen sich nie in unüberbrückbarer Fremdheit gegenüber, sondern erleben ihre Solidarität im Allgemein-Menschlichen. Da die Geborgenheit im einmal gefundenen Du unangefochten bleibt, wird dem Menschen die wohl schmerzlichste Vereinsamung in der Zweisamkeit erspart.

Wenn Velten durch seine Liebe vereinsamt, liegt es daran, daß es sich hier eben nicht mehr um die spezifische Raabesche Trostliebe handelt, sondern um Veltens ganz besondere Individualität. Es geht ja nicht nur darum, daß er die Liebe einer Frau gewinnen will und, nachdem sich dies nicht verwirklicht, der Welt entsagt und aus Kummer darüber stirbt[35]. Der Kampf um Helene bedeutet für Velten vor allem, die Kraft der eigenen Persönlichkeit, die Mächtigkeit seines traumhaften Phantasiereiches, das „nicht sehr von dieser Welt war", zu beweisen. Daß es gerade Helene ist, zeigt, wie sich die Liebesauffassung hier gewandelt hat. Die Liebe erfüllt sich nicht mehr in der trostreichen Gemeinschaft, die durch einen Verzicht möglich gewesen wäre, sondern sie wird zum Kristallisationspunkt, an dem sich das eigene So-Sein bewähren muß, wenn es nicht unterliegen soll. Helene hat neben aller Wesensverwandtschaft auch andere Charakterzüge, die sich der Vorstellungswelt Veltens widersetzen und die sie, als starke Persönlichkeit, durchaus behauptet. Sie lebt in der Polarität von phantastischer Irrealität und irrealem Materialismus. Da Krumhardt und später die Geschwister des Beaux widerstandslos der Faszination Veltens erliegen, erfährt seine besondere Wesensart gar keine Herausforderung und Steigerung. Um Helene zu gewinnen, muß er ihre Vision vom prunkvollen Reichtum, von den „schwarzen und weißen Bedienten", „der Kutsche mit den Reitpferden" und der „Loge im Theater" zunichte machen und durch die eigene ersetzen. Da ihm selbst die materielle Welt so bedeutungslos ist, unterschätzt er ihre Relevanz für die Freundin. Der endgültige Verlust Helenes bedeutet daher nicht nur den Verzicht auf Liebe, sondern den radikalen Zusammenbruch seiner ganzen Welt, an die er mit so unumstößlicher Sicherheit geglaubt hatte. Die hypothetische Frage liegt nahe, ob Velten, wenn er die Jugendfreundin gewonnen hätte, in harmonischer Zweisamkeit hätte leben können. Der Nachbar Hartleben hatte in dieser Hinsicht das Schlimmste prophezeit: „Wenn diese zwei sich durch die Jahre und in der Nachbarschaft noch näher aneinander heranspielen, so gibt das mal'nen Haushalt mit Mord und Totschlag[36]." Sicher ist, daß eine Verbindung äußerst problematisch würde. Das Paradoxon ist anzunehmen, daß Velten bei einer Erfüllung seiner Vision ebenso vereinsamt wäre, da Helene die ihm wesensfremde Welt behauptet hätte und ohne die eigene Anschauung und Erfahrung kaum die Wertlosigkeit der materiellen Güter erkannt hätte. Beider Zusammenleben wäre mutmaßlich zu einer Vereinsamung in der Zweisamkeit geworden. Raabe läßt es nicht dazu kommen. Die Vereinsamung in der Liebe ist eine Einsamkeitsform, die in seinen Romanen noch nicht von Gewicht ist.

Der vereinzelte Mensch in den Romanen Theodor Fontanes

Ebensowenig wie die Raabeschen Gestalten ist der Mensch im Romanwerk Fontanes einsamkeitsprädisponiert. Alleinsein ist ihm weder Notwendigkeit noch Herzensbedürfnis, sondern bedeutet ihm, im Gegenteil, schwere seelische Belastung. Da es sich bei Fontane hauptsächlich um die Gesellschaftskreise des Adels („Vor dem Sturm", „L'Adultera", „Graf Petöfy", „Cécile", „Unwiederbringlich", „Effi Briest", „Der Stechlin") oder um Menschen aus dem Volk („Irrungen Wirrungen", „Mathilde Möhring", „Stine") handelt, entfällt auch der für das aufstrebende Kleinbürgertum Raabes doch zumindest latent vorhandene Bildungswert der Einsamkeit. Es sind in hervorragendem Maße die Gesellschaftsromane Fontanes, in denen das Phänomen der Vereinsamung eine beträchtliche Rolle spielt[37]. Im Vergleich mit Raabe ergibt sich, daß die Grundsituation des Menschen problematischer geworden ist. Die Beziehung des Einzelindividuums zur Gesellschaft hat an Differenzierung und Ambivalenz gewonnen. Das Entscheidende aber liegt darin, daß die Bindung zum Du, die bei Raabe eine Kernzelle der Geborgenheit und Sicherheit gegen die Einsamkeitserfahrung bedeutete, fraglich geworden ist. Wenn in „Stopfkuchen" die Einzelseele die Kraft hat, für alle äußere Isolierung von der Gesellschaft aufzukommen, indem sie den Gegenwert einer echten Zweisamkeit schafft, vermag sie bei Fontane nicht mehr zu einer solchen Wesensidentität mit dem anderen zu gelangen. Die prinzipielle Erfahrung, die der Fontanesche Mensch durchmacht, ist die Fremdheit zwischen den Individuen, die alle Verständigungsversuche scheitern läßt und den Einzelnen seiner resignativen Isolation überläßt. Aus dieser seiner Grunderfahrung erklärt sich die Anhäufung des Selbstmordes[38], der nicht nur eine pathetische Dramatisierung des Geschehens, sondern die letzte Konsequenz einer ausweglos gewordenen Lebenssituation markiert. „Heiteres Darüberstehen", humorvolle Behaglichkeit, und „dichterische Verklärung" können nicht darüber hinwegtäuschen, daß die existentielle Grundlage des Menschen ins Unsichere geraten ist[39]. Es ist bedeutsam, daß, wenn man von den historischen Romanen absieht, alle Paare, mit Ausnahme von Melanie van der Straaten und Rubehn, Unglückliche oder Entsagende sind. Aber auch in „L'Adultera" liegt der Hauptakzent nicht auf Melanie und Rubehn, sondern auf Melanie und van der Straaten, deren konventionelle Ehe den Glücksanspruch des Einzelnen unerfüllt läßt. Den Ausnahmecharakter von „L'Adultera" betont auch K. Richter, wenn er erläutert: „Nirgends folgt, wie in L'Adultera, dem Ehebruch eine so bewußte Bejahung des neuen Verhältnisses. Nirgends mehr geschieht der Brückenschlag zu einem dauerhaften, schließlich sogar legalisierten Glück jenseits der bereits bestehenden Ehe[40]."

Alle Gestalten scheitern also gerade dort, wo die Raabeschen Menschen Zufluchtsstätte und Sicherheit gefunden hatten. Das unterschiedliche Erscheinungsbild der Einsamkeit bedingt ein verändertes Untersuchungsverfahren. Wenn die Vereinsamung am nachhaltigsten in der Zweisamkeit erfahren wird, ist es zunächst erforderlich, die Wesensbeschaffenheit dieser Gemeinschaft zu analysieren und der Motivation nachzugehen, die zu dieser Entfremdung geführt hat. Die Paare lassen sich dabei folgenden Kategorien zuordnen:

Konventionelle Standesehe basierend auf:		Mesalliance basierend auf:		Nicht legalisierte Verbindung basierend auf:	
Vernunft	*Neigung*	*Laune*	*Flucht*	*Neigung*	*Abenteuer*
v.d. Straaten	Holk	Arnaud	Cécile	Botho	Crampas
Melanie	Christine			Lene	Effi
Innstetten					
Effi			Petöfy	Waldemar	Holk
			Franziska	Stine	Ebba
Botho					
Käthe					

Unsere Betrachtung soll zunächst der konventionellen Standesehe, also der repräsentativen Eheform der damaligen Gesellschaft, gelten. „Effi Briest" ist hierfür besonders aufschlußreich, da das Zustandekommen der Ehe noch in die Romanhandlung hineingenommen ist. Der Leser nimmt Teil daran, wie Effi innerhalb einer halben Stunde verlobt wird und ihrer „Musterehe" entgegengeht. Herkunft, zukunftsreiche Stellung und untadeliger Charakter erscheinen als die untrüglichen Garanten für ein erfolgreiches gemeinsames Leben. Der persönliche Glücksanspruch scheint von vornherein ausgeklammert, wie folgende Bemerkungen Frau von Briests veranschaulichen:

„Du hast ihn vorgestern gesehen, und ich glaube, er hat dir auch gut gefallen. Er ist freilich älter als du, was alles in allem ein Glück ist, dazu ein Mann von Charakter, von Stellung und guten Sitten, und wenn du nicht ‚nein' sagst, was ich mir von meiner klugen Effi kaum denken kann, so stehst du mit zwanzig Jahren da, wo andere mit vierzig stehen. Du wirst deine Mama weit überholen[41]."

Die Erwartungen, die an die Ehe gestellt werden, sind auf das Rational-Zweckmäßige reduziert, was für die Frau die einzige Möglichkeit bedeutet, am Karrieresystem der Gesellschaft teilzunehmen. Wie sehr sich auch Effis Argumentation innerhalb dieser konventionellen Denkschablonen abspielt, veranschaulicht ihr Kommentar über die Eheschließung ihrer Mutter: „Nun, es kam, wie es kommen mußte, wie's immer kommt. Er[Innstetten] war ja noch viel zu jung, und als mein Papa sich einfand, der schon Ritterschaftsrat war und Hohen-Cremmen hatte, da war kein langes Besinnen mehr, und sie nahm ihn und wurde Frau von Briest . . . [42]" Mit der gleichen scheinbaren Sicherheit bezüglich der Richtigkeit und Unabwendbarkeit der Ehekonventionen entgegnet sie ihren Freundinnen, auf die Frage, ob es denn auch der Richtige sei: „Gewiß ist es der Richtige. [. . .] Jeder ist der Richtige. Natürlich muß er von Adel sein und eine Stellung haben und gut aussehen[43]." Eine Gemeinschaft aber, in der jeder der Richtige ist, d. h. austauschbar mit jedem, der ihre sozialen Ansprüche erfüllt, muß notwendig ins Unpersönlich-Institutionelle erstarren. Es scheint überraschend, daß Effi, deren hervorstechendste Eigenschaft doch gerade ihre unkonventionelle Natürlichkeit ist, sich hier zur Vertreterin der gesellschaftlichen Ehenormen abstempelt[44]. Man könnte hinsichtlich ihrer späteren Vereinsamung, des ganzen Mißlingens ihrer Ehe, einwenden, daß sie selbst ja von vornherein den Neigungsanspruch als inadäquaten Wert nicht hat gelten lassen und sich durchaus mit der herkömmlichen Rollenverteilung identifiziert hat. Ein solcher Einwand ließe aber folgende Gegebenheiten außer acht: Es ist gerade bezeichnend für Effi, daß nicht allem, was sie sagt, die gleiche Gewichtigkeit beigemessen werden kann. Häufig ist gerade das aufschlußreich, was sie verschweigt oder doch nur andeutet. So überwiegt z. B. die nur geahnte und kaum zugestandene Furcht vor Innstetten bei weitem ihre sicher verkündeten Eheweisheiten[45]. Wesentlich ist auch, daß Effi gar nicht in der Lage ist zu ahnen, was eine Realisierung ihrer Worte bedeuten würde, da sie aus der eigenen Anschauung nur das natürliche und freie Leben ihrer Kinder- und Jugendzeit kennt, das gerade von keinerlei Konvention beengt wird. Wenn sie dem Verzicht ihrer Mutter überhaupt keine Bedeutung beimißt, so deshalb, weil derartige Problemkategorien in der sicheren und glücklichen Lebensgeborgenheit, die sie umgibt, gar keine Relevanz besitzen. Der Wahrheitsgehalt solcher Aussagen ist deshalb nur ein sehr relativer. Aus all diesem wird deutlich, daß Effi, von sich aus, gegen die Beeinflussung ihrer Eltern, kaum das Folgenschwere, das die Entscheidung für ein Leben mit Innstetten für sie haben wird, erkennen kann. Ein Hauptteil der Schuld für eine eheliche Fremdheit und Vereinsamung fällt auf die Gesellschaft zurück, die, indem sie die natürlichen Gegebenheiten einfach negiert, einen Ehetypus als wünschenswert hinstellt, bei dem Menschen, aus fast verschiedenen Generationen, verbunden werden[46]. Der Altersunterschied von 21 Jahren bei Effi und Innstetten ist kein Ausnahmefall, sondern die Norm, die sich auch bei Melanie und van der Straaten oder Cécile und St. Arnaud wiederholt. Diese Altersdifferenz ist über das rein Biologische hinaus bedeutsam, da sie gleichzeitig eine Konfrontation zweier unterschiedlicher Lebenseinstellungen, das mehr Ungebunden-Fortschrittliche Effis und das Konservativ-Reaktionäre Innstettens, symbolisiert. Es ist symptomatisch für die sehr viel glücklicheren Bindungen bei Raabe, daß sie ohne jeden gesellschaftlichen Zwang entstanden waren und sich häufig schon aus Kinderfreundschaften entwickelt hatten. Wesensverwandtschaft und Zugehörigkeit zur gleichen Altersgruppe bewahrten die Paare vor der inneren Vereinsamung.

Neben der Gesellschaft sind aber auch die Eltern nicht frei von Schuld an dem Mißlingen der Fontaneschen Ehen. Die Schuld, die dem Ehepaar Briest, und in besonderem Maße der Frau zukommt, ist eine doppelte. Nicht, daß sie für die Tochter, der Konvention ihrer Kreise entsprechend, eine Ehe arrangieren, ist als ihre Hauptverfehlung anzusehen — schließlich darf nicht vergessen werden, daß auch sie einer gesellschaftlichen Determinierung unterliegen —, sondern daß sie es unterlassen, sie auf diese Ehe und die damit verbundene Rolle vorzubereiten. Es ist erstaunlich, wie sie, gerade im Gegenteil, ein der Konventionsehe konträres Verhalten fördern und Effi gewissermaßen einer Rollenschizophrenie überlassen. Ungeachtet der bereits gefaßten Verlobungspläne betont Frau von Briest weiterhin das Kindlich-Unbekümmerte in Effi, läßt sie im zwanglosen Jungenkittel herumlaufen, ergötzt sich an ihren Turnübungen und schlägt ihr vor, Kunstreiterin zu werden. Da sie es selbst so „entzückend" findet, unterstützt sie das ganze Ungebärdige und Übermütige der Tochter, ohne zu realisieren, daß gerade diese Eigenschaften eine Anpassung an Innstetten erschweren. Zudem kann ihr der Vorwurf nicht erspart bleiben, daß die Wahl ihres Schwiegersohnes nicht frei von Sentimentalität gewesen ist. Es bedeutet ihr einen eigenen Reiz, das nicht gelebte Idyll ihrer Jugend von Effi verwirklicht zu sehen, der sie die Wesensverschiedenheit zwischen sich und der Tochter vergessen läßt.

Charakterliche Unterschiedlichkeit und erhebliche Altersdifferenz erschweren auch die Ehe von Melanie van der Straaten, die unter ähnlichen Bedingungen, wie die Effis, zustande gekommen war. Holk und Christine wie auch Botho und Käthe exemplifizieren, wie eine nicht zu überbrückende Wesensfremdheit die Einzelnen in die resignative Isolation drängt. Interessant ist, daß auch in „Unwiederbringlich", dem einzigen

Gesellschaftsroman, in dem bei der Eheschließung Pflicht und Neigung zusammenfallen, die Liebe nicht mehr ausreicht, um die Krisen- und Konfliktsituationen zu entwirren und zu verhindern, daß die Menschen sich voneinander fort und in endgültige Einsamkeiten bewegen. Die Kraft des menschlichen Herzens, die bei Raabe noch keinem Zweifel unterlegen war, hat damit eine beträchtliche Einbuße erlitten. Wenn Velten Andres durch seine Liebe vereinsamt war, so blieb er in der eigenen Erlebnisdimension doch vor einer Relativierung seiner Gefühlswelt bewahrt.

Für den Fontaneschen Menschen gibt es in seiner Einsamkeit anstatt der echten Hilfen im Raabeschen Sinn nur noch „Hilfskonstruktionen" oder Flucht, von denen, entsprechend dem jeweiligen Temperament, unterschiedlicher Gebrauch gemacht wird. Der an den gesellschaftlichen Normen orientierte Mensch, wie ihn Innstetten, Wüllersdorf oder Melanies Schwager Gryczinski und, in abgeschwächter Form, auch Botho repräsentieren, wird seine Einsamkeit einerseits mit dem Ausbauen seiner gesellschaftlichen Stellung und zum anderen mit den kleinen Behaglichkeiten des alltäglichen Lebens zu überwinden suchen. Dem temperamentvollen und natürlichen Menschen, wie ihn am reinsten Effi und Holk vertreten, fällt eine Anpassung an eine Existenzform, die ihrer Veranlagung widerspricht, am schwersten. Für Effis lebhafte, auf Unterhaltung und Abwechslung eingestellte Natur bedeutet die zum erstenmal erfahrene Verlassenheit der zurückgezogenen Kessiner Lebensweise eine starke Belastung. Wie groß ihre Einsamkeit ist, läßt sich schon daraus ermessen, daß ihr häufig keine andere Abwechslung bleibt, als sich von ihrem Fenster aus am Straßenbild zu erfreuen:

„Effi freilich, weil Innstetten sie nicht begleiten konnte, mußte darauf verzichten, [Spaziergänge zu machen] aber sie hatte doch wenigstens die Freude, die nach dem Strand und dem Strandhotel hinausführende, sonst so menschenleere Straße sich beleben zu sehen . . . [47]"

Der Blick aus dem Fenster, der bei Raabe das Hineinnehmen der Außenwelt in die Innenwelt bedeutete und die Ausweitung des Ich über die eigene Engraumigkeit hinaus symbolisierte, wird hier zur resignierenden Gebärde einer nur scheinbaren Teilnahme.

Schwerer als an der äußeren Vereinsamung leidet Effi an der inneren, denn trotz ihrer Jugendlich- und manchmal sogar Kindlichkeit ist sie hellsichtig genug, die ganze Distanz zu erkennen, die sie von dem „Mann von Prinzipien" trennt, den — wie ihr Vater es ausdrückt — auch die Hochzeitsreise nicht davon abhält, jede „Galerie" neu zu „katalogisieren". Eine Fremde in der neuen Umgebung und hinter der vordergründigen Musterhaftigkeit ihrer Ehe doch nur allein auf sich selbst verwiesen, hat sie keinen anderen Umgang als den Sonderling Gieshübler und den Hund Rollo. In dieser monotonen ‚tristesse' erscheint ihr die Ankunft des Bezirkskommandeurs Crampas als ein Lichtblick. Hier bietet sich für Effi die Möglichkeit, dem ewigen Einerlei und der lastenden Einsamkeit ihres ereignislosen Kessiner Lebens zu entkommen. Indem Fontane vorausdeutend Crampas als „Trost- und Rettungsbringer"[48] bezeichnet, betont er bereits den Fluchtcharakter ihrer späteren Liaison. Weder Leidenschaft noch Liebe bestimmen Effis Beziehungen zum Major, sondern vor allem die Aussicht, ihrem ständigen Alleinsein enthoben und der heitereren und abwechslungsreicheren Möglichkeiten des Lebens wieder teilhaftig zu werden. Hinzu kommt, daß er eine Seite in ihr anspricht, für die sie schon als Mädchen eine gewisse Anfälligkeit besaß — wie das Schaukelsymbol verdeutlicht —, ihre Empfänglichkeit für den Reiz der Gefahr und das Spiel mit dem Abgrund. Crampas erkennt mit dem ihm eigenen Gespür eines „Damenmannes", daß sie zu den Naturen gehört, deren Lebensbewußtsein sich durch die Faszination des Unerlaubten intensiviert, und daß ihr dieses „Sich-wieder-Leben-Fühlen" in der pedantischen und wohltemperierten Alltagsstimmung ihrer Ehe abhanden gekommen ist.

Eine ähnliche Motivation gilt für Holks Empfänglichkeit für Ebba von Rosenberg. Auch in dieser Ehe verkörpern die Gatten antinomische Lebensprinzipien, die während der Zeit ihrer ersten Neigung zwar überdeckt, nicht aber überwunden werden konnten. Wie Innstetten verkörpert Christine den Pflichtmenschen, der sich in ihrem Fall weniger an den gesellschaftlichen Normierungen, als an einem religiösen Dogmatismus orientiert, und Holk den Stimmungen unterworfenen Temperamentsmenschen. Mit fast ähnlichen Worten, wie Innstetten in bezug auf Effi, äußert sich die Gräfin über die charakterlichen Schwächen ihres Mannes: „Er ist gut und treu, der beste Mann von der Welt, . . . aber doch auch schwach und eitel, und Kopenhagen ist nicht der Ort, einen schwachen Charakter fest zu machen[49]." Für den leichtlebigen Holk bedeuten die dänischen Hofpflichten willkommene Abwechslung und Ausweichsmöglichkeit aus der häuslichen Atmosphäre der unerbittlichen Pflichterfüllung und monotonen Vorzüglichkeit. Ähnlich wie Effi, greift er nach dem ersten „Trost- und Rettungsbringer", der sich ihm bietet. Auch bei Melanie ist es weniger Leidenschaft oder besondere Liebe, die sie zu Rubehn hinzieht, als die Distanzierung zu ihrem eigenen Mann und die Hoffnung auf eine harmonischere charakterliche Übereinstimmung. Es geht dabei keineswegs um eine authentischere Bindung an einen anderen Menschen, um die Auseinandersetzung mit einer neuen Individualität — oder doch nur insofern, als diese im Gegensatz zu der des eigenen Ehegatten stehen muß —, sondern um einen Ausbruchsversuch aus einer zu schwer gewordenen ehelichen Vereinsamung.

So wird für das in der Ehe alleingelassene Individuum der Ehebruch zum Fluchtversuch aus einer sinnentleerten Gemeinschaft. Es ist daher bezeichnend für Holk, daß er zunächst dem rätselhaftem Charme der Frau Brigitte erliegt, gewissermaßen als dem ersten Rettungsanker, auf den er stößt, und später, bedingt durch die Umstände, seine bevorzugte Aufmerksamkeit auf Ebba konzentriert. Das Paradoxe liegt ja darin, daß, bedingt durch den Surrogatcharakter des Ehebruchs, die von Effi gemachte Äußerung anläßlich der standesgemäßen Verbindung, der ‚Jeder-ist-der-Richtige-Standpunkt', sich auch in dieser Situation, wenn auch mit unterschiedlicher Akzentsetzung, wiederholt. Für das sich aus der Isolation heraussehnende Individuum ist nun nicht mehr jeder der Richtige, der „von Adel ist", „gut aussieht" und „eine Stellung" hat, sondern jeder, der es versteht, diese Einsamkeit zu verscheuchen und verspricht, eine persönlichere Glückserfüllung zu gewährleisten. Die Kohärenz zwischen der Fontaneschen Standesehe und dem Ehebruch wird offensichtlich. In diesem Kausalnexus liegt gerade das abermalige Scheitern der neuen Verbindung begründet. Wenn Holk räsoniert: „ich will kein Harmonium im Hause, sondern Harmonie, heitere Übereinstimmung der Seelen, Luft, Licht, Freiheit[50]" befindet er sich in einem ausgesprochenen Irrtum, wenn er glaubt, diese gerade bei Ebba zu finden. Aus dem Wunsch, sich aus seiner ehelichen Vereinsamung zu befreien, übersieht er, daß die charakterlichen Divergenzen zwischen sich und Ebba die zu seiner Frau um noch Beträchtliches übertreffen. Würden sich seine Wünsche erfüllen, wäre es nur eine Frage der Zeit, bis er einer erneuten Einsamkeitserfahrung unterläge. Auch für Effi bedeutet das Verhältnis zu Crampas keine Lösung, sondern im Gegenteil eine Erschwerung ihrer ehelichen Situation. Wenn sich für Melanie der subjektive Glücksanspruch in ihrer neuen Ehe erfüllt, überwiegt hier der intentionale Erzählgehalt die tatsächliche Glaubwürdigkeit der Fabel[51]. Der farblos gehaltene und von Riekchen als „reserviert", „selbstsicher" und „kalt" beurteilte Charakter Rubehns[52] ist kaum geeignet, von der Kraft zu einer neuen Wesensgemeinschaft zu überzeugen. So darf der Fall Melanie nicht als Gegenbeweis bewertet werden für die Tatsache, daß die Hoffnung des Menschen, durch den Ehebruch oder die neue Ehe seiner vereinsamten Situation zu entgehen, sich als Illusion entlarvt. Die Flucht erweist sich als eine Schuld, die den Einzelnen in eine noch tiefere und endgültige Einsamkeit verbannt.

Indem Fontane die Einsamkeitserfahrung mit der Schuldfrage verknüpft, erweitert er sie um eine neue, bei Raabe noch nicht betonte Perspektive. Es geht hier nicht mehr ausschließlich um eine soziologisch bedingte, von außen verhängte, sondern darüber hinaus um eine selbstverschuldete Vereinsamung, die dort am größten ist, wo der Gesellschaftszwang am wenigsten bestimmend war. Was Holk und Christine in die Isolation treibt, kann nicht mehr den Umständen zur Last gelegt werden, sondern ist in ihrem eigenen Wesen begründet: in der starren Pflichtauffassung des einen und der vordergründigen Lebenshaltung des anderen und in beider Unfähigkeit, sich anzupassen. Auch die spätere Versöhnung kann die endgültige Vereinsamung nicht aufhalten, da die Voraussetzung, nämlich das Annehmen des anderen in seiner ganzen Besonderheit, auch dann, wenn es das eigene Lebensprinzip tangiert, nicht geleistet wird. Das vorbehaltlose Ja-Sagen zum anderen, das den Raabeschen Menschen vor einer Vereinsamung in der Zweisamkeit bewahrte, wird hier nicht zuwege gebracht. So werden Holk und Christine schuldig aus ihrer Halbherzigkeit, die sie sowohl vor einer endgültigen Trennung als auch vor den unerbittlichen Konsequenzen einer Aussöhnung zurückschrecken läßt.

Um eine ähnliche Verkettung von Einsamkeit und Schuld geht es in „Effi Briest", selbst wenn ein Teil der Verantwortung den Eltern und der Gesellschaft zuzuschreiben ist. Anders als in „Unwiederbringlich" kommen die Protagonisten in diesem Roman während der verschiedenen Stationen ihrer Einsamkeit zu einer Erkenntnis, die eine Ausweitung ihres Bewußtseins bewirkt und sie an Menschlichkeit gewinnen läßt. Sowohl der Naturmensch Effi, aber auch der Pflichtmensch Innstetten gelangt zu einer Relativierung der für ihn gültigen Wertkategorien, indem er die Berechtigung des ihm fremden Lebensprinzips anerkennt. Daß beide zu einem entgegengesetzten Ergebnis kommen, macht die Mehrschichtigkeit des Romans aus. Innstetten erfährt während der freudlosen und leer verstreichenden Zeit seines Alleinseins die ganze Fragwürdigkeit der gesellschaftlichen Gebundenheit. Wenn er vor der Duellierung den Standpunkt vertrat: „Man ist nicht bloß ein einzelner Mensch, man gehört einem Ganzen an, und auf das Ganze haben wir beständig Rücksicht zu nehmen, wir sind durchaus abhängig von ihm[53]", ist ihm inzwischen „das Ganze" zum „Krimskrams",zu „bloßen Vorstellungen" geworden, um derentwillen er sein Leben „verpfuscht" hat. Er erkennt die Hohlheit und Sterilität dieser Ansprüche, die ihm ehemals höchste Wertprinzipien bedeutet hatten. Indem er sich von den gesellschaftlichen Ansprüchen distanziert und seinen eigenen Schuldteil annimmt, gelangt er über das für ihn repräsentative Normdenken hinaus und gewinnt in seiner Einsamkeit Züge der Menschlichkeit. Wenn Effis Reaktion auf ihr Verhältnis mit Crampas weniger in einem tatsächlichen Schuldgefühl, als vielmehr in einem Abscheu vor den damit verbundenen Lügereien und der Angst vor einer möglichen Aufdeckung der Tat bestand, kommt sie in den Jahren ihres Alleinseins dazu, ihren Schuldteil anzunehmen und den Anspruch der Gesellschaft als legitimen Ausdruck eines Ordnungsprinzips zu verstehen, ohne das ein sinnvolles menschliches Zusammenleben nicht gewährleistet ist. In diesem Sinne erkennt sie ihre Vereinsamung als Sühne für ihre Tat an und kann vor ihrem Tode sagen: „Ich sterbe mit Gott und den Menschen versöhnt, auch versöhnt mit *ihm*[54]." Damit gewinnt ihre Einsamkeit über das Nur-Zufällige hinaus einen Bedeutungsgehalt, der die Sinnbezogenheit alles Geschehens sichtbar macht. Mit der Einordnung des unglücklichen Einzelfalles in eine überpersönliche Sinnfälligkeit, mit diesem Verdichtungs- und Abrundungswillen, steht Fontane durchaus noch in der Tradition der klassizistischen Formvorstellungen, die seit den „Wahlverwandtschaften" ihre Wirkung auf den Roman des 19. Jahrhunderts gehabt haben[55].

Bei der Betrachtung von dem, was die damalige Gesellschaft als Mesalliance bezeichnete — wie sie im Romanwerk Fontanes von Graf Petöfy und Franziska oder von Oberst St. Arnaud und Cécile verkörpert wird —, darf theoretisch angenommen werden, daß eine harmonischere Gemeinsamkeit als in der Standesehe erreicht wird, da das Einzelindividuum die Kraft hat, eine Entscheidung *für* den Partner und gegen die herrschende Konvention durchzusetzen. Hinzu kommt, daß eine gesellschaftliche Verbannung — wie auch das Beispiel Schaumann und Valentine in „Stopfkuchen" vergegenwärtigt — ganz allgemein einen engeren Zusammenschluß der Ausgestoßenen bewirkt. Diese Annahme erweist sich indessen als ein Irrtum. Auch hier wird die Sehnsucht nach Glück nicht erfüllt und die Entfremdung zwischen den Gatten keineswegs vermieden. Die gleichen Faktoren, die sich erschwerend auf die Gemeinschaft in der konventionellen Standesehe ausgewirkt hatten, die große charakterliche Verschiedenheit und Altersdivergenz des Paares, werden hier in potenzierter Form wiederholt. Bei Franziska und Petöfy spielen darüber hinaus noch religiöse und ethnische Unterschiede eine Rolle. Paradoxerweise hat die Stellungnahme gegen die gesellschaftlichen Normen keine bewußte Entscheidung zum anderen zur Voraussetzung gehabt. So wird die Motivation zu St. Arnauds Ehe in drei Sätzen abgetan: „Frau von Zacha war eine berühmte Schönheit gewesen; ihre Tochter Cécile war es *noch*. Jedenfalls fand es der Oberst und verlobte sich mit ihr. Vielleicht auch, daß er sich in dem Nest, das ihm die Residenz ersetzen sollte, bloß langweilte[56]." Da dieses die einzige Information ist, die Fontane dem Leser über das Zustandekommen der St. Arnaudschen Ehe gibt, kommt jeder Aussage, auch der gemutmaßten Langeweile, Gewicht zu. Von seiten des Oberst handelt es sich gewissermaßen um eine Stimmungssache, um eine Laune. Daß Cécile, von der es heißt: „Großgezogen ohne Vorbild und ohne Schule und nichts gelernt, als sich im Spiegel zu sehen und eine Schleife zu stecken[57]", und die noch nie in ihrem Leben für eine Sache zur Verantwortung gezogen war, hier hätte klar sehen können, ist auszuschließen. Beeinflußt von der Mutter, konnte ihr diese Verbindung nur als Sicherung, als Ausweg aus ihrem planlos ungesicherten Leben, erscheinen. Das Abweichen vom Gesellschaftlich-Üblichen erweist sich demzufolge nur als Laune und Flucht und somit als ungeeignetester und unsicherster Garant für eine wirkliche Zweisamkeit.

Auch in dem zwei Jahre früher entstandenen, noch wenig gelungenen Roman „Graf Petöfy" verhält es sich ähnlich. Der alternde Graf befindet sich an einem Punkt seines Lebens, wo er spürt, daß die ihn umgebende Leere und Vereinsamung immer schwieriger zu ertragen ist. Wenn er sich bislang darin gefiel, diese Leere vornehmlich durch „die Protektion der Kunst" zu überbrücken, kann er sich nun nicht länger gegen die Erkenntnis wehren, daß all dieses Scheinlösungen waren, die seine immer größer werdende Einsamkeit wohlüberdecken, nicht aber aufheben konnten. Seiner Schwester gegenüber rechtfertigt er deshalb seinen Eheentschluß:

„Ich habe das Einsamkeitsleben satt und habe vor allem auch die Mittel satt, die sonst dazu dienen mußten, dieser Einsamkeit Herr zu werden. Es ist mir klar geworden, daß man die Leere nicht mit Leerheiten ausfüllen oder gar heilen kann, und so steh ich denn vor einem neuen und nach einer sehr entgegengesetzten Seite hin liegenden Ausfüllversuche[58]."

Indem Petöfy selbst unmißverständlich die Ehe als „Ausfüllversuch" charakterisiert, ist seine Einstellung zum anderen durch die gleiche Motivation gekennzeichnet, die auch für Effis und Holks Ehebruch — wenn auch weniger bewußt — maßgeblich war. Was für jene Ausbruchsversuch aus einer zu schwer gewordenen ehelichen Vereinsamung bedeutete, wird für diesen Fluchtmittel aus einem als sinnlos empfundenen Alleinsein.

Der Surrogatcharakter ist in beiden Fällen offenkundig und die Desillusionierung unvermeidbar. Wieder sind die Protagonisten von einem Schuldanteil an ihrer Einsamkeit nicht freizusprechen: Arnaud, indem seine Eitelkeit den erlittenen Affront nie wirklich verwinden kann und er in einer Trotzstimmung verharrt, in der er der schwächeren und unselbständigen Cécile keinen wirklichen Schutz gewähren kann, und sie, indem sie sich zu sehr ihrer ‚nature languissante‘ hingibt und den Versuch unterläßt, ihre resignierende Haltung zu überwinden. Petöfy wird schuldig durch die Nichtachtung der natürlichen Lebensgesetze, und Franziska, wenn sie sich eine Entsagung zumutet, deren sie nicht fähig ist. Es liegt zwar in der dichterischen Intention, die Schuld durch den Freitod und die selbstgewählte Einsamkeit zu sühnen, aber diese Umkehr ist zu wenig in die Handlung integriert, ist zu sehr ‚Sühne von Dichters Gnaden‘ und erfährt zu wenig hinreichende Motivation durch die Charaktere der Protagonisten, als daß von einer tatsächlichen Korrelation von Sühne und Einsamkeit gesprochen werden kann. Aus dem Gesagten wird offenkundig, daß auch in dieser Eheform dem Einzelnen die Vereinsamung, selbst wenn sie sich hinter einer vordergründigen, gegenseitigen Höflichkeit verbirgt, nicht erspart bleibt.

Die zugespitzte Lebensproblematik des Fontaneschen Menschen findet ihren Ausdruck in der Heimatlosigkeit des Individuums, das weder innerhalb der gesellschaftlichen Ordnung noch durch deren Mißachtung seine besondere Seinsart verwirklichen kann und nirgends vor einer Vereinsamung bewahrt bleibt. Die Ehe erweist sich infolgedessen nur noch als funktionsfähig bei einem gegenseitigen Verzicht auf individuelles Glück — wie im Fall von Botho von Rienäcker und Käthe von Sellenthin — und bei einer resignativen Hinnahme einer nicht zu überwindenden inneren

Isolierung. Mit der Reduzierung auf einen nur repräsentativ-forma-listischen Charakter hat sie ihren eigentlichen Sinn verloren.

In den Romanen „Irrungen Wirrungen" und „Stine" stehen zum erstenmal Paare im Mittelpunkt, bei denen es sich um eine echte zwischenmenschliche Beziehung handelt. Bei ihnen ist es gerade die Ähnlichkeit von Charakter und Temperament, die sie über die Standes-schranken hinweg zueinander hinzieht und ihre Liebe fundamentiert. Bereits beim ersten Zusammentreffen, während des improvisierten Essens im Reich der Witwe Pittelkow, empfinden der junge Graf und Stine eine Gemeinsamkeit, wenn sie als die beiden einzigen der Anwesenden auf die Peinlichkeit der Situation reagieren. Im Verlaufe ihres Kennenlernens bestätigt sich ihre instinktive Ahnung, daß beide im Kreis der Schwester Außenseiter waren und daß ihnen eine ernsthaftere Lebenshaltung gemein ist. Was Botho an Lene am meisten schätzt, und in den eigenen Gesellschaftskreisen so selten antrifft, sind „Einfachheit", „Wahrheit" und „Natürlichkeit".

„Das alles hat Lene; damit hat sie mir's angetan, da liegt der Zauber, aus dem mich zu lösen, mir jetzt so schwer fällt. [...] Ich hab eine Gleichgültigkeit gegen den Salon und einen Widerwillen gegen alles Unwahre, Geschraubte, Zurechtgemachte, Chic. Tournüre, savoir-faire, — mir alles ebenso häßliche wie fremde Wörter[59]."

Im Unterschied zu den anderen Paaren geht es hier nicht um eine Beziehung als Ausdruck des Augenblicklichen oder um Flucht aus anderen Bindungen. Keiner befindet sich in irgendeiner Zwangssituation, aus der heraus er sich dem anderen zuwendet. Besonders Lene und Botho sind durchaus in der Lage, ihre Situation und sich selbst zu erkennen. Kaum ein anderes Paar der Fontaneschen Romanwelt ist fähig dazu, den anderen ohne einseitige Verzerrung, aber auch ohne idealistische Überhöhung, ganz in der eigenen Wesensart zu erfassen. Botho übersieht nicht Lenes gelegentlichen Eigensinn und einen gewissen Hang zu Sticheleien, und auch sie weiß um seine Schwächen. Gerade dieses Ja-Sagen, nicht nur zu einem vorgestellten Idealwesen, sondern zu dem anderen in seinem ganz besonderen So-Sein spiegelt die Bereitschaft zu einer authentischen Bindung, die den Einzelnen vor einer Vereinsamung in der Liebe bewahrt.

Hier handelt es sich um eine Beziehung, die in ihrer Gefühlsqualität mit denen bei Raabe vergleichbar ist. Der Erfüllung eines individuellen Glücksverlangens stellt sich demzufolge nicht mehr die charakterliche Divergenz des Paares entgegen, sondern der autoritäre Verhaltenskodex einer Gesellschaft, die dem Individuum nur die Wahl zwischen Unterwerfung und Verbannung läßt. Alle Beteiligten wissen um die Ansprüche der Konvention und erkennen sie — mit Ausnahme von Waldemar — widerstandslos an. Aber auch bei diesem handelt es sich nicht um eine glaubwürdige Überwindung der Standesunterschiede, sondern um die phantastisch-pathologische Wunschvorstellung eines hypersensiblen Lebensfremdlings. Es ist nicht uninteressant festzustellen, daß gerade der physisch und psychisch schwächste unter ihnen sich über die traditionellen Konstellationen hinwegsetzen und eine Herzensentscheidung bewirken will. Lene, als die vernünftigste und realste, zieht die gesellschaftliche Wirklichkeit in keinem Augenblick in Zweifel:

„ Du liebst mich und bist mir treu, wenigstens bin ich in meiner Liebe kindisch und eitel genug, es mir einzubilden. Aber wegfliegen wirst du, das seh ich klar und gewiß. Du wirst es müssen. Es heißt immer, die Liebe macht blind, aber sie macht auch hell und fernsichtig[60]."

Ebenso ist Stine von der Unumstößlichkeit der Gegebenheiten, die gegen ihr Glück sprechen, überzeugt. „Du willst nach Amerika, weil es hier nicht geht. Aber glaube mir, es geht auch drüben nicht. Eine Zeitlang könnt es gehn, vielleicht ein Jahr oder zwei, aber dann wäre es auch drüben vorbei. Glaube nicht, daß ich den Unterschied nicht sähe[61]." Wenn weder von Lene und Botho noch von Stine ein Versuch gemacht wird, die Ansprüche des Herzens gegenüber den herkömmlichen Normen zu behaupten, so beruht dieses auf zwei wesentlichen Einsichten, von denen die eine rein subjektiver und die andere objektiver Art ist. Gerade die Bewußtheit und Hellsichtigkeit der Liebenden bewirkt, daß sie den Anteil an Determinierung im Wesen des anderen erkennen und in seiner ganzen Folgenschwere realisieren können. Ebenso wissen sie um die Mächtigkeit der alltäglichen Realität — außerhalb derer es für sie kein Zweisamkeitsidyll gibt — , die die Reinheit ihrer Empfindungen ständig in die Nähe von Kalkül, Banalität und Lächerlichkeit rückt. Von Anfang an ragt diese rücksichtslos banale Wirklichkeit in ihre Liebesbeziehung hinein und umgibt sie mit dem Hauch des Zweideutigen und Anstößigen. So registriert die Umwelt den ersten Besuch des jungen Grafen bei Stine mit der lakonischen Bemerkung, daß „Drei Mark mehr [für das Zimmer] . . . nu woll nich zuviel[62]" wären. Das

Ambivalente liegt darin, daß sie recht hat mit ihrer Annahme, daß sich etwas „anbahnt", aber Unrecht in der Art, wie sie es sich vorstellt. Auch Frau Dörr kann nicht umhin, sich beim Erscheinen Bothos ihres eigenen „Grafen" zu erinnern und somit Lenes Liebe in die derzeit üblichen und geschmacklosen Verhältnisse einzureihen. Diese Konfrontation von Besonderem und Banalem findet ihren prägnantesten Ausdruck beim Zusammentreffen Lenes und Bothos mit den Clubfreunden in „Hankels Ablage". Bei Isabeaus Bemerkung „Sie haben sich alle nichts vorzuwerfen, und einer ist wie der andre[63] ", erfährt Lene, wie durch die perspektivische Veränderung auch ihre Beziehung zu Botho in eine Zweideutigkeit gerät, die ihr Zusammensein belastet und einen harmonischen Ausklang des Ausflugs verhindert.

Für Lene gibt es darüber hinaus auch andere Anzeichen, die ihr die Distanz zu Botho in aller Deutlichkeit ins Bewußtsein rufen. Bei einem ganz geringen Anlaß, beim Betrachten der Bilder, schleicht sich dieses Wissen plötzlich ein:

„Es waren Stiche, die sie, dem Gegenstande nach, lebhaft interessierten, und so wollte sie gerne wissen, was es mit den Unterschriften auf sich habe. ,Washington crossing the Delaware' stand unter dem einen, ,The last hour at Trafalgar' unter dem andern. Aber sie kam über ein bloßes Silbenentziffern nicht hinaus, und das gab ihr, so klein die Sache war, einen Stich ins Herz, weil sie sich der Kluft dabei bewußt wurde, die sie von Botho trennte[64]."

Diese Erkenntnismomente verdichten sich allmählich zu der Einsicht, daß das Herz gegen den Realitätsanspruch nicht aufkommen und die dadurch bedingte Entfremdung nicht aufhalten kann. Wenn von den Liebenden infolgedessen der Weg der Entsagung gewählt wird, beruht dies nicht auf einer Schwäche oder Halbheit des Gefühls, sondern im Gegenteil, auf dem idealistischen Wunsch nach absoluter Übereinstimmung mit dem anderen. Da diese durch die erkannte Determinierung des Menschen nicht gewährleistet wird, und zumindest eine partielle innere Isolierung voraussehbar ist, wählt der Einzelne den Verzicht, um der schwerer bewerteten Vereinsamung in der Liebe zu entgehen. Er entsagt damit der Realisierung seiner Empfindungen, bewahrt sich aber gleichzeitig davor, sie durch die Wirklichkeit relativiert oder trivialisiert zu sehen und kann aus diesem Wissen heraus den Verzicht leisten. Diese subjektive Erkenntnis wird zudem noch von einer objektiven Einsicht untermauert. Die gesellschaftliche und ökonomische Ordnung, der sich die Paare unterwerfen, darf in der fiktiven Welt Fontanes nicht nur auf ihre funktionale Bedeutung reduziert werden. Die in fast allen Romanen auftauchenden zahlreichen Vorausdeutungen, die häufigen Verweise auf ein Kommendes, die Zeichen und Symbolbezüge und die Regelmäßigkeit mit der das Zufällige — wie das Auffinden von Effis Briefen, das Tintoretto Geschenk van der Straatens oder Bothos Zusammentreffen mit Hinckeldey — auf ein Gesetzliches bezogen wird, verdeutlichen, wie dieser Ordnung über ihren pragmatischen Gehalt hinaus, eine Schicksalhaftigkeit zugeschrieben wird, die sie aus dem Nur-zeitlich-Bedingten herauslöst[65]. Mit dieser Transzendierung ins Metaphysische wird sie für den Einzelnen bindend.

Die Unterwerfung des Individuums bedeutet daher mehr als eine äußerliche Annahme eines Verhaltensmechanismus, mehr als die furchtsame Bequemlichkeit von der Nietzsche spricht[66], sondern darüber hinaus die einzige Möglichkeit, einen Sinnzusammenhang alles Bestehenden zu bewahren und das Chaos zu verhindern. Lene und Botho ahnen dieses, wenn sie sich für ihre Kompromißehen entscheiden und damit eine persönliche Einsamkeit auf sich nehmen. Aber auch dort, wo die Handlung mit der völligen Vereinsamung oder Destruktion der Protagonisten endet — wie in „Graf Petöfy", „Cécile", „Stine", „Unwiederbringlich" und vor allem „Effi Briest" —, bleibt mit dem Bestand dieser schicksalhaften Ordnung ein „Ewig-Gültiges", „Nicht-Zerstörbares" bestehen, das den Zusammenhang alles Lebendigen ausmacht. Diese Ahnung von einem höheren Sinnzusammenhang ist nur einigen Protagonisten immanent. Wo sie vorhanden ist wie bei van der Straaten, Effi, Stine, Lene und Botho, ist es gerade dieses Wissen, das ihrer Einsamkeit die Schärfe nimmt und die Einmündung ins Tragische verhindert. In „Cécile" und „Unwiederbringlich" dringen die Einzelnen nicht zu einem solchen Bewußtsein durch. Christine und Cécile sehen aus ihrer vereinsamten Lebenssituation keinen anderen Ausweg als den Tod. Im Verständnis der Dichtung bleibt auch hier eine Sinnfälligkeit gewahrt. Das Schuldlos-schuldig-Werden wird gesühnt und die ewige Ordnung wiederhergestellt. Daraus wird deutlich, wie sehr die Struktur der Fontaneschen Einsamkeit durch die Abhängigkeit von der klassischen Kunstauffassung, durch die Zuspitzung der Problematik auf die Antinomien von Pflicht und Neigung geprägt ist. Der ästhetische Abrundungscharakter der Katharsis findet seinen Ausdruck in dem Gedanken der

Sühne. Dort, wo das Individuum die kategorische Korrelation von Schuld und Sühne erkennt und annimmt, wird seine Einsamkeit nie ins Destruktiv-Nihilistische geraten, sondern ihren letzten metaphysischen Sinn bewahren. Auf diese Weise wird hier, kurz vor der Jahrhundertwende, der Einsamkeitsgehalt durch eine Ästhetik bestimmt, die ein Jahrhundert früher durch Kant, Schiller und Goethe ihre gültigste Formulierung gefunden hat.

ERWEITERUNG UND UMWERTUNG DES EINSAMKEITS-ERLEBENS DURCH DIE ENTSTEHUNG DER KINDER- UND JUGENDPSYCHOLOGIE, DEN NATURALISMUS UND DEN EINFLUSS NIETZSCHES

Motivation und Erscheinungsbild der Frühformen
jugendlicher Vereinsamung

Das Auffälligste an den in diesem Abschnitt zu behandelnden Romanen wie Hermann Hesses „Unterm Rad" (1905), Emil Strauß' „Freund Hein" (1902), Thomas Manns „Buddenbrooks" (1901)[1] und Robert Musils „Verwirrungen des Zöglings Törleß" (1906) ist, daß es hier ausschließlich um die Vereinsamung von Jugendlichen, von fast Kindern geht, die in der vorangegangenen Epoche vor einer solchen Erfahrung noch bewahrt oder doch zumindest nur peripher betroffen waren. Auch in den Romanen Raabes, in denen Kindheit und Jugend einen verhältnismäßig breiten Raum einnehmen, geht es ja nicht um diese Lebensstufe an sich, sondern um ihre Bedeutung innerhalb der Gesamtentwicklung eines Individuums, gewissermaßen um einen *korrelativen* Wert und – wie bereits ausführlich erläutert wurde – um ihre Funktion als unantastbaren Lebensschatz im Hinblick auf eine spätere Schicksalsbewährung. Wenn um die Jahrhundertwende plötzlich eine Entwicklungsphase, deren Eigengesetzlichkeit man vorher kaum beachtet hatte, zum Hauptromanmotiv wird[2], ist es zunächst erforderlich, nach den Ursachen zu fragen.

Etwa seit der Mitte des 19. Jahrhunderts läßt sich eine allmähliche Verschiebung in der Auffassung und Beurteilung von Kindern und Jugendlichen feststellen. Von wenigen Ausnahmen abgesehen, wie beispielsweise Moritz' Anton Reiser oder Jung-Stillings Henrich[3], hatte man bis dahin wenig Interesse für die spezifische Problematik des Vor-Erwachsen-Seins gezeigt. J. E. Poritzky verweist sarkastisch auf diesen Mangel:

„Denn wie sieht das Kind aus, das über die Bühnen schreitet, durch unsere Bücher und durch alle unsere Kunstwerke geht? Bis in sein zehntes Jahr und weit darüber hinaus ist es ein stammelndes, ziemlich blödes Geschöpf, aller tieferen Gefühle und Emotionen bar; stotternd, wo man es redend zu finden hofft; dumm, wo man seine Intelligenz wetterleuchten sehen möchte ... Diese Mißgestalt von einem Kinde hat sich von Shaksperes Zeiten bis auf unsere allerjüngsten Tage erhalten ...[4] "

Auf eine ähnliche Vernachlässigung des Jugendlichen macht Gerda Eichbaum aufmerksam:

„In allen Werken der deutschen Literatur, die vor dem letzten Viertel des vorigen Jahrhunderts erschienen sind, und die sich überhaupt mit dem Jugendlichen beschäftigen, sind die Helden fast immer Jünglinge, die das eigentliche Entwicklungsalter hinter sich haben, wenn die Geschichte ihres Strebens einsetzt[5]."

Obwohl mit der Romantik ein erster Anstoß zu einer intensiveren Kindheitsgestaltung gegeben war, bleibt auch sie „noch in recht einseitig idealisierenden Anschauungen von der Artung des Kindes befangen ...[6]" Eine nachhaltige Veränderung erfährt diese Einstellung erst mit der in der 2. Hälfte des 19. Jahrhunderts entstehenden Kinder- und Jugendpsychologie. Zum erstenmal wird das jugendliche Individuum aus seiner stiefmütterlichen Randposition befreit und Gegenstand eines allgemeinen wissenschaftlichen Interesses[7]. Kindheit und Jugend sind damit nicht mehr nur bedeutsam in bezug auf eine spätere Entwicklung, sondern gewinnen einen Wert an sich. Das hat zur Folge, daß eine Fülle von Romanen entstehen, die die Lebensgeschichte ihres Helden bereits dort abbrechen, wo sie der frühere Entwicklungsroman erst begann oder gerade das beschrieben, was man sonst zu überspringen gewohnt war. A. Beinlich sieht durchaus richtig, wenn er von dem letzten Viertel des 19. Jahrhunderts als dem ersten Zeitraum spricht, in dem das Entwicklungsalter „als gleichberechtigter Lebensabschnitt neben den anderen in der erzählenden Dichtung hervortritt[8]". Von daher ergibt es sich, daß das Einsamkeitsmotiv im Roman ebenfalls eine Erweiterung erfährt, indem es zum prädominierenden Erlebnisgehalt von Altersgruppen wird, denen man bisher eine solche Erfahrung nicht zugestanden hatte.

Neben der Kinder- und Jugendpsychologie wird auch die Bewegung des Naturalismus zum wesentlichen Movens für eine Vorverlegung der Einsamkeitserfahrung ins Jugendalter, insofern als hier die Vorrangigkeit bestimmter Themen aufgegeben wird. So schreibt Gerda Eichbaum zusammenfassend: „Seit in den achtziger Jahren des vorigen Jahrhunderts der

66

Naturalismus· in der deutschen Kunst einsetzt, sind der Jugendliche und seine spezifisch jugendlichen Nöte und Kämpfe Gegenstand und Problem der Dichtung[9].'' Für den naturalistischen Künstler, der sich selbst vielmehr als wissenschaftlichen Experimentator versteht, gibt es nichts Nebensächliches, Minderwertiges mehr, das keinen Anspruch hätte, in den Mittelpunkt eines Kunstwerkes zu rücken. Vorrangige Altersstufen werden damit irrelevant, was sich besonders in einer Einbeziehung der kindlichen Psyche widerspiegelt, da das Alter von jeher für die Literatur von Interesse war. So bewirkt die naturalistische Sehweise ebenfalls eine Entbindung dieser ersten Lebensstufe aus ihrer vernachlässigten Randposition und eine Konzentration auf ihre Besonderheit, nicht mehr nur in ihrer Funktionalität auf ein Späteres, sondern um ihrer selbst willen. Romane wie Bierbaums ,,Stilpe'' (1897), Hollaenders ,,Weg des Thomas Truck'' (1901), Sudermanns ,,Frau Sorge'' (1887) oder Frenssens ,,Jörn Uhl'' (1901) enthalten detaillierte und kritische Jugendbeschreibungen, die — auch wenn es hier noch nicht so ausschließlich um den jugendlichen Protagonisten geht wie bei Hesse, Strauß oder Musil — die Voraussetzungen für die neue Thematik schaffen, indem sie den Blick für ihre Problematik schärfen.

Wenn auf diese Weise die Jugendpsychologie und auch der Naturalismus als Movens für eine Auseinandersetzung mit dieser vernachlässigten Entwicklungsphase genannt wurden, soll sich nun mit den Motiven beschäftigt werden, die gerade zu einer Vereinsamung der Heranwachsenden geführt haben. Vergegenwärtigt man sich die Entwicklung, die das Einsamkeitsgefühl seit Raabe durchgemacht hat, wird offenkundig, wie sehr immer mehr Bereiche von ihm durchdrungen werden und wie durchlässig der Schutzwall wird, der ihm Einhalt gebieten konnte. Waren bei Raabe Ehe und Familie noch Absicherungen vor einer schicksalhaften Vereinzelung gewesen, verloren diese schon bei Fontane — wenn auch innerhalb einer gesellschaftlichen Konvention — ihren Schutzcharakter. Indem nun Altersgruppen literarisch mit der Einsamkeit konfrontiert werden, denen in früheren Epochen ein harmonisches und ungebrochenes Weltverhältnis zugeschrieben wurde, hört sie auf, ein Reservat für die Erwachsenen zu sein und erfährt gewissermaßen eine quantitative Erweiterung.

Die hier zu behandelnden Romane, die häufig in simplifizierender Art mit Anklageliteratur etikettiert werden[10], weisen, neben ihren evidenten

Gemeinsamkeiten, wesentliche Unterschiede bezüglich ihres Einsamkeits-motivs auf. Es geht dabei innerhalb dieser Frühstufen um einen Prozeß, um eine merkliche Akzentverschiebung von äußerlich bedingter Vereinsamung zu einer charakterimmanenten und notwendigen. Im Verlaufe dieses Prozesses verliert das Einsamkeitserlebnis zudem seine Eindimensionalität und gewinnt an Vielschichtigkeit.

Wenn zunächst auf die Romane „Unterm Rad" und „Freund Hein" eingegangen werden soll, so deshalb, weil in ihnen die Motivation der Vereinsamung auf die gleichen gesellschaftlichen Faktoren zurückzuführen und demzufolge ihre qualitative Struktur zum Teil dieselbe ist. Um den Hintergrund zu verstehen, vor dem sich diese Jugendtragödien abspielen, ist es unerläßlich, auf die ungeheuere Bedeutung Nietzsches einzugehen. Bei beiden Protagonisten geht es ja um eine von außen verhängte und nicht frei gewählte Vereinzelung. Der positivistisch-gesellschaftliche Verhaltenszwang drängt sie in die Isolation und in den Tod. Der scharfsinnigste und unnachgiebigste Analytiker und Kritiker dieser Gesellschaft aber war Friedrich Nietzsche[11]. Bereits in einem seiner frühesten Werke, in den „Unzeitgemäßen Betrachtungen", hält er der Wilhelminischen Ära einen schonungslosen Spiegel vor. Er entlarvt die Hohlheit eines Bildungsideals, das, anstatt zur Kultur, gerade von ihr weg, nämlich in die Barbarei, führt. So fragt er: „. . . was soll *überhaupt* die Wissenschaft, wenn sie nicht für die Kultur Zeit hat? [. . .] woher, wohin, wozu alle Wissenschaft, wenn sie nicht zur Kultur führen soll? Nun, dann vielleicht zur Barbarei! Und in dieser Richtung sehen wir den Gelehrtenstand schon erschreckend vorge-schritten . . .[12]" Die wesentlichsten menschlichen Fragen geraten in Vergessenheit vor einer sich breitmachenden und tonangebenden Wissenschaftlichkeit, die in ihrer eigenen borniertenen Pedanterie zu ersticken droht. Den wissenschaftlichen Menschen beschreibt Nietzsche als einen, dessen „Seele erglüht bei der Aufgabe, die Staubfäden einer Blume zu zählen oder die Gesteine am Wege zu zerklopfen . . .", und der „in diese Arbeit das ganze, volle Gewicht seiner Teilnahme, Lust, Kraft und Begierde[13]" legt. Etwas weiter heißt es:

„Unsere Gelehrten unterscheiden sich kaum und jedenfalls nicht zu ihren Gunsten von den Ackerbauern, die einen kleinen ererbten Besitz mehren wollen und emsig vom Tag bis in die Nacht hinein bemüht sind, den Acker zu bestellen, den Pflug zu führen und den Ochsen zuzurufen[14]."

Die Männer, in deren Hände die Erziehung von Hans Giebenrath und Heinrich Lindner gelegt ist, entsprechen genau den von Nietzsche so scharf kritisierten Bildungsphilistern. Größten Wert hat für sie nur die höchste Anhäufung von Wissen und die prompte und zielstrebige Erledigung des Pensums, bei der jede individuelle Reaktion nur als lästiger Störungsfaktor empfunden wird. Es geht ihnen keineswegs darum, durch den Unterricht der alten Sprachen Geist und Poesie dieser Kulturen zu vermitteln, sondern nur um die sterile Praktizierung einer mechanistischen Sprachhandhabung. In „Unterm Rad" heißt es: „Im Griechischen wurde nächst den unregelmäßigen Zeitwörtern hauptsächlich auf die in den Partikeln auszudrückende Mannigfaltigkeit der Satzverknüpfungen Wert gelegt . . .[15]" Auch Heiner scheitert an diesem Fach, weil er „auf die tiefe Bedeutung der Participii Perfecti" nicht geachtet und vollständig vergessen hatte, „daß Homer vor Allem dazu gedichtet habe, um dem germanischen Jüngling mit jedem Worte die Anwendung einer grammatikalischen Regel und die Eigentümlichkeiten des jonischen Dialektes zu zeigen[16]": Auf diese Weise wird das gesamte Erziehungswesen zu einem Bildungsapparat, dessen Aufgabe sich in der Produktion und Weitergabe von Denkschablonen erschöpft. Voll Bitterkeit spricht Nietzsche von den Gelehrten als „wandelnden Enzyklopedien" und von der „Don Quichotterie der Bildung". In einem Schulsystem, in dem man „Homer wie ein Kochbuch liest", ist der Humboldtsche Bildungsgedanke zur Pervertierung seiner selbst geworden. Es ist aber durchaus nicht so, daß diese Gelehrtenwelt einen Staat im Staate repräsentiert und einer freien, nicht philiströsen Umwelt gegenübersteht. Nietzsche weist auf die Scheinhaftigkeit und das Pseudo-Sein in allen Lebensbereichen und auf die damit verbundene Verschwörung, die gegen alles Instinktive und Echt-Menschliche herrscht. Es scheint, als ob zwischen den Erwachsenen eine stillschweigende Übereinkunft besteht, alles Kreative und Elementare in der Wurzel zu ersticken, um alle „schädlichen Einflüsse" von ihrem so kunstvoll gezimmerten „Bildungsgebilde" abzuwehren. Die Väter Giebenrath und Lindner — wenn auch letzterer in einer weniger penetranten Form — verkörpern, indem sie sich das positivistische Gesellschaftsideal zu eigen machen, genau den von Nietzsche kritisierten Typus des Philisters. Von Joseph Giebenrath heißt es wörtlich:

„Sein inneres Leben war das des Philisters. Was er etwa an Gemüt besaß, war längst staubig geworden . . . Seine Lektüre beschränkte sich auf die

Zeitung, und um seinen Bedarf an Kunstgenüssen zu decken, war die jährliche Liebhaberaufführung des Bürgervereins und zwischen hinein der Besuch eines Zirkus hinreichend. Auch das Tiefste seiner Seele, das schlummerlose Mißtrauen gegen jede überlegene Kraft und Persönlichkeit und die instinktive, aus Neid erwachsene Feindseligkeit gegen alles Unalltägliche, Freie, Feinere, Geistige teilte er mit sämtlichen übrigen Hausvätern der Stadt[17]."

Aber auch dem verständnisvolleren und sympathischeren Vater Heiners ist ein tiefeingewurzeltes Mißtrauen gegen alles Unzweckmäßige, von der Bahn Abweichende und Irrationale eigen. Aus dieser Haltung heraus fordert er die Frau auf, „den Knaben doch möglichst von der Musik" abzuhalten, da er keinen „verträumten Musikanten, sondern einen lebensklaren, tatkräftigen Mann aus ihm erziehen wollte[18]", In fast ähnlichen Worten äußert sich auch Thomas Buddenbrook.

Eine so geartete Welt, in der dem Einzelnen keinerlei Spielraum mehr für eine natürliche Entwicklung geboten wird und in der er nur durch die Unterdrückung seiner schöpferischen Anlagen bestehen kann, ist nicht mehr die beste aller möglichen. Hesse zeigt, wie sein Protagonist mit höchster physischer und psychischer Kraftanstrengung die ihm von der Gesellschaft zudiktierte Rolle zu erfüllen versucht. Gerade in diesem Fall ist ihr isolierender und zerstörerischer Einfluß so spürbar, da ihm keine mildernden Kräfte entgegenwirken. Das mütterliche Element, das bei Heinrich Lindner, zumindest während der Kindheit, ausgleichend gewirkt hat, fehlt. Für Freundschaften und Interessen wird im buchstäblichen Sinne keine Zeit gelassen, da sich für den Schüler Giebenrath ein Arbeitstag von durchschnittlich 12 bis 14 Stunden ergibt. So ist Hans im Kampf mit den täglichen Anforderungen allein auf sich selbst verwiesen. Er kommt ihnen nach, da seine Erzieher ihm diese positivistischen Ideale in einem Alter aufgenötigt haben, in dem er noch zu jung war, an ihnen zu zweifeln und Widerstand zu entwickeln. Das hat zur Folge, daß er schon als Schüler zum Außenseiter und Einzelgänger wird, der seine Freundschaften und Knabenbeschäftigungen aufgibt, weil die an ihn gestellten Anforderungen alle seine Kräfte absorbieren. Unmerklich hat er sich dabei einem Anpassungsprozeß unterzogen, der bewirkt, daß er sich allmählich die umweltlichen Wertvorstellungen zu eigen macht. Vergleicht man seine Motive zur Weiterbildung mit denen seines Namensvetters Hans Unwirsch aus „Dem Hungerpastor", so wird der Grad der Denaturierung evident, der sich hier bereits vollzogen hat. Geht es dem Schustersohn im wahrsten Sinne des Wortes um eine Erhellung seines Geistes und um echte Erkenntnis, so hat der Bildungsdünkel von Hans Giebenrath schon so weit Besitz ergriffen, daß er vorwärtskommen will, da er sich selbst nicht mehr als „Schreiber im Büreau", also als „gewöhnlichen Menschen" zu denken vermag. Die materialistische Vorstellung von einer Welt, als einer stufenweise erklimmbaren Pyramide, hat das zweckfreie Streben nach Wissen bereits verdrängt. Es mußte so kommen, da seine weiche und sensible Natur, nachdem man ihr die Jugendfreuden verleidet hatte, aus instinktiver Furcht vor der Leere und Einsamkeit, das entstandene Vakuum mit neuen Inhalten zu füllen versucht, ohne noch unterscheiden zu können, ob dieses Neue seinem Wesen entspricht. Erst dann, wenn sich Hans mit seiner neuen Rolle völlig identifiziert, kann er die ihm abverlangten Leistungen vollbringen. Dadurch ergibt sich das Paradoxon, daß das jugendliche Individuum, aus Angst vor einer Nichtbeachtung der Gesellschaft und einer damit verbundenen Isolierung, die präfabrizierten Wertkategorien annimmt und gerade deshalb in eine noch tiefere, nicht mehr aufzuhaltende Vereinsamung gerät.

Auch Heinrich Lindners Problematik liegt ja darin, daß er zu sehr „guter Sohn", zu stark um eine Rollenerfüllung bemüht ist und sich auf diese Weise immer mehr von seinem eigenen Wesenszentrum entfernt und zur Einsamkeit verdammt. Eine Differenzierung erfährt hier die Situation nur insofern, als es sich nicht, wie bei Hans Giebenrath, um eine innere Identifikation mit der Rolle handelt, sondern nur um eine äußere. Der institutionalisierten Welt der Schule steht als Ausgleich von Anfang an eine Musikleidenschaft gegenüber, so daß die Ansprüche der Pflicht ständig mit den Ansprüchen der Begabung in Einklang gebracht werden müssen. Auf diese Weise besteht das Leben Heiners aus einem fortwährenden, mühsamen Kampf um die Erfüllung der täglichen Schulpflichten, der seine Zuspitzung in der Auseinandersetzung mit der Mathematik findet. In diesem Kampf aber ist er ganz allein. „Heiner schaute empor, und von Neuem sank das Bewußtsein der erfolglosen Mühe, der Ohnmacht plump auf ihn. Alles umsonst! Allein! Niemand, der ihm helfen wollte, helfen konnte[19]!" Der Vater ist an die Grenzen seines Verständnisses und seiner Vorstellungswelt gestoßen und äußert sich nur noch in stereotypen Redensarten wie: „Unser Kampf ums Dasein verlangt Härte vom Mann[20]!"

Die Mutter aber, von der es heißt, daß sie eine von jenen seltenen Müttern war, „die ganz ehrlich das am liebsten sehen, was ihre Kinder sich selbst wählen und suchen, sofern es nur nichts Bösartiges ist, . . .[21] " kann trotz ihres Verständnisses für die Qual des Sohnes, aufgrund der gesellschaftlich bedingten patriarchalischen Familienstruktur, keine Änderung bewirken.

Während in der Welt Raabes dem Heranwachsenden immer wieder verständnisvolle Erzieher entgegenkamen, ist er hier nur allein auf sich selbst gestellt. Auch dort, wo der Schüler von sich aus den Versuch unternimmt, beim Pädagogen Hilfe und Verstehen für die eigene Situation zu finden, scheitert es an der „Ackerbauernatur" des Gegenübers, und die isolierende Kluft vertieft sich. Anders auch als bei Raabe, wo der Einzelne noch die Möglichkeit hatte, sich für oder gegen eine eigene Weiterbildung zu entscheiden, läßt der positivistische Bildungszwang der Wilhelminischen Ära eine solche Freiheit gar nicht mehr zu. Daß die Kultur „in den neun Gymnasialjahren" und nicht etwa in einem Künstlerdasein „erlernt und erlebt" wird, gehört zu den Standardweisheiten der deutschen Hausväter. Wie stark dieser Bildungszwang ist, läßt sich auch daran ermessen, daß Hans Giebenrath aus Angst, sein „Pensum" nicht zu schaffen, zunächst unfähig zu menschlichen Bindungen ist und sich nur ganz langsam und fast mühsam zu einer Freundschaft mit Hermann Heilner bekennen kann. Ihre volle Höhe erreicht sie demzufolge auch erst, als das Nachlassen seiner physischen Kräfte die Ausrichtung auf das Primusziel illusorisch macht.

Die ganze Verlogenheit und Grausamkeit dieser Gesellschaftsmoral enthüllt sich aber erst vollends bei Hansens vorzeitiger Rückkehr; jetzt nämlich, da er physisch und psychisch geschwächt und kein lohnendes Ziel für den Ehrgeiz mehr ist, legen diejenigen, die diese Auszehrung bewirkt hatten, nur kühle Zurückhaltung an den Tag und überlassen „den überschätzten Kandidaten" so ganz seinem Schicksal. Aus all diesem wird deutlich, daß es hier um eine Form der Vereinsamung geht, die zur Hauptsache einer Gesellschaft zu Lasten gelegt werden muß, die in ihrer Hohlheit und doppelbödigen Moral einen sittlichen Anspruch verwirkt hat. Wenn Fontane noch, trotz einer augenfälligen Absurdität sozialer Erscheinungen, in Abhängigkeit von der klassizistischen Ästhetik, auf einen Sinnzusammenhang alles Geschehens und damit auf eine metaphysische Sinnfälligkeit verweisen konnte, ist es die Leistung Nietzsches gewesen, mit solchen apriorischen Wertkategorien gebrochen und der Rechtfertigung dieser verschleierten Metaphysik ein Ende gemacht zu haben. Die Dinge sind für ihn nicht mehr die Dinge schlechthin, sondern von Menschen geschaffen und damit veränderbar[22]. In diesem Zusammenhang gewinnt das Wort „Gott ist tot", das ja nicht nur in seiner antinomischen Beziehung zum Übermenschen gesehen werden darf, seine volle Bedeutung. Auch wenn die fiktive Welt Raabes und Fontanes nicht mehr durch eine Gottesimmanenz geprägt war, hatte diese doch andererseits nie eine klare Absage erfahren, sondern im Gegenteil ihre Substituierung durch eine latente Schicksalsgläubigkeit erhalten. Nietzsche ist der erste, der seine Überzeugung von einer entgötterten Welt unmißverständlich formuliert. Dieser Nihilismus aber besagt nicht anderes, als *„daß die obersten Werte sich entwerten*[23] " und daß infolgedessen jeder Glaube „falsch" ist, „weil es eine *wahre* Welt gar nicht gibt[24] ". In den hier angeführten Beispielen vereinsamt das Individuum demzufolge an der „falschen Moral" einer „falschen Welt". Diese gesellschaftsbedingte Einsamkeit bestimmt ihre Gemeinsamkeit und unterscheidet sie von den anderen Romanen.

Besonders Hesse bringt unmißverständlich zum Ausdruck, wieviel auf das Schuldkonto der Zeit zu buchen ist. Anders als Hanno Buddenbrook ist sein Protagonist den „gewöhnlichen" Freuden, wie dem Badeleben am Fluß und dem Spiel in der Gasse, durchaus zugetan. Auch seine spätere Flucht in den Todesgedanken ist nicht zu vergleichen mit der Todessehnsucht „des kleinen Johann", sondern Folge einer übermächtigen physischen Erschöpfung. Als engagierter Didakt versäumt es Hesse nicht, diesem „falschen" Leben das Ideal des wahren gegenüberzustellen, das in der Pflege echter Herzensbildung und in einem „zurück zur Natur" seinen Ausdruck findet und den Einzelnen vor einer Entzweiung mit der Welt bewahrt[25]. Er entlarvt die Perversion und Unhaltbarkeit der herrschenden Zustände, indem er sie ironisiert. Dadurch aber, daß er die ironische Betrachtungsweise nur für die zivilisatorischen Bereiche anwendet und sie bei dem Gegenentwurf der volkstümlich „gesunden" Lebensweise ausspart, gerät sie in den Dienst der Didaktik und verliert im Sinne von Thomas Mann — für den Ironie gleichbedeutend mit Objektivität ist[26] — ihre epische Berechtigung. Gerade die Intentionalität des Romans, die den Anklagecharakter und die Eindeutigkeit der Einsamkeitsauffassung bewirkt, beeinträchtigt ihre Glaubwürdigkeit und ihre poetische Tiefe. Das Einsamkeitsbewußtsein erhält demzufolge, trotz seiner soziologischen Erweiterung, hier noch keine seelische Sublimierung. Nur einige spärliche Anzeichen sind auch in diesem Roman bereits vorhanden, die — wenn auch ohne konsequente thematische Durchführung — diese Eindeutigkeit in einem gewissen Maße relativieren. Das geschieht hauptsächlich dadurch, daß dem Opfer des Geschehens ein Freund zur Seite gestellt wird, der Widerstand entwickeln kann. Gerade die Möglichkeit seines Ausbruchs veranschaulicht eine gewisse Handlungsfreiheit, die der Konzeption des Erzählers widerspricht. Es liegt deshalb auch gar nicht in seinem Interesse, dieses Motiv weiter auszugestalten. Hermann Heilner verschwindet bereits vor der Romanhälfte im Ungewissen, und man hört nichts mehr von ihm. An anderer Stelle wird noch einmal, fast zufällig und wider das tiefere Wissen des Erzählers, die unausweichliche Notwendigkeit von Hans Giebenraths Schicksal in Frage gestellt: „... wir haben den Trost, daß bei den wirklich Genialen fast immer die Wunden vernarben und daß aus ihnen Leute werden, die der Schule zum Trotz ihre guten Werke schaffen ...[27]" Damit sind die kritischen Bemerkungen schon so ziemlich erschöpft. Der Beitrag, den dieser Roman zum Umwandlungsprozeß der Einsamkeit entrichtet, liegt daher nicht in einer psychologischen Differenzierung, sondern in seinem soziologischen Aspekt.

In Emil Strauß' „Freund Hein" finden sich, neben einer ähnlichen Gesellschaftsbezogenheit, bereits mehr Anzeichen und Hinweise für eine Individualisierung und Sublimierung des Einsamkeitserlebens. Während schon der Titel „Unterm Rad" unmißverständlich auf die dem Roman zugrunde liegende Tendenz einstimmt, ist „Freund Hein" doppeldeutig: einmal eine gebräuchliche Kurzform von Heinrich, dem Taufnamen des Titelhelden und dazu die volkstümlich verhüllende Metapher für den Tod. Obgleich durch die Tatsache, daß sein Freund Notwang der einzige ist, der zum wahren Wesen Heinrich Lindners vordringt und zu seinem eindringlichen Apologeten wird, eine perspektivische, auf ihn bezogene Sehweise gerechtfertigt wäre, bleibt durch das einfache Faktum, daß der Protagonist kein einziges Mal im Verlaufe der Romanhandlung mit dieser Kurzform bezeichnet wird, eine interpretatorische Unsicherheit bestehn. Die Todesmetaphysik steht fraglos an exponierter Stelle des Romans, am Schluß, wo Heiner, allein gelassen von allen, in einer rauschhaften Welt der Töne den eigenen Tod zur dionysischen Feier gestaltet. Dennoch handelt es sich hier nicht, wie bei dem anderen Musikbesessenen, Hanno Buddenbrook, um eine konstante, leitmotivisch das Geschehen durchziehende Todessehnsucht. Heiner „kann wollen". Er schwelgt nicht nur in ausschweifenden musikalischen Phantasien wie „der kleine Johann", der „im regelrechten

Unterricht bei Herrn Phühl" keineswegs so fortgeschritten war, sondern erarbeitet sich in zähem Fleiß das Handwerkszeug eines Musikers[28]. Wenn er trotz seiner künstlerischen Vitalität in die Vereinzelung und in den Tod gedrängt wird, liegt das an dem bereits beschriebenen, übersteigerten positivistischen Determinismus und an seiner eigenen geistigen Redlichkeit. Während es bei Hanno ganz ohne Frage das Fin de siècle, die Dekadenz und die Melancholie des Spätgeborenen sind, die eine Vitalitätsschwächung und, damit verbunden, eine Außenseiterstellung bewirken, ist es doch sehr zweifelhaft, ob Heiners charakterliche Integrität als Vitalitätsverlust gewertet werden darf. Schließlich besitzt Thomas Buddenbrooks Bemerkung, „Aber die Situation ohne Schamgefühl ausnutzen, . . . das ist Lebenstüchtigkeit[29]" nur eine bedingte Gültigkeit. Wenn Heinrich Lindner sich die betrügerischen Schülerusancen *nicht* zu eigen macht und die Situation nicht „ohne Schamgefühl" ausnutzt, so nicht aus „Schwäche" und Ungeschicklichkeit, nicht, weil er nicht kann, sondern weil er nicht will. Es ist seine innerste Überzeugung, daß eine Vorspiegelung von Wissen dem Bildungsgedanken widerspricht. Wenn selbst Hanno, während der Lateinstunde, sich durch den Erfolg der Mogeleien momentan über dessen Berechtigung täuschen kann, ist es gerade Heiners charakterliche Reife und Selbständigkeit, die ihn die Abgeschmacktheit solcher Versuche durchschauen läßt. Aus all diesem wird deutlich, daß die Umweltentfremdung und Vereinsamung dieses Protagonisten nicht auf Willensschwächung und Vitalitätsverlust zurückzuführen ist, sondern auf einen Bildungsmechanismus, der in seinem erstarrten Formalismus sein eigentliches Ziel, nämlich Bildung zu vermitteln, aus den Augen verloren hat. Es geht hier letzten Endes um eine Selbstbewahrung. Heiner muß vereinsamen, wenn er seine eigene Wesensart behaupten will. In diesem Zusammenhang gewinnt auch der Romantitel seine Bedeutung: nicht, indem er auf eine latente Todesprädisposition verweisen soll, sondern indem für Heiner der Tod zum letzten Freund und einzigen Ausweg wird, einer Wirklichkeitsverengung zu entgehen und zu einem vollen Erlebnis seiner Künstlernatur zu gelangen.

Der Hang zu einer selbst gewählten Einsamkeit hatte sich bei Heiner schon früh gezeigt. Auch wenn er bereit war, zu Nachbarskindern Kontakt zu haben, „so war er doch am liebsten allein hinten in dem großen, mit einer hohen Mauer umgebenen Garten[30]". Dieses Alleinsein bedeutet ihm Bereicherung und Genuß. Hier erlebt er zum erstenmal die Klangfülle der Welt.

„Da saß er dann in einem dichten Gebüsch und konnte nicht müde werden, auf die vielen Stimmen zu lauschen, ... Das Zwitschern und Singen der Rotkehlchen und Finken, ... das Murmeln und Plätschern des Springbrunnens im Goldfischbassin, benachbartes Klavier- und Geigenspiel ... und was da sonst noch tönen mochte, ... das umfloß und tränkte ihn mit einem süßen Wohlsein ...[31]“

Von Anfang an offenbart sich ihm die Welt vom Klanglichen her, und um ihre Töne zu vernehmen, bedarf er der Einsamkeit. Unwillkürlich zieht er sich später von der Freundin zurück, wenn deren ungestüme Wesensart die Stimmen der Dinge zu übertönen droht. In diesem Zusammenhang ist es aufschlußreich und keineswegs zufällig, daß das Kind hier im Garten aufwächst, während es in der Raabeschen Welt in der Gasse spielt. Hier das Umschlossene, Trennende und Isolierende des abgegrenzten Raumes, dort das Offene, Unbegrenzte und Gemeinschaftsbildende der Gasse. Zum erstenmal klingt auf diese Weise in dem hier behandelten Zeitabschnitt – neben dem Motiv der verhängten Vereinsamung – das Thema des gesuchten Alleinseins durch. Anders als bei den vorher erläuterten Fällen, empfindet das Individuum hier seine Einsamkeit nicht als einen Mangel, als einen Zustand der Verarmung, dem nach Kräften Abhilfe zu schaffen ist, sondern als eine Bereicherung. Insofern ist dieses Erlebnis auch nicht identisch mit dem, was Rehm unter „neuer Einsamkeit“ versteht. Es geht ja nicht um einen Isolierungsprozeß „gleichsam als Strafe für die gesteigerte Ichverhaftung[32]“, sondern um das schöpferische Sichzurückziehen des künstlerischen Menschen. Die kreative Sensibilität wird hier durch nichts Störendes und Wesensfremdes mehr abgelenkt, sondern erfährt sich selbst in höchster Intensität. Das Petrarkische Motto, das Strauß seinem Roman vorangestellt hatte, das „quid tibi prodest, dulciter aliis canere, si te ipse non audis“, gewinnt von hier seine Bedeutung. Immer wieder gerät Heiner in die Gefahr, „seine eigene Stimme nicht mehr zu hören“ und von dem Übergewicht der widrigen Umstände erdrückt zu werden. In der Einsamkeit aber hört und gehört er sich selbst. Wieder darf an Petrarca erinnert werden, für den das „Sich-selbst-Gehören[33]“ ein wichtiges Motiv für seine Einsamkeitsvorliebe war. Anders aber als jener, der, hätte er zu wählen gehabt, eher auf die „solitudo“ als auf einen Freund verzichtet hätte[34], verschließt sich Heiner, wie schon früher vor der Freundin, letzten Endes auch vor dem Freund und kapselt sich ganz in sich selbst ab. Dieser Zug verweist bereits auf eine Einsamkeitsform, die erst in

„Den Aufzeichnungen des Malte Laurids Brigge" ihr volles Ausmaß erreicht und die ihre Wurzel in der Furcht und Ahnung hat, daß eine letzte Verständigung zwischen den Menschen nicht möglich ist.

Handelte es sich bei Hans Giebenrath ausschließlich, und bei Heinrich Lindner zum Teil, um eine gesellschaftsbedingte Einsamkeit, gerät dieses Moment bei Hanno Buddenbrock ganz in den Hintergrund. Im Grunde konnte man die Verfasser der beiden ersten Romane von der positivistischen Denkweise, die sie so sehr kritisieren, selbst nicht ganz freisprechen. Hinter ihrer betonten Kritik an den Umständen verbirgt sich ja die pragmatische Überzeugung, daß die Vereinsamung ihrer Protagonisten, bei günstigeren Umständen, hätte vermieden werden können. Bei Thomas Mann weitet sich die Gesellschaftsproblematik zur Lebensproblematik. Anläßlich Hannos einsamen Spielens spricht er von dem glückseligen Alter:

„wo das Leben sich noch scheut, uns anzutasten, wo noch weder Pflicht noch Schuld Hand an uns zu legen wagt, wo wir sehen, hören, lachen, staunen und träumen dürfen, ohne daß noch die Welt Dienste von uns verlangt ... wo die Ungeduld derer, die wir doch lieben möchten, uns noch nicht nach Anzeichen und ersten Beweisen quält, daß wir diese Dienste mit Tüchtigkeit werden leisten können ... Ach, nicht mehr lange, und mit plumper Übermacht wird alles über uns herfallen, um uns zu vergewaltigen, zu exerzieren, zu strecken, zu kürzen, zu verderben ...[35]"

Besonders die Häufung der aggressiven Verben am Schluß des Satzes erinnert zunächst an Hesse und Strauß. Dennoch geht es hier um etwas anderes. Nicht die Gesellschaft wird Hanno „antasten", sondern das Leben. Es handelt sich um den immer wiederkehrenden, von jeder gesellschaftlichen Verkleidung unabhängigen Prozeß des Seins, bei dem sich das Individualprinzip mit dem Realitätsprinzip – das Ich mit dem Es – auseinanderzusetzen hat. Wenn Hanno so gar keine Neigung verspürt, den Anforderungen der Realität nachzukommen, liegt das nicht an der besonderen Struktur dieser Realität, sondern an seiner eigenen Wesensbeschaffenheit. Infolgedessen kommt der Schulmisere, die für die anderen Protagonisten die zentrale Belastung ausmachte, jetzt nur noch eine partielle Bedeutung zu. Auch hier basiert das Verhältnis zu den Lehrern auf Angst, Mißtrauen und Distanz, und inmitten der indifferenzierten, groben, sich „rauh männlich" gebärdenden Kameraden sind Hanno und

Kai zweifelsohne die einsamen Außenseiter. Dennoch wird die Einsamkeitserfahrung nicht durch die Schule verursacht, sondern ist beiden wesensimmanent. Beide haben sich von Anfang an abgesondert und allein beschäftigt und der anderen nicht bedurft. Mit diesem Einsamkeitsbedürfnis verbindet sich vor allem bei Hanno das Gefühl der Exklusivität und eine ausgesprochene ästhetische Empfindsamkeit.

Schon als Kind bereiteten ihm die mangelhafte Reinlichkeit seines Nachhilfelehrers und der Kleine-Leute-Geruch von dessen Vorstadtwohnung ein physisches Unbehagen. Später ironisiert er sein distanziertes Verhältnis zu seinen Erziehern, indem er sie — in Anspielung auf die unvollkommene Akkuratesse ihrer Kleidung — als „Kammgarnröcke" bezeichnet. Auch die im Schülerjargon unübliche Persiflage eines Lehrers durch „Herr" spiegelt ein höchst elitäres Distanzbewußtsein. Gerade durch dieses ausgeprägte Bedürfnis nach Abstand unterscheidet sich sein Einsamkeitserleben von dem des Thomas Mannschen Künstlers. Besonders Gestalten wie Tonio Kröger oder Gustav von Aschenbach verdeutlichen, wie groß das Verlangen nach Teilnahme ist und wie qualvoll das Am-Rande-Stehen erlebt wird. Während es das Verhängnis Tonios ist, Sehnsucht nach dem Leben zu haben und dennoch nicht mittun zu können, verschließt sich Hanno in sich selbst, da er nicht mittun *will*. Die „Wonnen der Gewöhnlichkeit" werden ihm zur Lebenskomödie, deren Mediokrität und Abgeschmacktheit er durchschaut und in der mitzuspielen er so gar keinen Antrieb fühlt.

Der Einfluß, den Schopenhauer auf Thomas Mann gehabt hat, ist bekannt. In den „Buddenbrooks" ist es der alternde Thomas, der diesen Einfluß widerspiegelt. Die Frage liegt nahe, ob sich nicht auch in der Willen- und Teilnahmslosigkeit Hannos die Schopenhauersche Verneinung des Lebenswillens verbirgt. Trotz dieses sich zunächst aufdrängenden Bezugs geht es hier aber doch um etwas anderes. Bei Schopenhauer ist ja gerade der Wille die in jedem Leben wirkende, triebhafte Kraft, die den Menschen vorantreibt. Die Verneinung dieses Willens, und damit die Absage an jede Gemeinsamkeit, erfordert daher die äußerste menschliche Anstrengung, da sie sich ja gegen das Leben selbst richtet.

In seinen „Aphorismen zur Lebensweisheit" erläutert Schopenhauer deshalb auch, daß im allgemeinen erst der ältere Mensch, der die Sinnlosigkeit der Willensmechanik durchschaut hat, diesen Verzicht leisten kann. Das Paradoxe ist nun, daß Hannos Willensverneinung kein der

Triebhaftigkeit abgerungenes Opfer, sondern gerade im Gegenteil ein fast triebhaftes Bedürfnis ist. Damit enthüllt sich schon die spezifische Struktur seiner Einsamkeit, die nun alle Eindeutigkeit verloren hat, die hinter ihrem vordergründigen Mangel Fülle, neben ihrem Verlust Gewinn und bei aller offensichtlichen Schwächung zutiefst Sublimierung bedeutet. Sie scheint verarmend, weil sie ihn zu einem Einsamen am Rande des Lebens macht, der abseits steht und sich anders weiß. Sie bereichert ihn, da er in dieser scheinbaren Abseitigkeit eine Erlebnisintensität erfährt, in der jedes Maß aufgehoben wird und er in orgiastischer Ausschweifung über die Grenze hinaus gelangt, die Freude und Schmerz im menschlichen Leben von einander trennt.

Hannos Einsamkeitsverlangen hängt eng zusammen mit seiner Vorliebe für Abschiedsstimmungen, Auflösungserscheinungen und einer seltsamen Vertrautheit mit dem Tod, die seinem Wesen von Anbeginn an eigen war. „Seine Spiele und Träume, seine Fähigkeiten und Neigungen sind dem Leben abgewandt; darum ist er dem Tode billigerweise verfallen[36]." Im Sterbezimmer der Großmutter atmet er zum erstenmal diesen „fremden", aber „doch so seltsam vertrauten" Todesduft ein, den er nie wieder vergessen wird. Selbst diese letzte und unwiderrufliche Einsamkeit im Tode befremdet ihn nicht. Auch später, als sich nach dem Tode seines Vaters die Anzeichen der Auflösung häufen, empfindet er kein Erschrecken:

„Der alten Ida Verabschiedung schloß sich in seiner Anschauung folgerichtig den anderen Vorgängen des Abbröckelns, des Endens, des Abschließens, der Zersetzung an, denen er beigewohnt hatte. Dergleichen befremdete ihn nicht mehr; es hatte ihn seltsamerweise niemals befremdet[37]."

Wenn einleitend zwischen theozentrischer, humanistischer, pietistischer oder empfindsamer Einsamkeit unterschieden wurde, sind dem Erscheinungsbild der hier beschriebenen Einsamkeit die Züge der Dekadenz nicht abzusprechen. Dieses Sich-Zurückziehen auf einen ästhetischen Innenraum, das Auskosten des Vergänglichkeitsgefühls, die seltsame Faszination am Untergang oder, wie Jost Hermand es ausdrückt, dieses Sich-schon-zu-„Lebzeiten"-in-einer-„melancholischen-Sterbestimmung"-Befinden[38], verleiht Hannos Einsamkeit ihr besonderes Gepräge und verbindet ihn mit dem Typus des Décadent, dessen wohl frühester Vertreter Niels Lyhne und dessen letzter — wenn auch mit Einschränkung — Malte Laurids Brigge war. Daraus erhellt sich gleichzeitig, wie unterschiedlich sein Sich-Abseits-

Halten von dem des Heinrich Lindner ist. Wesensbestimmend für diesen waren ja nicht − wie der Titel „Freund Hein" irreleitenderweise vermuten läßt − Lebensverzagtheit und Todessehnsucht. Seine Einsamkeit ist nicht, wie die Hannos, rückwärts gewandt, sondern vorwärtsweisend. Sie bedeutet ihm Zufluchtsstätte vor fremden Einflüssen und Konzentration auf sein Lebensziel, für das er mit zäher Hartnäckigkeit arbeitet und an dessen Realisierung er niemals zweifelt. Hanno indessen vermag sich seine Zukunft nicht einmal mehr vorzustellen. Während Kai sich auf die endliche Entlassung aus dem Schulzwang und die damit verbundene Freiheit freut, kann Hanno auch diese Freude nicht teilen:

„Ja, und was dann? Nein, laß nur, Kai, dann wäre es auch noch so! Was soll man anfangen? Hier ist man wenigstens aufgehoben. Seit mein Vater tot ist, haben Herr Stephan Kistenmaker und Pastor Pringsheim es übernommen, mich tagtäglich zu fragen, was ich werden will. Ich weiß es nicht. Ich kann nichts antworten. Ich kann nichts werden. Ich fürchte mich vor dem Ganzen . . .[39]"

Auch die Ermunterung Kais, aus seiner Musik doch etwas zu machen, täuscht Hanno nicht über die Art seiner Begabung und läßt ihn erwidern: „Ich kann beinahe nichts, ich kann nur ein bißchen phantasieren, wenn ich allein bin[40]."

In zunehmendem Maße hatte Hanno mit sich allein musiziert, denn nur in der Einsamkeit gelang ihm die völlige Hingabe an die Welt der Töne. Hier fand er den Ausgleich für sein Beiseitestehen im Leben, für seine Verzagtheit gegenüber dessen rohen Forderungen und für seine ganze frühe Leiderfahrung. So könnte man sagen − und träfe doch nur einen Teilaspekt des Ganzen, da sich gerade an Hannos Beispiel nachweisen läßt, wie sehr die Einsamkeit an Eindeutigkeit verliert und zusehends ins Mehrschichtige und Ambivalente gerät. Mit dem Hinweis auf die Rücksichtslosigkeit des Lebens, das „den kleinen Johann" in seiner seelischen Differenziertheit und übersteigerten ästhetischen Empfindsamkeit von den „Wonnen der Gewöhnlichkeit" ausschließt, in die Isolation drängt und seinen vorzeitigen Tod bedingt, beurteilt man die Einsamkeit aus der Perspektive des Lebens (was hier keineswegs mit Gesellschaft zu verwechseln ist) und schiebt diesem gewissermaßen den auslösenden Part zu. Es gibt aber auch Hinweise dafür, das Movens zu einer so frühen Vereinsamung in Hanno selbst zu sehen; und zwar nicht in seinem Mangel an Vitalität – denn das wäre ja wiederum ein am Leben gewonnener Maßstab –, sondern an seiner seelischen Ausschweifung. Anders als für den Künstler, dem die Einsamkeit zur notwendigen Klausur vor einer möglichen Lebensexzessivität dient, werden für Hanno Einsamkeit und Ausschweifung wertidentisch. Schon als Achtjähriger erlebt er ganz für sich bei seiner kleinen musikalischen Phantasie „ein Glück ohnegleichen", das bereits die ganze Spannweite von drängender Sehnsucht, zügelloser Erwartung, höchster Befriedigung und wehmütiger Erschöpfung vorwegnimmt. Als Kind schon weiß er: „Das Glück ist nur ein Augenblick", und mit verzweifelter Leidenschaftlichkeit versucht er diesem Augenblick Gewicht zu geben, ihn zu dehnen und hinauszuzögern, obgleich er doch weiß, daß es keine Dauer gibt. Erschöpft sinkt Hanno nach seinem Spiel in sich zusammen. Zu groß war die Hingabe an dieses „kleine melodische Gebilde", zuviel ist in diesen armseligen Minuten erlebt worden, als daß er aus solcher Maßlosigkeit so ganz ohne Übergang zum Maßvollen des Tages hinüberfindet. Wenn er später, als Heranwachsender, während seines zügellosen Phantasierens orgastische Augenblicke durchlebt, wird damit im Grunde die Art seines Musizierens wenig verändert. Überschwenglichkeit und Ausschweifung waren von jeher für sein Spiel bezeichnend. Auf diese Weise nimmt Hanno das Leben bereits vorweg, erschöpft sich in der Erfindung immer neuer musikalischer Gegensätze mit verlockenderen und raffinierteren Auflösungen und entfremdet sich weiter von den Anforderungen der Wirklichkeit. „So darfst du nicht spielen", könnte man – in Abwandlung des Aschenbachschen „Du darfst so nicht lächeln" – zu Hanno sagen. Wer derartig im Spiel lebt, kann im Leben nicht mehr recht zuhause sein; wer sich so in der Phantasie verausgabt und sich ganz in den eigenen Innenraum zurückzieht, wird unfähig für den Umgang mit anderen und vereinsamt an seiner eigenen vorweggenommenen Leidenschaft.

Der augenfälligste Unterschied in „Den Verwirrungen des Zöglings Törleß", im Vergleich zu den anderen Romanen, ist zunächst die Tatsache, daß die problematische Lebenssituation des Protagonisten nicht durch den Tod beendet wird. Der dargestellte Zeitabschnitt ist nicht – wie es ausdrücklich bei Emil Strauß heißt – „Eine Lebensgeschichte", sondern weist über das Augenblickliche hinaus auf ein Kommendes. Schon von daher gerät die Einsamkeitserfahrung in eine sehr viel positivere Beleuchtung und deutet den Strukturwandel an, den sie innerhalb dieser Frühformen durchmacht. Wie schon am Beispiel Hanno deutlich wurde, verlieren die äußeren einsamkeitsverursachenden Faktoren immer mehr an Bedeutung zugunsten einer inneren Isolierungsprädisposition. Der Einfluß Nietzsches – in seiner Funktion als Zeitkritiker – wird verdrängt durch den von Freud. Das wird besonders evident, wenn man sich vergegenwärtigt, daß Törleß zu überleben vermag, obgleich er doch, was die äußeren Gegebenheiten anbelangt, der einsamste der Jugendlichen ist. Schon die ungastliche Örtlichkeit des Konviktes, im spärlich besiedelten Flachland des Ostens auf der Strecke nach Rußland, ist so viel abweisender als das Seminar des Hans Giebenrath, das Kloster Maulbronn im freundlichen Schwabenland, das, bei aller Spartanität, doch die Möglichkeit zu Streifzügen in eine idyllische Landschaft gewährte. Die spärlichen Schauplätze außerhalb der Internatsmauern hier, die so wenig einladende Konditorei und das Haus der Božena, abseits am Waldrand, die einzigen Ausweichmöglichkeiten für Törleß, können in ihrer ungastlichen Gleichgültigkeit das Gefühl der Leere nur noch vertiefen. Wesentlich ist zudem, daß Törleß der einzige ist, der keinen Freund hat. Immer standen den leidenden Protagonisten unbekümmertere und lebenskräftigere Gefährten zur Seite, die das Verlassenheitsgefühl zeitweise mildern konnten. Hinzu kommt, daß Törleß' besonderes Interesse noch keine Fixierung gefunden hatte, daß es nichts Eigentliches gab, was diese Leere hätte ausfüllen können. Anders als Heiner oder Hanno zeigte er keine auffällige musische Begabung, sondern neigte eher zu der Ansicht, daß seit Kant sämtliche Probleme der Philosophie gelöst seien und es sich seit Schiller und Goethe nicht mehr lohne zu dichten. So war sein Wesen ohne bestimmtes Ziel, denn obgleich er ahnte, daß er „eine Aufgabe an sich selbst zu erfüllen" hatte, wußte er doch noch keineswegs – und dies antizipiert in gewisser Weise „den Möglichkeitssinn" des Mannes ohne Eigenschaften – worin diese Aufgabe bestand. Es deutet sich hier schon an, wie sehr letzten Endes seine Einsamkeit im eigenen Wesen begründet liegt und nur von daher überwunden werden kann. Ähnlich drückt es Burton Pike aus: „This failure of communication is not due simply to insensitivity on the part of those to whom these pleas are addressed . . . this failure has a deeper, one might almost say necessary cause in Törleß himself. This cause is his inability to articulate feelings . . .[41]" Gerade dieser „necessary cause", die innere Notwendigkeit und Sinnfälligkeit deuten darauf hin, daß in dieser Isolation Werte geschaffen werden, die möglicherweise im Zustand des Nicht-Alleinseins verlorengegangen wären.

Immer wieder kreisen Törleß' Gedanken um das Gefühl der Verlassenheit. Seine früheste Erinnerung reicht zurück bis in die Kindheit, und dieses erste kindliche Alleinsein wird auf ganz merkwürdige Weise bildhaft assoziativ in der Stunde der Dämmerung wiedererlebt:

„Es muß während des Dämmerns immer einige Augenblicke geben, die ganz eigener Art sind. Sooft ich es beobachte, kehrt mir dieselbe Erinnerung wieder. Ich war noch sehr klein, als ich um diese Stunde einmal im Wald spielte. Das Dienstmädchen hatte sich entfernt; ich wußte das nicht und glaubte es noch in meiner Nähe zu empfinden. Plötzlich zwang mich etwas aufzusehen.

Ich fühlte, daß ich allein sei. Es war plötzlich so still. Und als ich um mich blickte, war mir, als stünden die Bäume schweigend im Kreise und sähen mir zu. Ich weinte; ich fühlte mich so verlassen von den Großen, den leblosen Geschöpfen preisgegeben . . . Was ist das? Ich fühle es oft wieder. Dieses plötzliche Schweigen, das wie eine Sprache ist, die wir nicht hören? [42]"

In keinem der anderen Romane findet sich eine ähnliche Verdichtung und Poetisierung der Einsamkeit, nirgends findet ihre beängstigende, befremdende und zugleich doch geheimnisvoll beredte Schweigsamkeit eine so dichterische Aussage. Und dennoch ist sie unverwechselbar Törleß' Einsamkeit, die durch seine tastende Unsicherheit und Standpunktlosigkeit, durch seine Art „Dinge, Vorgänge und Menschen als etwas Doppelsinniges zu empfinden[43]" und durch seine ganze noch ziellose Geschlechtlichkeit ihre Prägung erhält. Dämmerung und Dunkelheit, das Haus der Božena und die rotverhangene Bodenkammer, all das gehört auf eine merkwürdige, unentwirrbare Art mit seiner Einsamkeit zusammen. Wenn er bei Dunkelheit die Menschen nicht mag, sie „sich wegdenkt" und allein sein will, so deshalb, weil sie ihn bei seinen erotischen Phantasien stören. Er fühlt dann die Einsamkeit „als eine Frau", deren „Atem" und „Gesicht" . . . „ein wirbelndes Vergessen aller menschlichen Gesichter" bedeutet und deren Bewegung ihm „Schauer . . . über den Leib jagten[44]". Das erotische Moment dieser Einsamkeit ist ganz offensichtlich. Von dort her erklärt es sich auch, daß er annimmt, daß Erwachsene nicht eigentlich einsam sein können, da sie für ihn aus Vätern und Müttern bestehen, die sich in einem unbestimmt geschlechtslosen Raum bewegen.

Bei seinen Versuchen, das zu entziffern, was er hinter der Vordergründigkeit der Dinge als deren geheimnisvollen Urzusammenhang vermutet, ist er ganz allein und verwirrt sich in immer neue Sackgassen. Wie Hanno ist er in seiner Einsamkeit ausschweifend, aber anders als bei jenem, ist diese Ausschweifung frei von Todesverfallenheit und aufs engste verbunden mit dem angespanntesten Willen nach Erkenntnis. Das Gespräch mit dem Mathematiklehrer über die irrationalen Zahlen verläuft ergebnislos, was hier nicht primär an der Unzulänglichkeit des Erziehers liegt wie in „Freund Hein", sondern an der Tatsache, daß es eben nicht um mathematische Denknotwendigkeiten geht, sondern letzten Endes um die Frage nach dem Sinn des Lebens. Törleß erkennt anläßlich dieser Unterredung, daß die Erwachsenen ihm in seinen Bemühungen um Erkenntnis von keinerlei Hilfe sind. Er beginnt zu ahnen, daß er die Lösungen nur aus sich selbst herausfinden kann. Von hier aus gewinnt seine Einsamkeit ihre Bedeutung und ihren Sinngehalt. Die scheinbar unzusammenhängenden und teils abwegigen Erlebnisse setzen sich mosaikartig zu einem Ganzen zusammen, das nun sein „Doppelsinniges" verliert. Mit dem Austritt aus dem Konvikt, mit der äußeren Aufhebung dieser temporären Isolierung, hat Törleß seinen Irrweg erkannt. Er weiß nun: „. . . die Dinge sind die Dinge und werden es wohl immer bleiben; und ich werde sie wohl bald so, bald so ansehen. Bald mit den Augen des Verstandes, bald mit den anderen . . . Und ich werde nicht mehr versuchen, dies miteinander zu vergleichen . . ."[45] Törleß gelingt es, die Leere in Einsamkeit umzugestalten, in der er allmählich zu sich selbst findet, sich zu „artikulieren" lernt und seine Verwirrungen überwindet.

Zum erstenmal ergibt sich damit eine positive Bewertung der Einsamkeitserfahrung, deren Entwicklungsverlauf damit zu einem gewissen Endpunkt gelangt. Der eindeutig destruktive Erlebnisinhalt hatte sich zusehends differenziert und an Ambivalenz gewonnen und schließlich eine Umwertung ins Positive erfahren. Es ist auffällig, daß Motivation und Wert dabei in einem korrelativen Verhältnis zueinander stehen. Mit der zunehmenden Differenzierung der Motivation, die schon in „Freund Hein" spürbar geworden war, verliert auch die Bewertung ihre Eindeutigkeit. Mit der Einsamkeitsgestaltung des Hanno Buddenbrook erreicht die Mehrdeutigkeit ihren Höhepunkt. Bei Törleß hat sich die Motivation ganz vom Äußeren ins Innere verlagert und durch diesen Umwandlungsprozeß ihre Eindeutigkeit wiedergewonnen. Dem entspricht die positive Beurteilung ihres Sinngehalts. Aus der Perspektive ihrer Motivation gesehen, stehen daher destruktive und konstruktive Einsamkeit in einem kontrapunktischen Verhältnis zueinander.

Eng verknüpft mit dem Problem des Einsamkeitswertes ist die Frage, ob die äußere Vereinsamung zu einem Erlebnis dieser Isolation wird, das über die einfache Tatsache des Alleinseins hinaus zu einer Erweiterung der Bewußtseinslage führt. Vergegenwärtigt man sich die Raabeschen Protagonisten, so wird deutlich, daß die erfahrene Vereinsamung *wohl* mit Erlebnisinhalten ausgefüllt wurde, die teils durch eine reproduzierende Erinnerung und teils durch zukunftsweisende Leitbilder bestimmt waren — also keine wirkliche Leere bedeutet —, daß es aber nicht zu einem eigentlichen Erlebnis der Einsamkeit kam, da gerade diese Ausfüllgehalte davon fortführten. Noch weniger erfährt der Fontanesche Mensch eine Bewußtseinsintensivierung. Wohl weist der Dichter in der Rolle des Erzählers auf die Vereinzelung seiner Gestalten hin, aber es handelt sich dort um eine gewisse Zweidimensionalität. [Das Wissen des Erzählers ist durchaus nicht identisch mit dem seiner Helden. Von Effi erfährt man z. B. außer gelegentlicher Stoßseufzer wie „. . . so gar nichts erleben, das hat doch auch sein Schweres[46]", kaum etwas darüber, was ihr Einsamkeit bedeutet. In ähnlicher Weise äußert sich Lene der Frau Dörr gegenüber auf die Frage, wie die Geschichte mit Botho eigentlich angefangen habe, „. . . man freut sich doch, wenn man mal etwas erlebt[47]". Auch Holk zieht es nach Kopenhagen, da er ja auf Holkenäs nichts erlebt]. Für sie alle ist im Grunde das Alleinsein erlebnisleer.

Von den jugendlichen Protagonisten kann Hans Giebenrath aus physischer Erschöpfung aus seiner Vereinzelung nichts machen. Für Heiner und Hanno bedeutet Alleinsein Hingabe an die Musik, und zwar nicht so wie im Fall von Raabe, daß die Musik, zu einem Ausfüllsel, zu einem Linderungsmittel in der Einsamkeit wird und damit Einsamkeit Primär- und Musik Sekundärerscheinung wäre, sondern umgekehrt, daß sie ihrer Musikalität wegen der Absonderung bedürfen. Nicht die Einsamkeit an sich wird hier erlebt, sondern die Musik. Erst im Törleß-Roman kommt es zu einer Auseinandersetzung und einem intensiven Erleben dessen, was Einsamkeit bedeutet. Zum erstenmal wird ihr demzufolge ein Wert an sich beigemessen. Parallel dazu vollzieht sich eine Akzentverschiebung der Perspektive, indem die Hauptkonzentration nun nicht mehr auf ihre Motivation, sondern auf ihr Erscheinungsbild gelenkt wird, dem auf diese

Weise eine erweiterte Ambivalenz zukommt. Die bisherigen Aussagen über die Vereinsamung hatten ja zumeist einen mehr konstatierenden Charakter, indem sie bloßlegten, daß der Protagonist einsam war, auf welche Weise er in diesen Zustand geriet und wodurch er beendet wurde. Für Törleß wird die Einsamkeit zum Gegenstand seiner Reflexionen und zum Movens seiner ganzen Entwicklung. Sein häufiges Alleinsein bewirkt, daß er aus seinen Verwirrungen heraus findet und das unbestimmt Schweifende seines Wesens verliert.

Aus dem „kleinen Törleß" ist — anders als aus dem „kleinen Hanno", der so wenig begierig danach war, ein Johann zu werden — Törleß geworden.

Übersteigerung der Vereinzelung ins Abgründige

Es mag zunächst befremdlich erscheinen, daß im Mittelpunkt dieses Abschnitts ein Roman steht, der fast ausschließlich als sozialkritische Satire auf die Wilhelminische Epoche gewürdigt wurde. „ ‚Professor Unrat' ist das erste Werk Heinrich Manns, das an einem der Machtpfeiler des Wilhelminischen Deutschlands rüttelt: an der Schule[48] ", schreibt Herbert Jhering. Heinz Schöpker betont vor allem den Aspekt des Grotesken und fragt bezüglich Unrats Absonderlichkeit: „Ist dies überhaupt noch ein menschliches Wesen...[49] " Ebenso hebt Hans Chr. Kayser die schulsatirische Absicht des Autors hervor[50]. Hinweise auf eine zugrunde liegende menschliche Problematik finden sich kaum[51].

Eine Auseinandersetzung mit „Professor Unrat" ist schon aus dem Grunde wichtig, weil in ihm die Antagonisten der zuvor behandelten Jugendlichen, die Verwalter und Übermittler der Bildungsgüter beleuchtet werden, denen in ihrer Funktion als Schulautorität ein Großteil der Schuld an der Vereinsamung ihrer Zöglinge zur Last gelegt wurde. Gerade das Beispiel Unrats verdeutlicht, wie auch die scheinbar Mächtigen dem gleichen positivistischen Determinismus unterliegen, der die Heranwachsenden in die Isolation gedrängt hatte. Der gleiche, von Nietzsche immer wieder attackierte, sterile Bildungsmechanismus, an dem die jugendlichen Protagonisten gescheitert waren, höhlt auch die ihn Vertretenden allmählich aus, unterminiert alles Menschliche und Lebendige und reduziert ihr Dasein auf eine Larvenexistenz. Nietzsche polemisierte: „Der

Gebildete ist zum größten Feinde der Bildung abgeartet . . .[52]" Darüber hinaus wird er jedoch gleichzeitig zum Feind seiner selbst. Wenn er jede individuelle Geistesregung der Lernenden unterdrückt und sie unnachgiebig auf die routinierten Wissensbahnen zwängt, bleibt eine Rückwirkung auf das eigene Wesen nicht aus. Selbst in Hesses tendenziösem Roman „Unterm Rad" heißt es bereits: „Wer aber mehr und Schwereres vom anderen leidet, der Lehrer vom Knaben oder umgekehrt, wer von beiden mehr Tyrann, mehr Quälgeist ist und wer von beiden es ist, der dem anderen Teile seiner Seele und seines Lebens verdirbt und schändet, das kann man nicht untersuchen, . . .[53]" Auch der Peiniger wird zum Gepeinigten und erweckt ein menschliches Interesse. Wäre der Roman nichts weiter als eine Satire oder eine Groteske, bedürfte es keiner ausführlichen Untersuchung. Daß er daneben auf ein allgemein Menschliches verweist und — um es vorsichtig auszudrücken — gerade in der völligen Isolierung seines „Helden" Ansätze zum Tragischen enthält, verdeutlicht ein Vergleich mit der Schulsatire aus den „Buddenbrooks" und vor allem aus Wedekinds „Frühlings Erwachen".

Schon die unterschiedliche Namensgebung ist aufschlußreich. Während sich in den „Buddenbrooks" in der Anwendung der richtigen bürgerlichen Namen der Lehrer, denen sogar noch die Anredeform „Herr" zugefügt wird, die ganze subtile Ironie der distanzbewußten Schüler ausdrückt, weisen die Namen der Professoren „Affenschmalz", „Knüppeldick", „Hungergurt" und „Sonnenstich" in ihrer übertriebenen Direktheit durchaus ins Burleske. „Unrat" dagegen ist despektierlicher und verletzender als sie alle. Andere Lehrer wechseln mit dem Abgang der Klassen ihr Pseudonym. Unrat jedoch trägt seinen Namen „seit vielen Generationen, der ganzen Stadt war er geläufig, seine Kollegen benutzten ihn außerhalb des Gymnasiums und auch drinnen, sobald er den Rücken drehte[54]". Indem die Amtsgenossen sich offensichtlich derselben Verspottung bedienen, wird Unrat auch unter seinesgleichen zum Außenseiter gestempelt. So ist er überall, schon durch diesen Namen, mit dem Signum dessen behaftet, das man meidet, umgeht oder ausschließt. Anders auch als in den „Buddenbrooks" oder „Frühlings Erwachen", wo die Lehrer, trotz ihrer jeweiligen Eigentümlichkeit, das einheitlich autoritäre Gegenüber bilden, als Vollstreckungsbeamten der Ordnung erscheinen, deren individuelle Züge ganz durch ein uniformiertes Machtbewußtsein aufgesogen werden und in ihrer Eindimensionalität ins Marionettenhafte geraten, besitzt Unrat abgründige Seelentiefen, die ihren augenfälligsten Ausdruck in seinem Wandel vom Tyrannen zum Anarchisten finden. Hinter diesen beiden Verkörperungen menschlicher Extremtypen verbirgt sich indessen, bei aller Zerrbildlichkeit, der einsame Mensch.

In gewisser Weise bildet Unrat das Pendant zu den vorher behandelten Jugendschicksalen. Es ist der gleiche positivistische Gesellschaftszwang, der das Verhalten des Oberlehrers bestimmt und ihm die autoritäre Rolle im schulischen Ordnungsgefüge diktiert. Während der Heranwachsende aber gerade an diesem Bildungsformalismus zerbricht oder, wie im Fall von Törleß, allein auf sich selbst zurückgeworfen, zur Freiheit gelangt, ist Professor Unrat die Verkörperung dessen, der ein Vierteljahrhundert lang der Wilhelminischen Schulsphäre anheimgefallen ist. Das Ergebnis ist eine psychische und physische Verformung. Mit seiner zu hohen, „aus der geraden Linie" gehobenen, rechten Schulter erweist er sich als eine genaue Illustration des von Nietzsche karikierten Gelehrten, welcher „durch eine gedankenlose und allzu frühzeitige Hingebung an die Wissenschaft krumm gezogen und mit einem Höcker ausgezeichnet"[55] ist. Im Verlaufe seiner 25-jährigen Schultätigkeit hat sich ihm die Welt zur Schule verengt, aus deren Perspektive er allein noch imstande ist zu denken, zu handeln und zu empfinden. Die ablaufenden Jahre erhalten ihren Wert danach, ob ein Schüler „gefaßt" und seine Laufbahn verdorben wurde, denn Unrats Verhältnis zu ihnen ist das wie zu „Erbfeinden". Selbst Naturerscheinungen, wie der abendliche Mond, können nicht mehr ohne pädagogisches Mißtrauen wahrgenommen werden, wenn es heißt: „Schief über einen Giebel lugte manchmal der gelbe halbe Mond: ein höhnisches Auge, das gleich wieder das Lid einkniff, so daß ihm sein Hohn nicht zu ‚beweisen' war[56]." Durch die uneingeschränkte Identifizierung Unrats mit seiner Rolle als Ordinarius, wird er zum Abseitigen und Unbehausten des Lebens, der jede Kommunikationsfähigkeit verloren hat. In gewissen Situationen scheinen sich die menschlichen Reaktionen in ihm vollends zu verflüchtigen und einer tierhaften Agilität zu weichen. So heißt es anläßlich seiner Namensverspottung: „Als der Ruf aus dem Fenster ihn traf, machte er einen eckigen Sprung ... Er nahm die Treppe in fünf Sätzen, riß die Klassentür auf, hastete zwischen den Bänken hindurch, schwang sich, in das Katheder gekrallt, auf die Stufe[57]." Auch den Schülern überträgt sich der Eindruck des Animalischen, denn sie betrachten ihren Lehrer wie ein „gemeingefährliches Vieh, das man leider nicht totschlagen durfte[58]". An anderer Stelle heißt es: „Plötzlich machte er einen steifen Sprung wie eine alte Katze[59]."

Wenn für Törleß die Institutszeit das „Vorzimmer des Lebens" bedeutet und die erfahrene Einsamkeit zum Kampfplatz der Bewährung wird, in der das Individuum zu einer Erkenntnis gelangt, ist es das Verhängnis Unrats, daß er über dieses „Vorzimmerstadium" nie hinauskommt. Es wäre falsch, wenn man behaupten wollte, daß er die Fähigkeit verliert, Tatbestände und Ereignisse losgelöst vom Schulischen zu sehen und zu beurteilen, da er im Grunde genommen diese Fähigkeit überhaupt nie besessen hat. Seine kurze Ehe mit der strengen, knochigen Witwe konnte kein Gegengewicht bilden, da sie nichts weiter als eine Zinsvergütung für vorgeschossene Studienhilfe bedeutete. So gestaltete sich sein karges Privatleben ebenfalls auf der Basis von Leistung und Gegenleistung, von Forderung und Erfüllung, aus dem alles Spontane und Emotionale ausgeklammert war. Der Tod der Ehefrau bewirkt daher keinerlei Veränderung in seinem Leben, da dem physischen Alleinsein bereits das psychische vorausgegangen war.

Ein Großteil der Motive, die zu Unrats Vereinzelung geführt haben, ist daher dem gleichen autoritären Gesellschaftssystem zuzuschreiben, das bereits für die jugendlichen Protagonisten isolationsbildend gewesen war. Ebensowenig wie jene vollzieht Unrat aus sich heraus eine Entscheidung zur Einsamkeit. Dennoch handelt es sich hier bei aller Analogie der Motivation um etwas anderes. Wenn vorher die Isolation mit einem Kampfplatz verglichen wurde, den man entweder als Besiegter oder Sieger verläßt, wird sie für Unrat zu einem permanenten Zustand, der seine Herausforderung verliert und in dem deshalb das Menschliche in Gefahr gerät. Da Musil anläßlich des abwegigen Verhaltens seines Protagonisten von den „Verwirrungen des Zöglings Törleß" spricht, erscheint es nicht unangebracht, in Analogie dazu, von den Verwirrungen des Gymnasialprofessor Unrat zu sprechen. Während Törleß seine Verwirrungen letzten Endes entwirren kann, kommt es bei Unrat zu einer Hypertrophie von jenen Eigenschaften, die das Menschliche bedrohen. Diese Übersteigerung der Vereinzelung ins Abgründige bildet das Interesse für unsere Untersuchung. Wäre die Einsamkeit Unrats nichts weiter als eine Transponierung derjenigen der Heranwachsenden auf die andere Seite des Katheders, bedürfte sie keiner Sonderanalyse. Neben den zeittypischen einsamkeitsverursachenden Faktoren wird bei Unrat eine charakterliche Prädisposition zur Vereinzelung wirksam, die weniger in einer Einsamkeitssehnsucht, als vielmehr in einer Nichteinstellung auf Gemeinschaft beruht. Die Basis zu dieser Haltung bildet ein tiefeingewurzeltes Mißtrauen dem anderen gegenüber und, damit verbunden, ein schwer zu motivierender Menschenhaß, der sich im Verlaufe der langjährigen Schultätigkeit immer mehr ins Pathologische steigert und den Charakter einer fixen Idee annimmt. Da Unrat hinter jedem menschlichen Gebaren Verrat wittert, besteht sein Dasein aus einem angespannten Auf-der-Lauer-Sein vor etwas, das er selbst nicht genau zu definieren vermag. Vergleichbar der Vorsicht des Wildes, meidet er die Menschen, da sein Vorstellungsvermögen sich in Jagdkategorien von Beute und Jäger erschöpft. Es ist daher charakteristisch für ihn, daß er sich auch in seiner privaten Existenz abkapselt und mit niemandem Gemeinschaft pflegt. Wie groß seine Vereinzelung ist, läßt sich ebenfalls an der Tatsache ablesen, daß er, anders als andere Lehrer, die zumindest Lieblingsschüler hatten und sporadische Sympathiebekundungen erkennen ließen, für keinen seiner Zöglinge Wohlwollen hegt, sondern einen jeden zu „fassen begehrt“, um ihm seine Laufbahn zu durchkreuzen und zu vernichten. Wenn es auch durchaus der damaligen Geisteshaltung des „wissenschaftlichen Menschen“, einer „unvornehmen Art Mensch“ entspricht, instinktiv „an der Vernichtung des ungewöhnlichen Menschen“ zu arbeiten[60], geht Unrat in seiner verbissenen und ausschließlichen Konzentration auf dieses Ziel weit über das Maß des damals Üblichen hinaus. Selbst mit unparteiischen Erwachsenen ist für ihn eine Kommunikation, auch nur im allgemeinsten Sinne, nicht möglich, da er außerstande ist, sie anders, als gewesene und „entlaufene“ Schüler zu betrachten. Durch diese seine schulperspektivische Sehweise kommt es zu einer Verzerrung der Wirklichkeit, durch die Unrat immer mehr zu einem einsamen, absonderlichen Menschenfeind wird und sämtliche Beziehungen zu seinen Mitmenschen verliert.

Auf die Frage, was im Zustand des Alleinseins erlebt wurde, hat es für die jeweiligen Protagonisten unterschiedliche Antworten gegeben. Bei den Heranwachsenden hat die Einsamkeit zum großen Teil — wenn man von Hans Giebenrath absieht, bei dem es sich eindeutig um eine Verkümmerung handelt — den Sinn einer Selbstbewahrung innegehabt, auch wenn diese letzten Endes mit dem Tod bezahlt wurde. Insofern implizierte sie zwar keinen materiellen, wohl aber einen metaphysischen Wert. Unrats Vereinzelung dagegen erweist sich als völlig destruktiv. Sie bedeutet weder

Unabhängigkeit noch Selbstbewahrung, weder geistige noch künstlerische Vertiefung, sondern Verarmung, die zu einer Verschrumpfung des Menschlichen führt. Die verborgenen Ureigenschaften wie Herrschsucht, Haß und Mißtrauen, die normalerweise durch eine geregelte Humanität in ihrem Latenzzustand verharren, kommen zum Ausbruch und zur Herrschaft und werden zur allein maßgeblichen Instanz, an der Menschen und Dinge gewertet werden. Sie bestimmen Unrats Gedanken und Vorstellungen und führen, da er bei seinem andauernden Alleinsein nicht die Fähigkeit zum dialektischen Denken entwickelt hat, am Ende zur Katastrophe. Es ist bezeichnend für Unrat, daß er Vorstellungen hat und von ihnen verfolgt wird, aber gerade das reflectere, das bedingt, daß die Vorstellung selbst zum Gegenstand der Vorstellung wird, nicht vollziehen kann. Aus dem gleichen Grunde kommt es bei ihm zunächst nicht zu einem eigentlichen Bewußtsein seiner Einsamkeit. Der Zustand des Alleinseins verdichtet sich nicht zu einem Einsamkeitsgefühl. Das liegt hauptsächlich daran, daß die der Isolation immanente Leere gar nicht wirksam wird, da sie von Anfang an von seiner Herrschsucht und seinem Haß beinhaltet ist.

Es ergibt sich infolgedessen die Frage, wie weit es überhaupt gerechtfertigt ist, ein Individuum, das sich selbst gar nicht als einsam empfindet, den Kategorien der Einsamkeit zuzuordnen. Zunächst muß vorausweisend gesagt werden, daß die Vereinsamung Unrats im Verlaufe des Geschehens unterschiedliche Phasen durchmacht, in denen es zu einem Durchbruch zum Einsamkeitserlebnis kommt. Das wesentliche Interesse dieses Falles liegt aber darin, daß die Vereinsamung hier an dem Phänomen der Sprache ablesbar ist, was innerhalb dieser Untersuchung ein Novum darstellt und damit eine nähere Behandlung legitimiert. Unrats Kontaktunfähigkeit spiegelt sich bereits in seiner Sprechweise. Die Sprache verliert für ihn ihre kommunikative Bedeutung und wird sogar teilweise zu einem nur noch akustischen Gebilde herabgewürdigt. Das äußert sich vor allem in seiner verschrobenen, verdrehten und zerfaserten Syntax, die durch wahllos eingefügte, latinisierende Partikel und Neologismen das Mitzuteilende ad absurdum führt. Eine seiner Standardwendungen, das „vorwärts immer mal wieder", ist repräsentativ für das Sinnentleerte seiner Diktion. Das einleitende, ankurbelnde und dynamische „vorwärts" wird durch das hinzugefügte, behaglich retardierende „immer mal wieder" um seine Wirkung gebracht und ins Bedeutungslose verflacht. Ähnlich wirkungslos bleiben seine Ermahnungen und Strafreden, da sie sich aus einem standardisierten Redefluß ergeben, der ohne Bezug auf die jeweilige Situation fast mechanisch abläuft und beliebig austauschbar wird. Selbst die gröbsten Beschimpfungen verlieren an Kraft, da sich gerade ins Übertriebene gesteigerte Verweise durch ihre ständige Wiederholung in ihr Gegenteil verkehren. Wenn Unrat wegen seiner Namensverspottung den Schüler Kiesellack anherrscht: „Noch heute werde ich von Ihrer Tat dem Herrn Direktor Anzeige erstatten, und was in meiner Macht steht, soll — traun fürwahr — geschehen, damit die Anstalt wenigstens von dem schlimmsten Abschaum der menschlichen Gesellschaft befreit werde[61]", und kurz darauf Lohmann in ähnlichen Worten zurechtweist, „Fort mit Ihnen, Sie sind nicht länger würdig, der menschlichen Gesellschaft teilhaftig zu sein[62]", bringt er sich selbst um die Wirkung, und es ist nicht verwunderlich, wenn Lohmann „gelangweilt und peinlich berührt" reagiert.

Das Floskelhafte, Formelartige und Stockende der Redeweise, das von seinen eckigen und ruckartigen Bewegungen unterstrichen wird, reflektiert die fehlende Kommunikation zu seinen Mitmenschen und seine völlige geistige und seelische Erstarrung. Die sinnentleerte, redensartliche Ausdrucksweise ist derartig zu seiner zweiten Natur geworden, daß sich auch sein Denken in gleicher Weise abspielt. So überlegt er während seiner Suche nach der Künstlerin Fröhlich: „Dies war ein Fehler. Dies war — freilich nun wohl — ein Fehler[63]." Mit subtiler Ironie weist Heinrich Mann darauf hin, daß Unrats Haupt- und Lebenswerk aus einer Arbeit über „die Partikel bei Homer" bestand. Die sprachliche Verengung, die sich in der Reduzierung der Diktion auf das Gymnasialvokabular bemerkbar macht, nimmt groteske Züge an, wenn Unrat sich mit Personen auseinandersetzt, die außerhalb des Schulradius' existieren. In völlig inadäquater Weise herrscht er deshalb den Kapitän an:

„Merken Sie sich — denn also —, daß die Künstlerin Fröhlich unter meinem Schutz steht, und daß ich nicht gesonnen bin, sie beleidigen, noch auch das Heft mir entwinden zu lassen. Wiederholen Sie sich dies des öfteren! Schreiben Sie es sich auf[64]!"

Seine ganze Vorstellungswelt ist ausschließlich an der Schulsphäre orientiert, so daß es ihm unmöglich ist, anders als in schulischen Kategorien zu denken. Als er Rosas „Verrat" erfährt, ist er außerstande, sich eine schlimmere Strafe vorzustellen, als sie ins „Kabuff" zu sperren.

„Jetzt hatte sie eine Masse Unfug getrieben, Unheil angestiftet, und Unrat konnte sich, in fassungsloser, martervoller Rachgier, nichts Ersehnenswerteres mehr vorstellen, als daß die Künstlerin Fröhlich in einem tiefen und finstern Kabuff ihr Leben enden möge[65]."

Es ist von nicht genug zu betonender Bedeutung, daß durch Heinrich Mann zum erstenmal der Zustand der individuellen Isolierung seinen Ausdruck in der Sprachgestaltung findet. Damit steht er am Anfang einer Entwicklung, die erst 50 Jahre später, mit Ionesco, ihren Höhepunkt erreicht. Wenn dieser „Die kahle Sängerin", Metapher für die sinn- und funktionsentleerte Sprache, durch einen „Antidialog" enden läßt, bei dem sich die Personen zusammenhangslose Worte oder auch nur Laute zuschreien, ist jede Verständigung ad absurdum geführt und die Sprache auf eine nur noch akustische Realität reduziert[66]. Vergegenwärtigt man sich die Tatsache, daß der Einzelne sich erst durch die Sprache mit anderen verständigen kann und aus seiner Einsamkeit herauskommt, durch sie in gewissem Sinne zum Mitmenschen wird und sein Menschtum verwirklicht, wird die Gefahr der Entfremdung und Vereinzelung erkennbar, die entsteht, wenn dieses natürliche Bindeglied zwischen den Menschen entfällt.

Wenn Unrats Vereinzelung sich anfänglich weniger in seinem eigenen Bewußtseinszustand, als vielmehr — wie gezeigt wurde — in seiner wirklichkeitsentstellenden Sprechweise wiederspiegelt, so liegt es nahe, von dieser ersten Phase seiner Isolation als von einer kauzig-komischen Einsamkeit zu sprechen. Das ändert sich aber in dem Augenblick, wo er aus dem ihm gewohnten Lebenskreis ausbricht und durch die Tatsache, daß er liebt, innerlich verletzbar und wirklich einsam wird. Dieser Ausbruch bedeutet aber nichts anderes, als eine Öffnung ins bislang Verdammte, Noch-nicht-Gekannte, ins Rauschhafte und Exotische, mit einem Wort: ins Dionysische. Wenn Unrat sich dem mit jeder Faser seines Wesens hingibt, so deshalb, weil es sich, ähnlich wie im „Tod in Venedig", um einen verspäteten Rausch handelt, um etwas Zurückgedrängtes, das plötzlich gewaltsam und heftig an die Oberfläche seines Wesens bricht. Auch Weisstein lenkt die Aufmerksamkeit auf die Parallele von Unrat und Aschenbach. „Im künstlerischen Bereich macht Thomas Manns Gustav Aschenbach eine ähnliche, wenn auch gesellschaftlich folgenlose Entwicklung durch[67]." In beiden Individuen brechen auf einmal ungelebte

Möglichkeiten durch und verlangen nach Realisierung. Der Ausbruch aus der Bürgerlichkeit vollzieht sich bei ihnen fast anfallartig, mit der gleichen plötzlichen Irrationalität. Sicherlich ist bei Unrat der Wille, Lohmann „zu fassen", und damit der Haß gegen „diesen Rebellen", das vorrangige Motiv, ungewohnte Wege zu gehen. Daneben aber wittert er gleichsam die Faszination des Verbotenen, die erregende Möglichkeit, auf unerlaubte Weise aus seiner philisterhaft isolierten Existenz herauszukommen. Dem entspricht es durchaus, daß er sich geradezu im „Eilschritt" aus dem Hause stiehlt. „Er fühlte sich seltsam, wie auf verbotenen Wegen . . . Eine rätselhafte Aufregung geschah in Unrat[68]." In ähnlicher Weise heißt es von Aschenbach, dessen Ausbruch sich in einer „als Anfall" auftretenden Reiselust ankündigt, „er fühlte sein Herz pochen vor Entsetzen und rätselhaftem Verlangen[69]". Es ist dieselbe Anziehung dessen, was Hesse in „Demian" als „die dunkle Welt" oder Musil in „Törleß" als „das Fenster zur anderen Welt" bezeichnet. Während die jugendlichen Protagonisten eine temporäre Anfälligkeit für diese Sphäre durchmachen und sie schließlich überwinden können, kommt es bei Unrat und Aschenbach gerade deshalb zu einer Übersteigerung ins Chaotische, weil die Konfrontation mit diesen „dunklen" Mächten eine verspätete ist – das heißt, sich in einer Altersphase vollzieht, in der die Spannkräfte der Seele schon zu erschlafft sind, um dem Dämonischen entgegenzuwirken.

Zweifelsohne ist die Vereinsamung von Aschenbach und Unrat auf völlig unterschiedliche Motive zurückzuführen. Während es sich bei jenem um eine bewußte Entscheidung für eine zurückgezogene, nur dem Geist gewidmete Existenz, also um das spezifische Thomas Mannsche Credo an die dem Schaffenden notwendige Lebensdistanz handelt, geht es bei diesem – wie bereits ausführlich erläutert wurde – um die philisterhafte Abkapselung in extremis oder, wie Nietzsche sagen würde, um die Vereinzelung eines „Philisterhäuptlings". Dort vollzieht sich eine Wandlung vom Apollinischen zum Dionysischen, hier die eines Philisters zum Anarchisten. Beiden gemeinsam aber ist die Sehnsucht nach Abspannung und „Entbürdung". Aschenbach empfindet eine „. . . Sehnsucht ins Ferne und Neue", eine „Begierde nach Befreiung, Entbürdung und Vergessen" . . ., den „Drang hinweg vom Werke, von der Alltagsstätte eines starren, kalten und leidenschaftlichen Dienstes[70]", und Unrat spürt ebenfalls eine Lust in sich selbst, „. . . von der Widersetzlichkeit der Welt

einmal abzusehen, in seiner gewöhnlichen Gespanntheit nachzulassen —
abzurüsten, sei es nur auf ein Viertelstündchen[71] ". In dieser Stimmung
gerät er in die Künstlergarderobe der Rosa und stößt dort auf etwas völlig
Neues, das seine erstarrten Denkgewohnheiten durcheinander bringt. Zum
erstenmal gelingt es hier einem Menschen, den Wall seiner festgefahrenen
und stereotypen Reaktionen, der sein Inneres umschließt und verengt, zu
durchbrechen und seine Gedanken in eine neue Richtung zu lenken. Neben
dieser seltsam erregenden, „kitzelnden" Neuheit, die sich in dem schillern-
den Seidenkleid, dem „bunten" Gesicht und fast „lila Haar" der Künstlerin
Fröhlich präsentiert, empfindet Unrat eine nie gekannte, wohlige menschliche Wärme. Nach der Begegnung mit Rosa beginnt er die Sinnlosigkeit
seiner „literarischen" Beschäftigung, seiner „Partikel"-Arbeit zu ahnen und
die ganze Verarmung seiner abgekapselten Lebensweise, wenn auch noch
unartikuliert, zu empfinden. Die Beziehung zu Rosa relativiert seine
gesamte vorherige Existenz und bewirkt, bei aller Skurilität, eine Ver-
menschlichung Unrats. Zum erstenmal hat er den Wunsch, mit einem
Menschen Gemeinschaft zu haben und sein Alleinsein zu beenden. Erst in
diesem Zustand wird ihm plötzlich seine frühere Isolierung bewußt. So
verspricht er Rosa: „ ‚Ich werde versuchen, Sie durchzubringen'. Dies
konnte ein Lehrer vor der Versetzung zu einem Schüler sagen, dem er
wohlwollte, oder er konnte es über ihn denken. Aber Unrat hatte es noch
zu keinem gesagt und von keinem gedacht[72]." Es ist auffällig, daß er
außerstande ist, für seine Gefühle den sprachlichen Ausdruck zu finden. Da
sich alle seine Erlebnisse innerhalb des Schulischen abgespielt hatten, fand
er für seinen neuen Zustand nichts Vergleichbares aus seinem Leben, das
ihn befähigt hätte, das Erlebte in Sprache umzusetzen. Das „Ich werde
versuchen, Sie durchzubringen" bedeutet daher keineswegs irgendetwas
Konkretes, wie der andeutende Beschluß zu einem gemeinsamen Leben,
sondern die einzige, ihm zur Verfügung stehende Formel der Sympathie-
bezeugung, die, selbst wenn er sie noch niemals benutzt hatte, innerhalb
seiner Vorstellungswelt immerhin möglich war.

Mit einer überraschenden Anpassungsfähigkeit lebt sich der Schultyrann
in der Künstlergarderobe ein. Er blüht geradezu auf. Das Dionysische hat
sich quasi auf Umwegen eingeschlichen. In bizarrer Agilität entwindet er
sich seiner Isolation und verbindet sich der Welt der Künstlerin. Unver-
mutet bringt er kreative Fertigkeiten an den Tag. Rosa Fröhlich wird zu
seiner „Erfindung", einem Teil seiner selbst, und sein Verhältnis zu ihr das

des Künstlers zu seinem Werk. Er „führte sie gewissermaßen selber vor[73]".

In dieser neuen Umgebung ließe sich für Unrat durchaus eine Wandlung seiner bisherigen verkrampften Lebenshaltung denken. Seine Liebe zu Rosa bedeutet eine Chance, seiner einsiedlerischen Existenz zu entgehen. Da schlägt stattdessen die Nachricht ihres „Verrats" in sein Leben ein, und er erfährt zum erstenmal, in aller Schärfe, was Einsamkeit bedeutet. „Da er nie mit Menschen Gemeinschaft gehabt hatte, war er nie verraten worden. Nun litt er wie ein Knabe ... Er litt ungeschickt, ungebärdig und mit Staunen[74]." Aus dem einzelgängerisch absonderlichen Tyrannen ist der leidende, einsame Mensch geworden. „Alles um ihn fiel auseinander und riß ihn in Abgründe ... Bis heute, bis zu diesem schrecklichen Augenblick war sie [Rosa] ein Stück von ihm gewesen; und unversehens riß sie sich los: Unrat sah zu, wie das blutete ...[75]" Er, der überall Verrat gewittert hatte und dessen Hauptcharakterzug Mißtrauen war, hatte vorbehaltlos an die Künstlerin Fröhlich geglaubt und sie, in naiver Verwirrung und in Analogie zu den Schillerschen Heldinnen in Gedanken zur „hehren Künstlerin" stilisiert. Einen Verrat in bezug auf sie hatte er nicht zu denken vermocht. Unvorbereitet und schonungslos enthüllt sich ihm plötzlich die Realität. Zum erstenmal empfindet er sein Alleinsein als Vereinsamung. Die Arbeit an seinem Schreibpult, die einen Großteil seines Daseins ausgemacht hatte und deren sichtbare Spuren an seiner verformten Schulter ablesbar waren, hat plötzlich alle Bedeutung verloren. Nachdem er durch eine verspätete Liebe aus seiner menschlichen Verkümmerung und Erstarrung herausgerissen war und die Bereicherung und Lebenssteigerung durch einen anderen Menschen erfahren hatte, ist es ihm nicht mehr möglich, diese Daseinserweiterung rückgängig zu machen und sein liegengelassenes, altes, eingefahrenes Leben wieder aufzunehmen. Die Erfahrung des Leides, die plötzlich in seine freud- aber auch leidlose Existenz gedrungen war, kann nicht ungeschehen gemacht werden. Der fauchende, heimtückische und rachsüchtige Tyrann ist in die eigene Schlinge geraten, dem gleichen Bann verfallen, der auch seine Schüler lockte, und durch seine Liebe verletzbar geworden. Hinter aller vernunftwidrigen Tyrannis, makabren Absonderlichkeit und geistigen Abwegigkeit wird plötzlich die hilflose und vereinsamte Kreatur sichtbar. Diese zu übersehen, würde nichts anderes bedeuten, als die Einsamkeit letzten Endes nach moralischen Kategorien zu bewerten, das heißt als Veredlungs- und Läuterungsfaktor, der einem offensichtlich unverbesserlichen „Bösewicht" nicht zugestanden werden darf. Ganz ohne Frage ist die Verlassenheit der Ausgestoßenen, Mißverstandenen, Verzichtenden und Entsagenden, wie sie teilweise in den vorangegangenen Kapiteln auftrat, bei weitem augenfälliger. Dennoch würde man gerade diesem Roman — anders als Heinrich Manns Erstlingswerk „Im Schlaraffenland[76]", der über eine vordergründige Satire nicht hinauskommt — eine Dimension Tiefe nehmen, wollte man hinter der offensichtlichen Karikatur das Einsamkeitserlebnis verkennen.

In dieser Lebenskrise, in der Unrat sich nach dem „Verrat" der Chansonette befindet, ist die Möglichkeit zu einer Katharsis gegeben. Die Tatsache, daß ein anderer Mensch Zugang zu ihm gefunden, seine professorale Verkrustung durchbrochen und seine verkümmerten menschlichen Reaktionen neu belebt hat, deutet darauf hin, daß eine Lebenswandlung denkbar ist. Aber obgleich er der routinierten Lehrtätigkeit und der ganzen Welt der Schule mit ihren Verhören und Bestrafungen durch den Verlust seines Postens entronnen ist, kann er sich seiner alten Denkgewohnheiten nicht entledigen. Der aus einem 25-jährigen Katheder-dasein gespeicherte Haß nimmt in dieser Einsamkeit überdimensionale Formen an und steigert sich ins Abgründige. Unrats radikale Isolierung bewirkt daher keine Einkehr, sondern nur eine Verstärkung seiner Rach- und Haßgelüste, die nun durch keinerlei Realität mehr korrigiert werden. Es sind infolgedessen weder Sehnsucht noch Liebe, die ihn aus seiner Verschanzung herauslocken und von seiner Sofaecke aufscheuchen, sondern sein tiefeingewurzelter und unausrottbarer Haß. Nicht das Leiden an einer zu schwer gewordenen Einsamkeit und, damit verbunden, der Wunsch nach Gemeinschaft, lassen ihn den Weg zu Rosa gehen, sondern die aufblitzende Erkenntnis, daß sie seinen „Erbfeinden" zu schaden und damit seinem Haß Nahrung zu geben vermag. Ebenso schließt er seine spätere Ehe mit Rosa „keinesfalls, weil er eine Lebensgemeinschaft mit ihr gründen, sondern . . ." gemeinsam mit ihr die Menschen „ins Verderben stürzen" will[77]. Auf diese Weise kommt es zu einer Kontamination von Haß und Liebe, die einander im Wege sind, sich bekämpfen und eine wirkliche Zweisamkeit verhindern. Seinen stärksten Ausdruck findet dieser Haß in Unrats dämonischer Vision vom Untergang der gesamten Menschheit, die auf makabre Art seine Einsamkeit stimuliert. „Unrat hatte die lechzende Vision der ausgepreßten, um Gnade flehenden Menschheit; dieser Stadt, die zerbrach und öde stand; eines Haufens von Gold und Blut, der zerrann im Aschgrau des Untergangs der Dinge[78]." Vergleicht man diese Vision mit jener, die den Raabeschen Menschen Linderung in ihrem Alleinsein verschaffte, wird deutlich, wie sehr die Vereinsamung hier ins Abgründige übersteigert ist. Unrat wird zum einsamen „Allerweltsfeind", der die Bilanz seines Lebens nicht zieht und die Chance zu einer Umkehr verwirkt. Die erfahrene Einsamkeit wird nicht zu einer Lehrzeit des Geistes und der Seele, bedeutet weder Reifung noch Läuterung und führt zu keiner Besinnung oder Bewährung, sondern im Gegenteil zu einer Verstärkung seiner despotischen Triebe und zu seinem endgültigen Untergang. Die historischen Beispiele hatten ebenso verdeutlicht, wie — mit Ausnahme der Rokoko „Einsam-Gemeinsamkeit" — entweder der Gottes- oder der Bildungsgedanke den Erlebnisgehalt des Alleinseins bestimmte. Auch für Raabe hatte noch, wenn seine Einsamkeit über eine poetische Feierabendstimmung hinauskam, die Rousseausche Auffassung gegolten: „Gerade die Einsamkeit war mir höchst nötig, um die Bildung meines Charakters zu vollenden[79]." Indem Fontane, einem latenten poetologischen Gattungszwang zufolge, der sich hier in einem gewissen Abrundungsprinzip ausdrückt, die Vereinsamung mit der Idee der Sühne verknüpft, gesteht er ihr gleichfalls einen Läuterungswert zu. Hinter Unrats Einsamkeit steht kein Prinzip der Vernünftigkeit mehr. Der Entwicklungs-gedanke wird ausgeschlossen. Nicht eine Persönlichkeit, sondern eine fixe Idee kommt zur Entfaltung. Keine Höhe wird erklommen, sondern sich in Abgründe verstiegen. Die Welt hat ihre Sinnfälligkeit verloren. Anders aber als bei der jungen Generation ist hierfür nicht mehr in erster Linie die Gesellschaft verantwortlich zu machen, sondern der Mensch selbst, der das Opfer seiner eigenen zerstörerischen Anlagen wird. Unrats schicksalhaftes Verdammt-Sein zu sich selbst bedingt seine unüberwindliche Einsamkeit und die tragische Komponente seines Geschicks.

ZUNEHMENDER SOLIPSISMUS UND VERLUST DER BINDUNGSBEREITSCHAFT DURCH DEN EINFLUSS DES IMPRESSIONISMUS

Abwandlung des Einsamkeitsgefühls ins Schwelgerische

Da es die Zielsetzung dieser Untersuchung ist, den Modifikationen nachzugehen, die das Einsamkeitserlebnis korrelativ zu den verschiedenen Geistesströmungen durchmacht, ist es unumgänglich, auf die Bedeutung des Impressionismus hinzuweisen. Waren die Einsamkeitszeugnisse des vorangegangenen Kapitels durch das materialistisch positivistische Gesellschaftsgefüge bedingt, wird nun das impressionistische Lebensgefühl strukturbildend für die Erfahrung der Einsamkeit. Eine wesentliche Veränderung erfährt das Erleben des Alleinseins schon dadurch, daß dem betonten Individualismus des impressionistischen Menschen eine antigemeinschaftliche Haltung immanent ist. Sein Hauptinteresse richtet sich nicht mehr auf die zwischenmenschlichen Beziehungen, sondern auf die Verwirklichung der größtmöglichen persönlichen Freiheit. Es ist daher kein Zufall, daß das Erscheinen von Werken wie „Psychologie des foules[1]", die der Gefahr der Vermassung eine bewußte Betonung des Individuellen gegenüberstellen, gerade in diese Zeit fällt. Die These, „daß sich der Mensch nur als gesellschaftliches Wesen, als ‚zoon politikon' begreifen lasse", wird „in steigendem Maße als irreführende Einseitigkeit bezeichnet[2]". Von dorther ist es zu verstehen, wenn sich aus der Bindungsbereitschaft der früheren Epochen allmählich Bindungsflucht und teilweise sogar Bindungsfeindschaft entwickeln. Von diesem Hintergrund aus gesehen, gewinnt beispielsweise das „Gefühl der Befreitheit", das Georg von Wergenthin, den Helden aus „Dem Weg ins Freie", „beinahe jedesmal", selbst „nach dem ersten Abend vollkommenen Glücks[3]", beim Verlassen der Geliebten überkam, seine Erhellung. Da die uneingeschränkte Freiheit als kostbarstes Lebensgut empfunden wird, gewinnt die Einsamkeit, in der das Individuum durch keinerlei Gegenüber mehr „beengt" wird, eine neue, nie gekannte Anziehung. Das Verhältnis des Einzelnen zum Alleinsein erfährt auf diese Weise eine entscheidende Umschichtung. Einsamkeit wird nun nicht mehr als schicksalhaftes Verhängnis erlebt, sondern als stimulierende Möglichkeit, durch eine uneingeschränkte

Selbsthingabe gesteigerte Reizwirkungen zu erfahren. Das dichterische Werk Schnitzlers, Hofmannsthals frühe lyrische Dramen, Keyserlings Erzählungen und Peter Altenbergs Skizzen legen Zeugnis davon ab, wie sehr das Ich zum Mittelpunkt der Welt geworden ist und sich nicht mehr „auf ein Du" bezieht, sondern „sich rein autistisch" gebärdet „indem es seinen Verschmelzungsdrang auf die eigene Genußempfindlichkeit reduziert[4]".

Damit ergibt sich etwas völlig Neues. Das vorige Kapitel hatte zwar gezeigt, daß sich innerhalb der Frühformen der Vereinsamung eine Akzentverschiebung von verhängter, also durch äußere Umstände bedingter Isolation, zu einer innerlich notwendigen vollzogen hatte. Dennoch wurde der Zustand des Alleinseins nie als Genuß erlebt. Auch wenn beispielsweise Törleß' Einsamkeitserfahrung retrospektiv als Bereicherung zu bewerten ist, insofern, als Erkenntnis gewonnen wurde, wird die Faktizität der Verlassenheit im Augenblick des Erlebens vom Protagonisten als Verlust empfunden. Eher schon finden sich Ansätze zu einem lustvollen Einsamkeitserlebnis bei Hanno Buddenbrook. Sein einsames Musizieren hat zweifelsohne etwas Schwelgerisches an sich. Im Gegensatz zum impressionistischen Menschen indessen ist seine Sensibilität nicht nur ich-bezogen, sondern durchaus umweltoffen und reagiert auf fast seismographische Weise auf das Leid anderer. Lust und Leid sind daher so symbiotisch verwoben, daß der ungetrübte Genuß auch in der Einsamkeit keine Dauer gewinnt. Ein Wissen, daß Leben Leiden bedeutet, ein Gefühl der Vergeblichkeit beschattet all sein Empfinden und Tun, das seinen Ausdruck in einer immer stärker werdenden Todessehnsucht findet.

Die Abwandlung des Einsamkeitsgefühls ins Schwelgerische vollzieht sich auf dem Boden einer veränderten Weltanschauung, die ihre theoretische Untermauerung hauptsächlich durch die Schriften von Ernst Mach, der von Friedell als „der klassische Philosoph des Impressionismus[5]" bezeichnet wird, gefunden hatte. Kernpunkt der Machschen Lehre ist die Grundkonzeption, daß die Sinnesorgane die einzige Quelle zur Erkenntnis sind. Denksysteme, die jenseits der menschlichen Wahrnehmung liegen, werden von Mach als gefährliche Spekulationen verworfen. Wie Nietzsche ist er ein entschiedener Verurteiler apriorischer Wahrheiten und sieht in den „synthetischen Urteilen" und „reinen Anschauungsformen" Kants nichts weiter als Mystifikationen des Sinnlich-Wahrnehmbaren. Anders aber als jener, der die als „falsch" erkannten Theorien durch ein neues

100

System der Metaphysik ersetzen will, lehnt Mach *jede* Art philosophischen Systems ab. „Alles, was die Philosophie geleistet hat ... ist ... nur ein unbedeutendes ephemeres Kunstprodukt[6]." Verbindliche Wahrheiten jenseits einer sensualistischen Erfahrung sind für ihn nicht zulässig. Da auf diese Weise die Sinneseindrücke, die Impressionen – von Mach „Elemente" genannt – zum einzigen Garanten des Tatsächlichen werden, tritt, anstelle einer objektiven Realität, eine Vielzahl von möglichen Realitäten, die gleichwertig nebeneinander bestehen. Das Augenblickliche und Stimmungshafte weist nun nicht mehr über sich hinaus auf eine verborgene Sinnfälligkeit, sondern besitzt als Einzelempfindung einen echten Erfahrungswert. Die Polarität von Sein und Schein wird damit aufgehoben. In diesem bewußten Verzicht auf alles Weltanschaulich-Verbindliche, auf alles Moral-Kategorische und jede metaphysische Bezogenheit sind die Prämissen für eine solipsistische Lebensauffassung geschaffen. Das Ich wird zum einzigen Bürgen dessen, was wirklich ist. Im Zusammenhang damit erfährt die Einsamkeit eine bedeutsame Aufwertung, da sich hier die reinste Begegnung des Individuums mit sich selbst abspielt. Im Zustand des Alleinseins können die persönlichen Neigungen ungestört ausgekostet und die wechselnden Stimmungen vorbehaltlos erlebt werden.

Von den wenigen impressionistischen Romanen ist Schnitzlers „Der Weg ins Freie" (1908) ein repräsentatives Beispiel für diese schwelgerisch solipsistische Einsamkeit. Wohl war schon in „Professor Unrat" (1905) das Motiv des schwelgerischen Alleinseins angeklungen. Wenn es von Lohmann heißt: Er „liebte die Dinge vor allem um ihres Nachklangs willen, die Liebe der Frauen nur wegen der ihr nachfolgenden bitteren Einsamkeit[7]", geht es um den gleichen Prozeß der Umwertung, durch den die aus der Perspektive der Einsamkeit stimmungsvoll *nacherlebte* Zweisamkeit einem tatsächlichen Beisammensein vorgezogen wird, da sich das Ich nur auf diese Weise genußvoll als Hauptfigur der Zweisamkeit erleben kann. Zum Hauptmotiv durchgestaltet wird es indessen zuerst in Schnitzlers Roman „Der Weg ins Freie", der infolgedessen den Mittelpunkt dieses Kapitels bilden soll. Der Dichter selbst hat den Roman, der neben der Chronik „Therese" sein einziger ist, nach seiner Fertigstellung für das Beste gehalten, was er bis dahin geschrieben hatte[8]. Ähnlich äußert sich Herbert Reichert: „ ‚Der Weg ins Freie' is one of the most sincere and most personal of Schnitzler's works[9]." Josef Körners Darstellung[10], „Arthur Schnitzlers Gestalten und Probleme" enthält ein „Extrablättchen", in dem die psychologische Analyse dieses Werkes gewürdigt wird. Es heißt dort: „Kein Zweifel ferner, . . . daß es an gedanklicher und psychologischer Tiefe alle übrige Leistung Arthur Schnitzlers übertrifft[11]." Trotz seiner handwerklichen Meisterschaft hält Körner indessen den Roman für verfehlt. Es interessiert hier weniger seine formalästhetische Beanstandung, die in der Verknüpfung zweier stoffremder Motive — nämlich der Liebesgeschichte und der Judenfrage liegt — als seine ethische Abwertung. Wenn er seine Untersuchung mit den Worten abschließt: „. . . er verstimmt auch in ethischer Hinsicht durch die allzu laxe Behandlung eines tiefernsten Konflikts[12]", fällt zunächst auf, daß sich Körner hier anscheinend selbst widerspricht, da er doch eingangs gerade auf die „psychologische Tiefe" verwiesen hatte. Es ist kaum anzunehmen, daß Laxheit eine geeignete Prämisse für psychologischen Scharfsinn bedeutet. Körner ist in diesem Fall Opfer einer Konfusion von Stoff und Form, die immer wieder das Dilemma der Schnitzler-Bewertung ausmacht. Das, was er als „lax" bezeichnet, ist ja gar nicht die dichterische „Behandlung", sondern das dichterische Objekt, in diesem Fall Georg von Wergenthin. Körners Kritik ist demzufolge Ausdruck einer klassizistischen Ästhetik, die noch an dem Postulat des erhabenen Gegenstandes festhält. „Lax" bedeutet ferner, daß Schnitzler sich einer moralisierenden Stellungnahme enthält und einen so offensichtlich egozentrischen und verantwortungslosen Menschen nicht nur straffrei, sondern im Grunde auch ohne Reue durch die Romanhandlung führt. Sicherlich ist „Der Weg ins Freie" kein didaktischer Roman, an dessen Ende ein vereinsamter „Verführer" die anderen zugefügte Einsamkeit an sich selbst erfahren und somit büßen soll. Dennoch steht der Ethiker Schnitzler seinem Protagonisten durchaus nicht kritiklos gegenüber. An späterer Stelle wird noch darauf hingewiesen werden, daß der Autor — wenn auch nicht als darüberstehender, allwissender Erzähler, sondern durch Äußerungen anderer Personen — in nicht unbeträchtlicher Weise Georgs Verhalten mißbilligt.

Wenn auch die neuere Schnitzler-Forschung der künstlerischen und geistigen Bedeutung dieses Dichters ein sehr viel größeres Verständnis entgegenbringt[13], findet sich wenig Aufschlußreiches über das Phänomen der Einsamkeit, so, wie es im Roman „Der Weg ins Freie" oder auch in der satirischen Erzählung „Doktor Gräsler, Badearzt" oder beispielsweise in der Novelle „Der Mörder" auftritt. Es finden sich zahlreiche Hinweise auf eine verhängte, erlittene Einsamkeit, wie sie Fräulein Else oder Felix in

„Sterben" angesichts des näherrückenden Todes erleben. Das spezifisch Schwelgerische der Einsamkeit indessen findet kaum Erwähnung.

Eins der ersten Merkmale Georgs, das der Erzähler gleich zu Beginn des Romans erwähnt, ist die von seinem Helden höchst angenehm empfundene Beziehungslosigkeit. „Während er so am Fenster stand und in den Park hinunterschaute, . . . empfand er es wie beruhigend, daß er zu keinem menschlichen Wesen in engerer Beziehung stand[14]." In kontrapunktischer Entsprechung liest man im letzten Kapitel, wenige Seiten vor dem Romanende: „– nun wußte er es – so tief, wie er es noch nie gewußt, daß er frei sein wollte. . . . Und er eilte umher, planlos, durch leere Straßen wie in einem leichten Rausch von Schmerz und Freiheit. Er war froh, daß er sich mit niemandem verabredet hatte und allein bleiben durfte." Er „. . . erschien sich wie in einer fremden Stadt: einsam, ein wenig stolz auf seine Einsamkeit und ein wenig durchschauert von seinem Stolz[15]". An zwei exponierten Romanstellen wird damit die positive Einstellung Wergenthins zur Einsamkeit bezeugt. Beide Äußerungen sind indessen trotz ihrer analogen Werteinschätzung des Alleinseins nicht wertidentisch. Während eingangs das Gefühl der Ausgeglichenheit und Ruhe den Empfindungsinhalt der Einsamkeit ausmacht, dominieren am Ende schwelgerischer Rausch und Stolz. Der Erlebnisgehalt hat sich also intensiviert und zwar in Richtung einer gesteigerten Lust. Zwischen diesen beiden Aussagen liegt Georgs Liebesbeziehung zu Anna und deren allmähliche, immer wieder hinausgezögerte Auflösung. Während vor diesem Erlebnis das Alleinsein gleichsam den Wert einer ausgleichenden Komponente für das allgemeine Wohlbefinden innehatte, ist ihm jetzt etwas berauschend Befreiendes eigen. Erst durch das Erlebnis der Gemeinschaft ist sich das Individuum seiner eigentlichen Bedürfnisse bewußt geworden, erst jetzt fühlt es „so tief, wie . . . noch nie", daß seiner charakterlichen Veranlagung das Alleinsein gemäßer ist. Das Ich empfindet infolgedessen seine Entbindung aus der Zweisamkeit nicht als eine Verarmung, sondern – im Gegenteil – als eine Erlösung. Nach langer Entbehrung darf es wieder teilnehmen an den lockenden Möglichkeiten des Lebens. Ganz in diesem Sinne endet der Roman, wenn es heißt: „In Georgs Seele war ein mildes Abschiednehmen . . . und zugleich ein Grüßen unbekannter Tage, die aus der Weite der Welt seiner Jugend entgegenklangen[16]."

Das sind nicht die Empfindungen eines unter dem Alleinsein leidenden Individuums. Man wird darum dem Einsamkeitserlebnis Georgs nicht gerecht, wenn man es unter einem allgemeinen Aspekt der Schnitzlerschen Einsamkeit sieht. Hier trifft H. Lederers Behauptung („Just as the satisfaction of the sexual urge gives a shortlived release from the oppressive feeling of loneliness, so is the ever-constant threat of death its ultimate horror – death the inescapable pinnacle of utmost, unspeakable loneliness[17]") nicht zu. Georgs Alleinsein ist nicht von einem „oppressive feeling of loneliness" beschattet. „Oppressive" wäre für ihn, gerade umgekehrt, die Vorstellung einer endgültigen Bindung, die ihm gleichbedeutend mit der Aufgabe seiner Einzelindividualität scheint. Man könnte die Vermutung anstellen, daß der gealterte Georg – zu einem Zeitpunkt, wo das Lockende des Lebens an Glanz verliert und es nicht mehr nur von ihm abhängt, neue Bindungen einzugehen, also in Anbetracht größerer Todesrelevanz –, der Zweisamkeit einen höheren Wert beimißt. Aber eine solche Hypothese würde über die Romanhandlung hinausgehen. Held der Fabel ist nicht der alternde, sondern der junge Georg, und es wäre eine interpretatorische Verzerrung, wollte man das hier geschilderte Lebensjahr schon aus der Perspektive des Todes beurteilen. Man würde der besonderen Seelenlage Georgs wohl kaum gerecht, wenn man heute – als Reaktion auf die Einseitigkeit der älteren Schnitzler-Forschung – plötzlich hinter jedem Phänomen eine Totentanz-Metaphysik witterte. Es gibt sogar Zeugnisse von alternden Protagonisten wie beispielsweise von Dr. Gräsler aus der gleichnamigen Erzählung[18], der, obwohl er die Leere seiner Einsamkeit bereits erfahren hat, die gleiche Bindungsscheu wie Georg an den Tag legt und sich nicht entschließen kann, seiner Wurzellosigkeit durch eine Ehe mit Sabine ein Ende zu machen. Wenn er schließlich doch eine Verbindung mit der Witwe Sommer eingeht, weiß er instinktiv, daß sich daraus nie eine verpflichtende Zweisamkeit, wie sie Sabine erwartet hätte, ergeben würde.

In „Der Weg ins Freie" geht es um die Gestaltung des impressionistischen Menschen, der sich in keiner Weise festlegen und binden möchte, dessen Ideal Berufslosigkeit und zu nichts verpflichtende Freundschaften sind und der sich infolgedessen auf einer fortwährenden Flucht vor Verantwortung befindet. Jede Endgültigkeit – sei es im künstlerischen oder menschlichen Bereich – ist reizlos für ihn. „Ich entwerfe viel, aber ich mache nichts fertig. Das Vollenden interessiert mich überhaupt selten...[19]", antwortet Georg auf die Frage, woran er arbeite. Die Vollendung einer zwischenmenschlichen Beziehung – worunter hier nicht ausschließlich ihre Legitimierung verstanden wird – wird daher erst gar nicht angestrebt. Es ist dabei bezeichnend für ihn, daß dies keineswegs als bewußt durchgeführtes Lebenskonzept empfunden wird. Zu keinem Zeitpunkt seines Lebens zieht Georg aus seinen Handlungen irgendwelche Schlußfolgerungen. Niemals analysiert er, was seiner Freiheitsliebe zugrunde liegt und worin für ihn der spezifische Reiz des Alleinseins besteht. Es ist aufschlußreich, daß er auf die präzise Frage eines Gesprächspartners, „ob er die Einsamkeit liebe . . .‟ keine Antwort zu geben vermag. Er ist überhaupt nicht in der Lage, sich auf ein solches Thema zu konzentrieren, da ihn sofort die Erinnerung an einsame Spaziergänge erfüllt, die er unternommen hatte, während seine damalige Geliebte „ihrer Gewohnheit gemäß bis Mittag im Bett lag‟. Aber auch eine Reflexion über diese einsamen Spaziergänge findet nicht statt, da er sich bereits schwelgerisch einer stimmungsvollen Schiffahrt erinnert[20]. Eine klare und eindeutige Entscheidung für ein Leben ohne Bindungen wird nicht gefällt. „Es ist gekommen, wie derartige Dinge eben zu kommen pflegen, hat sich alles ganz ohne Programm entwickelt, bis auf den heutigen Tag . . .[21]‟, gesteht Georg dem Bruder auf dessen Frage, was er eigentlich mit Anna beabsichtigt habe. Seine Handlungen basieren nicht auf rationalen Überlegungen, sondern auf Augenblickseingebungen, die für Georg solange echten Wahrheitsgehalt besitzen, bis sie durch eine andere Augenblicksempfindung relativiert oder gar in ihr Gegenteil verkehrt werden. Seine Empfindungen können daher nie zu Einsichten werden. Vergegenwärtigt man sich die Schriften Machs, scheint Georg ein Paradebeispiel für dessen Theorien zu sein. Sein ganzes Leben besteht aus einer Aneinanderreihung von Einzelimpressionen, über die hinaus er zu keiner verbindlichen Erkenntnis kommt. Georg verläßt sich fast ausschließlich auf seine sinnliche Wahrnehmung, die durch den Duft einer Blume, den Klang einer Stimme oder die Farbe eines Kleides bestimmt wird und für ihn bereits einen echten Erfahrungswert besitzt. Sein ganzes Leben steht unter dem Zeichen einer ewigen Augenblicklichkeit, in dem Reiz und Reizwirkung zum bestimmenden Movens werden. Eine Realität außerhalb dieser isolierten Einzeleindrücke ist für Georg nicht existent. Seine Handlungsweise ist infolgedessen nie aktiv, sondern immer reaktiv, und sein Empfinden pendelt zwischen der Polarität von Verlangen und Überdruß. Für einen derartig strukturierten Menschen wird die Bindung an ein Du äußerst problematisch, da die eigentlich adäquate Form menschlicher Beziehungen für ihn das Abenteuer ist. Seiner Natur entsprechend hatte sich Georgs Leben auch bisher aus einer Folge von episodenhaften Verhältnissen zu Frauen gestaltet, die von schwelgerisch genossenen Einsamkeiten umrahmt waren und gewissermaßen die „Erholungspausen" aus der Zweisamkeit bedeuteten.

Besonders seine Liebesbeziehung zu Anna steht von Anfang an unter dem Zeichen dieser Ambivalenz. Da Georgs Verhältnis zur Einsamkeit gerade seine Bedeutung aus der Perspektive der Zweisamkeit gewinnt, ist es wichtig, auf diese Beziehung etwas näher einzugehen. Wenn man seinen Äußerungen Glauben schenken darf, sieht es zunächst so aus, als ob sein Verhältnis zu Anna sich von denjenigen zu anderen Frauen unterscheidet. „Von allen Wesen, die jemals ihre Neigung ihm nicht verhehlt hatten, schien Anna ihm die beste und reinste. Auch war sie wohl die erste, die seinen künstlerischen Bestrebungen Teilnahme entgegenbrachte, ... Und wenn irgend eine, so war Anna dazu geschaffen, seinem Hang zur Verspieltheit und zur Nachlässigkeit entgegenzuwirken ...[22]" An anderer Stelle spricht er von der Freude, „in Gesellschaft eines Wesens, das fähig, alles mit ihm zu verstehen und zu genießen, und das ihm teuer war[23]", eine gemeinsame Reise zu unternehmen. Im Gespräch mit seinem Bruder findet dieser Eindruck eine noch intensivere Bestätigung. „Es ist ja das erstemal", heißt es hier, „daß ich mit einem Wesen zusammen bin, das vollkommen auf meinem Niveau steht, das mir mehr ... das mir wahrhaftig auch eine Freundin ist[24]". Aus all diesem spricht der Wunsch und die Freude, in einer Beziehung, die über das Ephemere hinausgeht, die Realisierung einer echten Gemeinschaft gewährleistet zu sehen. Es scheint, daß durch die Liebe zu Anna alle vorangegangenen Erlebnisse an Relevanz verlieren und daß der Protagonist hauptsächlich deshalb so einsamkeitsbedacht und wenig bindungsbereit war, weil offensichtlich bei den anderen Frauen die Prämissen zu einer Wesensverwandtschaft gefehlt hatten.

Antinomisch zu diesen Äußerungen stehen aber von Anfang an andere, die an der Ernsthaftigkeit seines Bindungswillens zweifeln lassen, da Georg hier selbst sein Verhältnis zu Anna als Abenteuer einstuft. Von daher erklärt es sich beispielsweise, daß Georg, neben dem Unbehagen bei dem Gedanken an Annas Verhältnis zu ihrem Gesanglehrer, gleichzeitig den kaum bewußten Wunsch hegt, „seine Befürchtung bestätigt zu hören. Denn wie leicht und verantwortungslos ließ dies Abenteuer sich an, wenn Anna schon einem anderen gehört hatte, eh sie die Seine wurde[25]". Ebenso weiß er, ohne dabei den geringsten „Schauer" zu verspüren, „daß auch dieses

Abenteuer, so ernst und hold es begonnen, zu einem Ende bestimmt war . . .[26]" Das Gefühl des Befreitseins und der schwelgerischen Bewußtheit seiner wiedergewonnenen Einsamkeit, das „beinahe jedesmal über ihn" kam, „wenn . . . er von einer Geliebten Abschied nahm[27]", bleibt selbst nach dem „vollkommenen" Glück mit Anna nicht aus. Die eigene, ambivalente Einordnung seiner Liebe entspringt einer nicht willentlich gesteuerten Emotionalität. Jede Äußerung ist immer nur das Produkt ihrer jeweiligen Stimmung, stets nur Ausdruck des Augenblicklichen, da Georg selbst nicht in der Lage ist, die Begleiterscheinungen von den Ursachen zu unterscheiden. Er ist infolgedessen auch fest davon überzeugt, in der Frau, mit der er Anna betrügt, etwas noch nie Gekanntes, aber schon immer Ersehntes gefunden zu haben, ohne sich der Ironie bewußt zu werden, daß er ihr die gleichen Attribute zuschreibt, die er vor noch nicht langer Zeit für Anna verwendet hatte. „ Und sie hatte ihn verstanden, wie nie eine andre ihn verstanden hatte. War sie es nicht, die er seit jeher gesucht hatte, sie, die Geliebte war und Gefährtin zugleich . . .[28]" Die geringe Verläßlichkeit seiner Schlußfolgerungen, die im Grunde genommen ja nie über das Stimmungshafte hinausreichen, hat eine Reduzierung der Handlungsfreudigkeit zur Folge und verführt sogar nicht selten zur Passivität. Da er nicht weiß, welche Möglichkeiten und Aussichten das Leben noch für ihn bereit hält und seine eigenen Reaktionen darauf nicht vorauszuberechnen vermag, bevorzugt er die ‚offenen Situationen'. Von daher erklärt es sich, daß Georg, nachdem er den solange hinausgezögerten Abschied von Anna schließlich vollzogen hat, von der Endgültigkeit dieser Maßnahme so übermannt ist, daß er sie am liebsten sofort wieder annullieren möchte.

Aus dem Vorhergesagten wird deutlich, daß für Georg ein wesentlicher Anziehungsfaktor der Einsamkeit in ihrer relativen Entbindung aus der Verantwortung liegt. Ohne daß er sich genau Rechenschaft darüber ablegt, bedeutet ihm Einsamkeit das Äquivalent zur ‚offenen Situation', in der alles noch möglich ist, und die durch ihren fehlenden Subjektbezug die archetypische Offenheit schlechthin präsentiert. Georgs Vorliebe für seelische Offenheit entspricht seine Bevorzugung des offenen Raumes. Schauplatz der Handlung ist daher selten das abgeschlossene Drinnen, sondern meist das Draußen: Straßen und Alleen, die nähere Umgebung Wiens oder die italienische Landschaft, Gartenrestaurants und Kahnpartien, Berge und Wald. Wenn sich das Geschehen in den Innenraum verlagert, spielt es sich vorwiegend im Salon oder Café ab, an Orten also, die in ihrer offenen Struktur nicht beengen und das Draußen mit einbeziehen. Befindet sich Georg im Zimmer, ist sein Lieblingsplatz das geöffnete Fenster[29]. Es hat eine auffällige symbolische Bedeutung, wenn Georg nach dem Verlassen der Geliebten das Bedürfnis verspürt, ein Fenster zu öffnen. Das unterschwellige Unbehagen eines Menschen, der im Grunde so wenig zu Hause in der Zweisamkeit ist, den ein Du eher beengt als bereichert und für den die Einsamkeit den Reiz der Freiheit besitzt, findet Ausdruck in solcher Gebärde. Dieser Blick aus dem Fenster, der schon verschiedentlich Gegenstand der Betrachtung wurde, ist ein weiteres Indiz für das gewandelte Einsamkeitsgefühl. Bedeutete er für den Raabeschen Menschen die Öffnung aus der Einsamkeit, die Flucht vor dem Alleinsein in eine vorgestellte oder erinnerte Zweisamkeit, für Effi eine resignative zur Kenntnisnahme ihrer monotonen Verlassenheit, symbolisiert er für Georg, gerade umgekehrt, die Öffnung aus der Gemeinsamkeit und die noch uneingestandene Sehnsucht nach Befreiung aus der Bindung.

Die traditionelle, seit der Klassik zum Ideal erhobene Vorstellung des Ineinanderaufgehens zweier Individuen, der Verschmelzung zweier Einsamkeiten zu einer ewigen Einheit, scheint hier außer Kurs gesetzt und an Wert verloren zu haben. Der Gedanke an die Zweisamkeit evoziert nicht mehr höchstes Glück, sondern lästige Alltäglichkeit. Wenn immer Georg mit dem Gedanken an eine dauerhafte Bindung mit jener spielt, die ihm „Freundin", „Geliebte" und „Mutter seines Kindes" ist, die ihn „versteht" und auf seinem „Niveau steht", drängen sich ihm bedrückende Visionen auf. „Er sah sich plötzlich in einem sehr bürgerlichen Heim, unter dem bescheidenen Licht einer Hängelampe, beim Abendessen sitzen, zwischen Frau und Kind. Und aus dieser geträumten Familienszene weht es ihm entgegen wie ein Hauch von sorgenvoller Langeweile [30]." Selten finden sich Zeugnisse, die der Freude Ausdruck geben, einen Menschen neben sich zu haben, der, wie Anna, zur Gemeinschaft geschaffen ist. Beglückend und sehr viel anziehender dagegen ist die Vision von der eigenen Einsamkeit. „Und wie ein Bild, von einer Laterna magica an einen weißen Vorhang geworfen, erschien ihm seine eigene Gestalt: er sah sich auf einem Balkon sitzen, in beglückter Einsamkeit. . .[31] ".„Langweilige" Gemeinsamkeit und „beglückende Einsamkeit" scheinen sich hier als alternierende Lebensmöglichkeiten wechselseitig auszuschließen. Die Bekundungen, in denen der Einsamkeit ein uneingeschränktes Lob gezollt wird, überwiegen. So erlebt Georg auf der gemeinsamen Italienfahrt „die erhabenste Stunde dieser ganzen Reise" allein, „mit dem stolzen Entzücken des Einsamen[32] ". Als impressionistischer Mensch, dessen Lebensgefühl auf entscheidende Weise durch Reiz und Reizwirkung bestimmt ist, fürchtet Georg nicht das Alleinsein, sondern die Langeweile alltäglicher Zweisamkeit.

Es ist hinlänglich belegt worden, wie sehr die Einsamkeit den Charakter des Verhängnisvollen verloren hat und zum Gegenstand sehnsüchtiger Betrachtungen geworden ist. Schon eingangs wurde darauf hingewiesen, wie sehr die impressionistisch-solipsistische Lebensauffassung eine solche Aufwertung begünstigt hatte. Obgleich damit zweifellos wesentliche Prämissen für eine veränderte Erfahrungsqualität gegeben waren, ist die Faszination, die dieser Zustand gerade auf Georg ausübt, doch noch nicht hinreichend erklärt. Zu allen Zeiten hat Einsamkeit eine unterschiedliche Bewertung erfahren. Es war einleuchtend, daß der kreative Mensch sie als Möglichkeit zur Besinnung und Entspannung schätzte und der Heranwachsende ihrer zur Bewährung und Entwicklung seiner Kräfte bedurfte. Zum erstenmal innerhalb dieser Untersuchung handelt es sich aber um einen Menschen, der von sich behauptet — ohne dabei irgendeinen Bildungsgedanken im Sinn zu haben —, daß er „seine schönsten Stunden allein" verbringt. „Ein Duft von Einsamkeit", „stolzes Alleinsein", „einsames Entzücken" und „beglückende Einsamkeit" sind immer wieder auftauchende Epitheta. Wie es der Titel schon ankündet, ist der ganze Roman im Grunde nichts anderes, als ein Weg aus der Bindung, ein Rückzug aus der Zweisamkeit in die Einsamkeit. Hier sieht Josef Körner durchaus richtig, wenn er von den Schnitzlerschen Menschen wie Anatol, Dr. Gräsler, Friedrich Hofreiter oder Georg von Wergenthin bemerkt, daß sie „eine Brücke zum Nächsten" nicht finden und „allein bleiben", weil sie „allein bleiben wollen[33] ". Nur ist seine Erklärung, die er dafür findet, zu einseitig und ungenau. Der immer wieder hervorgehobene Egoismus „dieser krassen Ichlinge" muß ja nicht notwendig seinen Niederschlag in Bindungsscheu und Einsamkeitsbedürfnis finden. Es gibt genügend Beispiele, wo sich Egoismus gerade mit dem Willen zur Zweisamkeit paart. Zweifelsohne spielen für Baron von Innstetten bei seiner Entscheidung zur Ehe mit Effi ebenfalls egoistische Motive eine wesentliche Rolle. Weiter heißt es bei Körner, daß es keine „Liebe", sondern „Begierde nach Genuß ist", die diese Menschen von Abenteuer zu Abenteuer treibt und die ihnen das „Alleinsein" als Symbol der „Ungebundenheit" so verlockend erscheinen läßt[34]. Sicherlich ist das erotische Motiv ein wesentliches

Ingrediens. Auch hier wurde bereits darauf verwiesen, wie sehr die Werteinschätzung der Einsamkeit aus der Perspektive der Erotik unternommen wird. Alle diese Hinweise sind wesentlich und wertvoll, aber sie sind nicht ausreichend. Vergleicht man die Seelenlage Georgs mit derjenigen des Rokokomenschen — auf die Affinität zwischen Impressionismus und Rokoko ist immer wieder hingewiesen worden[35] —, wird durchsichtig, daß Abenteuerlust und Genußsucht noch keine hinlänglichen Erklärungen für Einsamkeitsvorliebe sind. Auch für die Helden aus Hunolds „Liebenswürdiger Adalie", für Renard und Bosardo, Bellarde und Alfredo ist Leben gleich Liebesleben und Amor stets allgegenwärtig. Auch sie treibt es von Abenteuer zu Abenteuer. Nirgends bekundet sich jedoch eine Vorliebe für Einsamkeit[36].

Bei seiner geringen Neigung zur Analyse ist es nicht verwunderlich, daß Georg selbst kaum Erklärungen für seine Einsamkeitsfreude, die über das bereits Bekannte hinausgehen, zu geben vermag. Es bleibt darum kein anderer Weg, als seine besondere Gefühlslage einer etwas genaueren Untersuchung zu unterziehen, um zu subtileren Ergebnissen zu gelangen. Von entscheidendem Einfluß auf seine Einsamkeitsprädisposition sind dabei vor allem vier spezifische Charakteristika: seine Sentimentalität, sein Ästhetizismus, etwas das — in Anlehnung an Musil — zunächst als „Möglichkeitsvorliebe" bezeichnet werden soll und sein unreflektiertes Lebensvertrauen. In einem kurzen Gespräch zwischen Leo Golowski und Georg findet sich ein nicht unwesentlicher Hinweis auf dessen Sentimentalität. Es heißt dort bezüglich seiner Liederkompositionen, daß er noch „wenig gearbeitet und wenig durchfühlt" habe.

„ ‚Sie glauben . . .‘ Georg zwang sich zu einem spöttischen Lächeln.

‚O, erlebt wahrscheinlich sehr viel, aber gefühlt . . . wissen Sie, was ich meine, Georg? ‘

‚Ja, ich kann mirs schon denken. Aber Sie irren sich entschieden. Ich finde sogar eher, daß ich eine gewisse Neigung zur Sentimentalität habe, die ich bekämpfen muß.‘

‚Ja, das ist es eben. Sentimentalität ist nämlich etwas, was in einem direkten Gegensatz zum Gefühl steht, etwas, womit man sich über seine Gefühllosigkeit, seine innere Kälte beruhigt. Sentimentalität ist Gefühl, das man sozusagen unter dem Einkaufspreis erstanden hat [37].‘‘

Sentimentalität ist Gefühlsverlust. Die ursprüngliche „Ergießungsfreudigkeit" ist zum schwelgerischen Verweilen in Empfindungen geworden, hat durch ihre Übersteigerung an Authentizität verloren und sich in ihr Gegenteil verkehrt. Sentimentalität ist Gefühl, das sich von seinem Gegenstand gelöst hat. Es handelt sich also um einen Substanzverlust. Gefühle verflüchtigen sich zu unbestimmten Empfindungen, und Empfindungen lösen sich in Stimmungen auf. Was Georg erlebt zu haben glaubt, sind daher keine Gefühle, sondern Stimmungen. Das Spezifische der Stimmung aber ist die Ziel- und Bezugslosigkeit, das Eindrucksoffene und Unverbindliche und die Tendenz, über den ursprünglich auslösenden Faktor hinauszugehen und sich subjektlos zu verselbständigen. Gerade durch diese Entbehrlichkeit des personalen Bezuges eignet sie sich in besonderem Maße dazu, für das Individuum auch allein, in der Einsamkeit, erlebbar zu sein. Häufig ist, gerade umgekehrt, die Gegenwärtigkeit eines anderen Individuums störend, da der besondere Schwebezustand der Stimmung durch dessen Realitätsansprüche beeinträchtigt wird. Die Korrelation zwischen Sentimentalität und Einsamkeit wird deutlich. Wenn die Stimmung, als ein verflachtes Gefühl, den gleichen emotionalen Erlebnisgehalt ergeben soll, muß der erfahrene Substanzverlust durch etwas anderes ausgefüllt werden. Das geschieht, indem gewissermaßen die Qualität durch eine Quantität ersetzt wird, die Gefühlsintensität durch empfindelnde Extensität. Für den sentimentalen Menschen ist daher das Schwelgen in Stimmungen eine Gefühlsnotwendigkeit. Im „Nachklang" wird die mangelnde Erlebnisintensität durch ein Auskosten des Atmosphärischen ersetzt. Zu dieser „Umsetzung" bedarf das Einzelindividuum des Alleinseins. Anders als dem Raabeschen Menschen, dem die nachklingende Erinnerung zur Linderung in seiner Einsamkeit wurde, geht es Georg um den Nachklang an sich. Jetzt wird deutlich, wie unzureichend in seinem Fall die Gleichsetzung von Einsamkeit, Ungebundenheit und Abenteuerlust ist. Der Zustand des Alleinseins exemplifiziert ja nicht die Voraussetzung zu weiteren Liebesbeziehungen, sondern ermöglicht überhaupt erst den Genuß der erlebten. Es ist daher bezeichnend, daß Georg zunächst seine Reise mit Grace als eine „langweilige Abschiedsreise" etikettiert und erst später, in einsamer Erinnerung und mit zunehmender Entfernung, zu einer genußvollen Episode stilisieren kann. Auf diese Weise ergibt sich das Paradoxon, daß das Erlebnis dem Erleben hinderlich ist und das Individuum in die Einsamkeit flüchten muß, um den Erlebnisverlust auf suggestive Art zu kompensieren. Einsamkeit wird zum Lebenssurrogat. Von daher erklärt sich auch das Gefühl des

Stolzes, das Georg so häufig während seiner einsamen Spaziergänge befällt[38]. Es war ja durchaus nicht einleuchtend, was diesen Stolz bewirkte, da weder künstlerische noch geistige Werte geschaffen noch auch eine bewußte Entscheidung zur Isolation gefällt wurde. Wie nun durchsichtig wird, handelt es sich hier um einen weiteren Ausdruck seiner Sentimentalität. Wenn Georg im Zustand des Alleinseins Stolz empfindet, reflektiert das in seinem Fall nichts anderes, als einen Stolz auf das Lebensbewußtsein schlechthin. Ebenso wie er erst in der Einsamkeit, durch eine reproduzierende Phantasietätigkeit, zu einem intensiven Genußerlebnis kommt, steigert sich hier sein Lebensbewußtsein generell. Bei seiner geringen tatsächlichen Erlebnisfähigkeit erfüllt ihn demzufolge — wenn auch unbewußt — jedes erhöhte Lebensgefühl, als etwas Geleistetes, mit Stolz. Das leidvolle Bekenntnis Hesses „Leben ist Einsamsein[39]" erfährt hier seine Umkehrung zu einem ‚Einsamsein ist *Leben*', da das Du ja gar nicht mehr gesucht wird und das Alleinsein infolgedessen keine Mangelerscheinung, sondern eine günstige Voraussetzung für das Ich ist, sich ein Du ‚von eigenen Gnaden' zu schaffen.

Eng verbunden mit Georgs Sentimentalität ist sein Bedürfnis nach ästhetischer Harmonie. Er möchte sein Leben erleben wie ein Fest, bei dem es keine unschönen Situationen, keine krassen Übergänge, keine heftigen Auseinandersetzungen, mit einem Wort, keinerlei Dissonanzen gibt. Es geht ihm, im wahrsten Sinne des Wortes, um ein schönes Sein. Abschied und Trennung dürfen daher nichts Problematisches enthalten, sondern werden, in theatralischer Gebärde, zu schwelgerischen Stimmungsbildern gestaltet. Der Abschied von Anna vollzieht sich daher in demselben Zimmer, in dem die Liebesbeziehung angeknüpft wurde, bei Kerzenbeleuchtung und Rosenduft, stilvoll von Georg musikalisch untermalt. „Leb wohl, Geliebte, leb wohl. Es war schön. Und nun ist es vorbei [. . .]. Es muß vorbei sein . . . Ich hab dich geliebt. Ich küsse deine Augen . . . Ich danke dir, du Gütige, Sanfte, Schweigende. Leb wohl, Geliebte . . . Leb wohl . . . Die Töne verklangen[40]." Wieder wird ein Gefühl in eine Stimmung aufgelöst, Schmerz in Wehmut verwandelt. Es entspricht Georgs ästhetischer Natur, Leben zu lebendigen Bildern zu stilisieren und die Wirklichkeit als unbrauchbares Material beiseite zu schieben. Der Partner wird dabei in die Rolle des Statisten gedrängt und zum zusätzlichen Stimmungsrequisit degradiert. Ein solches Lebensbedürfnis ist mit den Ansprüchen der Realität nicht in Einklang zu bringen. Georg ist sich dessen

112

ahnend bewußt, wenn er immer wieder gerade solche Verhältnisse bevorzugt, die nicht dauern können, oder umgekehrt, sich aus Bindungen löst, die zu dauern scheinen. Diese Neigung zur Ästhetisierung der Wirklichkeit bedeutet demzufolge ein weiteres Motiv für seine Einsamkeitsvorliebe. Allein, unbehindert durch ein Du, wird jeder Schmerz in eine „Freude der Phantasie" verwandelt, erhält jedes Erlebnis erst seinen letzten ästhetischen Schliff und ist damit genügend präpariert, seinen Platz einzunehmen im Gefühlsmuseum der schönen Augenblicke.

Es wurde schon früher darauf verwiesen, wie sehr es Georgs Natur entspricht, sich für die Zufälligkeiten und Eventualitäten des Lebens offen zu halten und die Möglichkeiten über die Wirklichkeit zu stellen. Auch er hat gewissermaßen einen „Möglichkeitssinn" und spürt − wenn auch nicht gerade „eine Aufgabe der Seele" − so doch „daß sich irgend etwas in ihm vorbereitete[41]". Anders jedoch als Ulrich, der in unaufhörlichen und hartnäckigen Reflexionen allen Phänomenen auf den Grund zu gehen pflegt, ist Georg, der − mit allem Vorbehalt − eine verspielte Vorwegnahme des Mannes ohne Eigenschaften darstellt, ängstlich darauf bedacht, dieses „Vorgefühl reichern Lebens" . . . „nicht mit sorgenvollen Sinnen" aufzustören[42]. Auf eine unreflektierte Weise sind ihm Möglichkeiten einfach wichtiger als Tatsächlichkeiten. Ein derartiges emotionales Verhalten, das, wie erwähnt, seinem Hang nach Unverbindlichkeit und Verantwortungslosigkeit entgegenkommt, hat eine Schwächung der Erlebnisintensität zur Folge, da die Gegenwart ständig durch die Perspektive der Möglichkeit relativiert, wenn nicht gar überhaupt in Frage gestellt wird. Ebenso wie Georg nicht nur *eine* Komposition, sondern „allerlei" im Kopf hat, sehnt er sich auch nicht nach *einer*, sondern nach ‚allerlei Liebe'. Wieder geht es um das Phänomen der quantitativen Emotionalität. Von daher erklärt sich auch seine Eigenart, ständig aus der erlebten Umarmung zu anderen, vergangenen oder zukünftigen abzuirren. Während er noch voll Zärtlichkeit daran denkt, daß er in Anna zum erstenmal eine verständnisvolle Freundin gefunden hat, behagt er sich im selben Moment bei dem Gedanken, „ein bißchen in der Welt herumzuabenteuern" und „irgendwo im Weiten allerlei Liebe und Ruhm zu gewinnen[43]". Häufig verliert sich der personale Bezug seiner Liebe völlig, so daß er kaum noch weiß, „nach welcher Frau er sich am meisten sehnte . . . nach Marianne, der Verlassenen, nach Grace, der Entschwundenen, oder nach dem anmutigen jungen Geschöpf, mit dem er vor ein paar Stunden in einer dämmrigen Kirche herumspaziert war . . .[44] " Stärker als die Wirklichkeit erlebt er die Faszination der Möglichkeit. Das hat zur Folge, daß er, trotz aller impressionistischen Augenblicksanfälligkeit, anders als Fortunio oder Andrea, die Protagonisten von Hofmannsthals lyrischen Dramen, nie augenblicksidentisch lebt[45]. Die Freude an einer Bindung mit Anna schlägt um in quälendes Unbehagen, sobald er sie aus der Perspektive der Zukunft sieht und sich vorstellt, „daß sie die letzte Frau blieb, die er umarmt hätte[46] ". Diese ihm eigene Gegenwartslosigkeit bedeutet ein weiteres Indiz für die Leichtfertigkeit, mit der Georg Bindungen aufgibt und wieder heimisch wird im Alleinsein. Da er die ‚Möglichkeit' zur Gesellschaft hat, verliert die Einsamkeit ihre Bedrohung.

Georgs ‚sentimentalische' Empfindungsweise, die bewirkte, daß er erst in der Erinnerung oder im Vorgefühl und durch eine schwelgerische und ästhetische Harmonisierung der Geschehnisse zu einer eigentlichen Erlebnisfähigkeit gelangt, wurzelt andererseits in einem ganz naiven und unreflektierten Schicksalsvertrauen. Es ist wesentlich, darauf hinzuweisen, denn erst durch diese fast gläubige Lebenshaltung und Lebensselbstverständlichkeit, die Georg so handeln läßt, als ob sein Leben ewig währte, gewinnt seine Einsamkeit ihre tiefste Bedeutung. Der Rückzug aus der Bindung geschieht ja niemals aus der resignierenden Enttäuschung, daß eine völlige Übereinstimmung zweier Wesen nicht möglich ist, sondern eher, weil sich sein Gefühl ins Schwelgerische verliert und der Partner entbehrlich wird. Georg erlebt nie die bitteren Seiten der Einsamkeit, die unausweichliche Preisgegebenheit und das ausweglos zu sich selbst Verdammtsein. Seine Einsamkeitsvorliebe beruht letzten Endes auf der zuversichtlichen Gewißheit, daß sein Alleinsein jederzeit in Zweisamkeit zurückzuverwandeln ist[47]. Die wenigen Hinweise, die Schnitzler dem Leser über Georgs neues Leben „in der Freiheit" gibt, und die Anspielungen auf die junge Sängerin lassen unmißverständlich erkennen, daß es hier nicht um einen endgültigen Entschluß zum Alleinsein, sondern wiederum um eine Einsamkeit ‚auf Abruf' geht, die aufgegeben werden kann, sobald es dem Protagonisten beliebt. Einsamkeit kann genossen werden, da sie nie zur Vereinsamung wird. Eine Problematik ergibt sich infolgedessen nicht für das Ich, wohl aber für das Du, wenn, wie im Fall von Georg und Anna, unterschiedliche Einsamkeitsvorstellungen koalisieren. Anna empfindet, in ihrer absoluten Ausrichtung auf Georg, jedes Alleinsein als eine Entbehrung. Ihre Einsamkeitserfahrung ist mit derjenigen der Raabeschen

Menschen verwandt. Konnten diese indessen noch mit fast schlafwandlerischer Sicherheit den Partner finden, der sie vor dem Erlebnis der Verlassenheit bewahrte, stößt Anna in Georg auf ein Individuum, dem an der Vertiefung einer Beziehung nicht sonderlich viel gelegen ist und für das die Einsamkeit den Reiz des Stimulans besitzt. Damit ergibt sich in der bis hier behandelten Paarenkonstellation etwas Neues. Das Problematische an der Verbindung von Anna und Georg liegt an ihrem ungleichen Einsatz. Während bei Raabe die Paare Gleiches bieten, indem sich beide ganz einsetzen, gleichen sich die Fontaneschen Menschen in ihrem Einsatz mit Vorbehalt (Die Frauen setzen gewöhnlich Jugend und Schönheit, die Männer dagegen finanzielle und gesellschaftliche Sicherheit ein). Während Georg seiner charakterlichen Veranlagung gemäß, unabhängig von seiner Partnerwahl, der Einsamkeit immer einen Reiz abzugewinnen versteht, ist Anna keineswegs einsamkeitsbezogen, sondern geradezu gemeinschaftsprädestiniert. Die Erfahrung der Vereinsamung in der Zweisamkeit wäre ihr mit einem Mann wie Hans Unwirsch erspart geblieben. Daß sie diesen Mann nicht wählt, der sich doch in der Gestalt des jungen Dr. Stauber schon abgezeichnet hatte, liegt in ihrer veränderten Liebeserfahrung. Stand bei Raabe die Liebe in ihrer Funktion als ‚Trostliebe‘ unter dem Primat des Ethischen, wird Annas Wahl in nicht unwesentlicher Weise durch das Erotische bestimmt. Der Preis, den sie dafür zu zahlen hat, ist eine leidvoll erfahrene Vereinsamung.

„Was bedeutet es am Ende, daß wir monatelang durch fremde Länder miteinander gereist sind? Was bedeutet es, daß ich ein Kind von dir gehabt habe? Was bedeutet es, daß du dich über deinen Betrug in meinem Schoße ausgeweint hast? Was bedeutet das alles, da du mich doch immer allein gelassen hast ... allein auch in dem Augenblick, da mein Leib den Keim des Wesens eintrank, das ich neun Monate in mir getragen, das dazu bestimmt war, als unser Kind bei fremden Leuten zu leben und das nicht auf Erden hat bleiben wollen[48].“

Schnitzlers kritische Distanz zu seinem Protagonisten ist unübersehbar: Anna vereinsamt an Georgs Einsamkeitsliebe.

Ähnlich wie den Helden der empfindsamen Romane, die sich an ihren Liebesschmerzen berauschen und ihre Einsamkeit in Selbstgenuß verwandeln können[49], bleibt Georg eine leidvolle Einsamkeitserfahrung erspart. Erst bei Rilke weicht diese stimmungshaft unreflektierte Vorliebe für Alleinsein einer bewußten Entscheidung zur Einsamkeit. Das, was Georg noch als Genuß empfinden konnte, verwandelt sich für Malte Laurids Brigge in Leid. Ihm wird genießerische Heimatlosigkeit zum schmerzlichen „Unbehaustsein".

Dekadente Einsamkeitsformen und ihre Überwindung durch neue Wirklichkeitsstrukturen

In der von uns verfolgten Linie der Einsamkeitsentwicklung hatte Schnitzlers Roman eigentlich eine Ausnahme bedeutet. Das Genüßlich-Schwelgerische dieser Einsamkeit steht in einem auffallend antithetischen Verhältnis zu dem Prozeß des sich ständig vertiefenden inneren Alleinseins und bewußt erfahrenen Abseitsstehens. Die nun folgende Auseinandersetzung mit dem Einsamkeitsphänomen in Friedrich Huchs „Mao" und Rilkes „Aufzeichnungen des Malte Laurids Brigge" wird zeigen, daß die impressionistische Einsamkeitserfahrung, so, wie sie in dem Roman „Der Weg ins Freie" Gestalt gewinnt, nicht richtungsbildend wird und keine neue Entwicklung innerhalb dieser Untersuchung markiert. Es handelt sich hier im gewissen Sinne um die primäre Erscheinungsform einer Befreiung, vergleichbar derjenigen, wie sie der Renaissancemensch nach der Loslösung aus dem mittelalterlichen Dogmatismus erfuhr. Die impressionistische Entbindung des Ich aus jedem transpersonalen Sinnbezug bewirkte zunächst, ähnlich wie die Entdeckung der Einzelindividualität in Petrarcas Jahrhundert, spontanen Selbstgenuß und Freude am eigenen So-Sein, ohne daß die Kehrseiten dieser Entdeckung an Relevanz gewannen. Einsamkeit ist erfüllt von der Faszination am eigenen Ich, und die unumgängliche Leiderfahrung dieser Ichhaftigkeit bleibt anderen Menschen und anderen Epochen vorbehalten. Die Konkretisierung dieser „anderen" Menschen findet sich in den Protagonisten des hier zu behandelnden Abschnitts. Anstatt Einsamkeitsschwärmerei erfahren sie die Schicksalhaftigkeit des Alleinseins. Es hatte nur des Erwachens aus dem optimistischen Einsamkeitsrausch durch härtere Lebensanforderungen bedurft, um das Trügerische dieses Glücksgefühls und die Abgrundtiefe hinter dieser primären Einsamkeitsvorliebe zu entlarven. Melancholische Schwermut vertieft sich nun zu einem Schwernehmen des Lebens, und das sentimentale Auskosten von Abschiedsstimmungen weicht einer leidvoll empfundenen Abgeschiedenheit.

Zunächst handelt es sich um das gleiche, bereits beschriebene impressionistische Lebensgefühl. Stimmungsabhängigkeit und Augenblicksbezogenheit bestimmen die assoziative Erlebnisart. Nicht die traditionellen Wertungen, sondern die eigenen unmittelbaren Empfindungen werden zur maßgeblichen Erkenntnisinstanz. Sowohl Malte als auch Thomas lassen sich ohne apriorische Vorbehalte von Dingen und Geschehnissen im wahrsten Sinne des Wortes *beeindrucken*. Wie wichtig sie ihr Selbst nehmen, bestätigen die zahlreichen, minuziösen Beschreibungen ihrer Empfindungen und Gefühle. Eine von ihrem Ich abgetrennte Wirklichkeit besitzt keinerlei Verbindlichkeit für sie. Die solipsistische Befangenheit der Helden erfährt eine weitere Intensivierung. Das Ich wird zum ausschließlichen Kristallisationspunkt allen Geschehens. Anders aber als Georg, der den Schmerz aus seinem Erfahrungsbereich ausklammern konnte, indem er ihn in „Freuden der Phantasie" umwandelte und sein natürliches Geborgenheitsgefühl nie verlor, nehmen Thomas und Malte die ganze Leiderfahrung in ihre Einsamkeit hinein und vermögen der Verunsicherung ihrer Existenz nicht mehr auszuweichen.

Es bedarf keiner weiteren Erklärung, daß Rilkes „Aufzeichnungen", die eine einzige Hymne auf die Einsamkeit bedeuten, einen notwendigen Platz innerhalb dieses Kapitels einnehmen. Die gleichzeitige Einbeziehung von Friedrich Huchs „Mao" dagegen muß erläutert werden. Da es sich in Thomas' Fall um die Vereinsamung eines Heranwachsenden handelt, mag es erstaunen, daß dieser Roman nicht bereits den „Frühstufen" zugeordnet wurde. Auch in der spärlichen Sekundärliteratur, in der „Mao" überhaupt Erwähnung findet, in Soergel-Hohoffs „Dichtung und Dichter der Zeit", wird er im Zusammenhang mit „Freund Hein", „Unterm Rad" und „Törleß" gesehen[50]. Gewisse äußerliche Motivwiederholungen mögen die Wesensunterschiede, die zwischen Thomas und den anderen Jugendlichen bestehen und die Verwandtschaft zu Malte, verdeckt haben. Die folgende Analyse wird die Zugehörigkeit dieses Romans zur Malte-Welt evident machen. Vorwegnehmend sei bereits betont, daß Thomas' Vereinsamung weder, wie im Fall von Hans Giebenrath und Heinrich Lindner, im Soziologischen noch, wie bei Törleß, im Psychologischen verwurzelt ist. Für ihn wird, ähnlich wie für Malte, Einsamkeit zum existentiellen Grunderlebnis schlechthin. Das hat zur Folge, daß das Gefühl der Isolation nicht erst von einem bestimmten Entwicklungsstadium an an Relevanz gewinnt, sondern bereits der kindlichen Erfahrungswirklichkeit immanent ist. Während im vorangegangenen Kapitel die Heranwachsenden, die etwa 13 bis 15-Jährigen, mit dem Erlebnis der Einsamkeit konfrontiert wurden, setzt nun diese Konfrontation bereits in der Kindheit ein. Das bedeutet aber nicht nur eine nochmalige Vorverlegung, und damit quantitative Erweiterung des Einsamkeitsphänomens, sondern etwas substantiell anderes. Die Psychologie datiert das Einsamkeitsbewußtsein im Zusammenhang mit der beginnenden Pubertät. Abgesehen von vorübergehenden und unausgeformten Verlassenheitsgefühlen, die durch räumliche Veränderungen oder Abwesenheit der Eltern bewirkt werden können, kann man in der Kindheit von einer Vereinsamung „im eigentlichen Sinne noch gar nicht sprechen. . . . Ein seiner Einsamkeit bewußt gewordenes Kind wäre schon kein Kind mehr[51]".

Das Gemeinsame von Thomas' und Maltes Einsamkeitserfahrung ist zunächst, daß sie, aus psychologischer Sicht, etwas Atypisches darstellt, etwas, was über die Norm dessen, was erfahrbar ist, hinausgeht und in den Bereich des Exzessiven gehört. Darüber hinaus aber ist es von wesentlicher Bedeutung, daß in beiden Fällen die Begleiterscheinung dieser Einsamkeit die Angst ist. Jetzt wird einleuchtend, warum „Mao" im Zusammenhang mit den „Aufzeichnungen" und nicht mit den „Frühstufen" behandelt wird. Angst, so wie sie von der Existenzphilosophie, und wohl zum erstenmal von deren „Ahnherr" Kierkegaard, beschrieben wird, Angst, die „von Furcht und ähnlichen Zuständen wohl zu unterscheiden ist[52]", wird in dieser Intensität von den anderen jugendlichen Protagonisten in ihrer Einsamkeit nicht durchlebt. Wenn es heißt, daß Hans Giebenrath, Heinrich Lindner oder Hanno Buddenbrook Angst vor den schulischen Anforderungen haben, oder Törleß vor dem Alleinsein im dunkelnden Wald, handelt es sich im genauen Sinne nicht um Angst, sondern um Furcht, denn nur die „Furcht" bezieht „sich stets auf etwas Bestimmtes, während die Angst die Wirklichkeit der Freiheit als Möglichkeit vor der Möglichkeit ist[53]". Angst kann daher nicht auf eine äußere causa bezogen werden, sondern wurzelt objektlos im Existentiellen. Hinter der vordergründigen Sicherheit der Erscheinungswelt lauert die Unheimlichkeit, die den Menschen jederzeit bedrohen kann.

118

„Dort stand der Schrank, und dort sein Bett, und hoch über ihm hing das alte Bild mit seinem blinden Glase; alles war genau, wie er es seit immer kannte. . . . Da hörte er das Geräusch der kleinen Penduluhr . . . Er war an ihren Ton gewöhnt, und doch hörte er sie jetzt zum ersten Male wirklich . . . Viel lauter klangen die Bewegungen. Sie wurden schneller und schneller, und schließlich war es so, als ob irgend etwas Schreckliches, das sich schon lange näherte, im nächsten Augenblick auf ihn hereinbrach. Voll Angst lief er hinaus. — Die Uhr wollte mir etwas tun! flüsterte er leidenschaftlich . . .[54]"

Diese Stelle aus „Mao" könnte — das syntaktische Gefüge einmal außer acht gelassen — von ihrem Erfahrungsgehalt her, auch in den „Aufzeichnungen" vorkommen. Aber nicht nur dieser und noch anderer emotionaler Ähnlichkeiten wegen scheint mir die Einbeziehung von „Mao" wesentlich. Das Hauptinteresse für diese Untersuchung besteht darin, daß in beiden Romanen eine ähnlich empfundene Einsamkeitsvorliebe zu völlig divergierenden Lebenshaltungen führt. Das Problem der Dekadenz, das sich bei einem so entschiedenen Alleingang stellt, wird zum Prüfstein für den jeweiligen Protagonisten.

Das Besondere dieses Kapitels innerhalb der Gesamtuntersuchung liegt ja darin, daß hier das Individuum zum erstenmal einsam sein *will*. Diese Einsamkeitsliebe, die nicht mehr in Gemeinschaft münden will, stellt die Beziehung dieses Abschnitts zu dem vorangegangenen her. Während Georg — wie ja ausführlich erläutert wurde — dem Genüßlichen der Einsamkeit verhaftet bleibt und im Rilkeschen Sinn nur eine Scheineinsamkeit erfährt, weitet sich für Thomas und Malte das Erlebnis des Alleinseins zu einer existenzbedrohenden Leiderfahrung. Wenn sie sich dennoch so rückhaltlos dazu bekennen — besonders „Die Aufzeichnungen" bedeuten ja nichts anderes, als ein einziges, immer wieder variiertes und gesteigertes Bekenntnis zur Einsamkeit —, so deshalb, weil sie in die Gemeinschaft, wie sie sie in der realen Welt gelebt sehen, kein Vertrauen mehr haben. Sie kommt ihnen sinnentleert, unecht, falsch und nur „wie verabredet" vor und scheint sich gerade da nicht zu bewähren, wo sie nötig wäre. Die Tatsache, daß Thomas in seiner Erschütterung über den möglichen Hausverkauf, in Gegenwart seiner Verwandten von seiner Mutter keinerlei Hilfe erhält, ist aufschlußreich für die Vordergründigkeit menschlicher Bindungen. „Thomas warf einen schnellen, schutzsuchenden Blick auf seine Mutter; aber sie hörte aufmerksam und höflich [dem Hausverkaufsthema] zu, als handle es sich um irgendeinen gleichgültigen Gegenstand[55]." Diesem Vorfall muß insofern Gewicht beigemessen werden, da es sich ja nicht um die literarisch traditionelle Wesensverschiedenheit von Vater und Sohn handelt, wie sie im Fall von Hans Giebenrath, Heinrich Lindner oder auch Hanno Buddenbrook zu Tage tritt, sondern um eine dem Protagonisten ähnlich sensible Mutter, die trotz dieser charakterlichen Analogie der Hilflosigkeit des Sohnes keinen Beistand gewähren kann und nicht über die Rolle der nur Halbvertrauten hinauskommt. Selbst die elementarsten Bindungen, wie die der Mutter zum Kind, erweisen sich damit als unzulänglich, und ihre Schutzfunktion versagt vor dem Anspruch der Konvention. Für das sensitive Individuum ist es daher nur eine Frage der Zeit, wann es sich, nach wiederholter Frustration, auch von den Nächsten zurückzieht und in sich selbst verkapselt.

Eine ähnliche Kindheitserfahrung macht auch Malte Laurids Brigge anläßlich seiner Geburtstage durch. Um das Funktionieren dieser rechtmäßigen Festtage zu garantieren und die „Fremdheit" der Freuden zu überbrücken, bedarf es eines beträchtlichen Maßes an kindlicher Anpassung und Heuchelei. Die auf diese Weise hergestellte Gemeinsamkeit wurzelt daher keineswegs in einem Gemeinen-Sein, sondern beruht — gerade im Gegenteil — auf gegenseitigen Täuschungen und Mißverständnissen[56]. In diesem Zusammenhang sei nur kurz hingewiesen auf die indignierte Reaktion der Frau Elisabeth, anläßlich der von der Tochter selbst inszenierten Geburtstagsfeier. Es überschreitet das Verständnisvermögen der Mutter, daß das Kind sich gegen die ihm zudiktierte Freude wehrt und stattdessen seine *eigene* Freude gestalten will. „Aber der Geburtstag ist doch für mich und nicht für euch; und wenn ich mich so am meisten freue, wie ich möchte, dann muß das doch euch wieder am meisten freuen, denn ihr freut euch doch an meiner Freude[57]!"

Thomas und Malte durchschauen schon frühzeitig, daß die menschlichen Beziehungen kodifizierten Verhaltensweisen unterliegen und daß die Wahrhaftigkeit des Einzelnen dabei nicht nur eine sehr sekundäre Rolle spielt, sondern meistenfalls sogar entbehrlich ist. Sie sehen die Brüchigkeit hinter dieser vordergründigen Gemeinschaft, das „Verabredete" — wie Rilke es nennt — und wenden sich von ihr ab. Alleinsein erscheint ihnen erstrebenswerter als Pseudo-Gemeinsein. Interessant ist — und darin liegt eine bedeutsame Parallelität der Romane —, daß beide ihr Schutzbedürfnis

120

auf etwas Außermenschliches transponieren. Malte findet in der Hingabe an die Dinge ein Äquivalent für die „überwundene" Gemeinschaft, und Thomas begibt sich unter den Schutz des alten Hauses. Es handelt sich dabei für beide nicht um beliebige Dinge, sondern um solche, die bereits die Patina des Alten aufweisen und gewissermaßen vergangenheitsträchtig sind. Für Thomas sind es vor allem das alte Haus, dessen Entstehungszeit weit in das vorige Jahrhundert zurückreicht, das verwitterte Wappen, die ererbten Möbel, das geheimnisvolle alte Bild „hinter dem blinden Glase", die alten Bäume und der durch Jahrhunderte „unverändert gebliebene hohe Turm". Diese Vorliebe für Vergangenes gerät ins Dekadente, wenn es heißt: „... mit leisem Schauer atmete er die dunstige uralte Luft[58]", oder sogar „Das ist nun, ... Staub, der da unten schon viele hundert Jahre gelegen hat. — Er berührte den kleinen Finger leise mit der Zungenspitze und die starke Vorstellung ließ ihn schwindeln[59]." Auch für Malte besitzt das merkwürdige alte Schloß seiner Kindheit eine ähnliche Faszination. Die Ahnengalerie, die alten Kostüme, verblichene Briefe und das kleine grüne Buch der Mathilde Brahe stellen den Bezug zur Vergangenheit her, für die er so überaus empfänglich ist. Die Vorstellung von alten Häusern erweckt auch bei ihm das Gefühl der Geborgenheit. So heißt es einmal: „O was für ein glückliches Schicksal, in der stillen Stube eines ererbten Hauses zu sitzen unter lauter ruhigen, seßhaften Dingen ...[60]" Im Gegensatz zu den Menschen gewähren die Dinge durch ihr beständiges, unveränderbares Sein dem Einzelnen in seiner Vereinsamung Sicherheit, und ihre Verläßlichkeit wird umso stärker empfunden, je mehr sie mit Vergangenheit befrachtet sind. Selbst ein so körperloser und flüchtiger Stoff wie Staub gewinnt an Bedeutung, wenn er der Staub von Jahrhunderten ist. Die Besonderheit dieser Dingbeziehung liegt darin, daß es sich dabei weder um einen reinen Dingfetischismus noch um eine Gegenstandspersonifizierung handelt. Es geht hier eher um eine Perzeptibilität für eine dingliche Wesenhaftigkeit, die einerseits außerhalb des menschlichen Seinsbereichs existiert und andererseits doch der menschlichen Zuwendung bedarf. Dementsprechend heißt es von den Bildern in der Galerie zu Urnekloster: „... wenn ich sie so von unten beschien, so rührten sie sich und wollten ans Licht, und es schien mir herzlos, das nicht wenigstens abzuwarten[61]." Martini spricht von einem „Schauen" ... „das das Ding als Ganzheit aufnimmt, bis zu jenem geistigen inneren Punkt vordringend, in dem es zur Einheit zusammengehalten wird. Denn man kommt nur zu der Wahrheit der Dinge, indem man ihre Innenform schauend-fühlend mit der eigenen Seele abtastet. Dann befreit das Wort sie aus der Verzauberung ihres Schweigens[62]." So rettet sich der Einzelne, der in der Gemeinschaft mit den Menschen keine Verläßlichkeit mehr findet, „in die behütete Welt der stillen Dinge . . ."[63] „Die Echtheit der Dinge beruhte darin, daß sie Speicher des Seelischen waren und so Innerliches in der äußeren Welt zur Geltung brachten[64]." Während sich der Mensch der Raabeschen und Fontaneschen Fiktion in der Welt des Nur-Dinglichen isoliert und verkümmert vorkommt und diese Empfindung erst in einer menschlichen Gemeinschaft überwindet, erfahren Malte und Thomas ihre Verlassenheit besonders im Zusammensein mit anderen. Erst im Umgang mit den Dingen können sie ihr Gleichgewicht wiedergewinnen. Bei Thomas konzentriert sich dieses Sicherheitsgefühl vor allem auf das alte Haus. Die Angst und Verlassenheit, die ihn häufig in Gegenwart seines Vaters befällt, „ward geringer, zerging und löste sich . . .", wenn er in einem versteckten Winkel des Hauses war, „allein, ohne daß jemand von ihm wußte[65]".

Daraus ist hinlänglich deutlich geworden, einen wie großen Einfluß das Ungenügen an der Gemeinschaft, so wie sie in der Wirklichkeit existiert, auf den Rückzug aus der Bindung gehabt hat. Dennoch wäre es voreilig, diese Einsamkeit daraufhin ausschließlich aus der Unzulänglichkeit der anderen herzuleiten und hauptsächlich als eine resignative Reaktion des Einzelnen zu verstehen. Entscheidender noch als die anderen ist für Malte und Thomas das eigene Ich, das in seiner komplizierten Beschaffenheit erst durch die Lösung aus aller Gemeinschaft, im Zustand des Alleinseins, zu einem harmonischen Erlebnis seiner selbst gelangt. Daraus erklärt sich das Widerspruchsvoll-Vielschichtige dieser Einsamkeit, die sowohl gewollt und gewählt, aber gleichzeitig auch so tief erlitten wird, daß es Augenblicke gibt, in denen sie Malte kaum bestehen kann.

„Denn nun wußte ich, daß es dort hinaus immer gleich teilnahmslos weiterging, daß auch draußen nichts als meine Einsamkeit war. Die Einsamkeit, die ich über mich gebracht hatte und zu deren Größe mein Herz in keinem Verhältnis mehr stand. Menschen fielen mir ein, von denen ich einmal fortgegangen war, und ich begriff nicht, wie man Menschen verlassen konnte[66]."

Die Voraussetzung für die existentielle Selbstverwirklichung ist die richtige Wahrnehmung der Wirklichkeit, da sich das individuelle Sein korrelativ zu den Kategorien des Seienden verhält. Dazu ist es nötig, daß man sich von der Gemeinschaft isoliert, um den traditionellen Denk- und Urteilsgewohnheiten zu entgehen und die tiefsten Schichten alles Existierenden aus ihrer konventionellen Verkleidung befreit. Rilke mißt der Einsamkeit den gleichen kathartischen Wert bei, den schon Nietzsche ihr zuschrieb, wenn er mahnt, „Fliehe, mein Freund, in deine Einsamkeit! Ich sehe dich betäubt vom Lärme der großen Männer und zerstochen von den Stacheln der kleinen[67]", oder „Einsamer, du gehst den Weg zu dir selber[68]", und folgert „Unter vielen lebe ich wie viele und denke nicht wie ich[69]".

Vom ersten Satz der „Aufzeichnungen" an wird deutlich, wie sehr es in dieser Einsamkeit um eine Neudeutung der Wirklichkeit geht. Die beiden einleitenden Absätze präludieren bereits die krasse Antithetik zwischen dem Einsamen und der Menge, die in immer wiederkehrender variierter Form die Grundstruktur der Gesamtkomposition charakterisiert: „So, also hierher kommen die Leute, um zu leben, ich würde eher meinen, es stürbe sich hier[70]." Antithetisch steht nicht nur das Ich den Leuten, sondern ebenfalls das Sterben dem Leben gegenüber. Hinter der chiffrierten Aussage, daß man nach Paris kommt, um zu leben, verbirgt sich das traditionelle Klischee der unbegrenzten Genußmöglichkeiten, die Faszination der belle-époque und der Frivolität — eine Zeit, der Leichtlebigkeit das Synonym für Leben schlechthin bedeutet. Der konventionellen und präfabrizierten Wirklichkeit der Leute steht die individuelle Wirklichkeit des Ich gegenüber. Das, was diese Erfahrungsdivergenz bewirkt, die zu der Polarität von Leben und Sterben führt, ist das Erlebnis der Einsamkeit. Unabhängig von der herkömmlichen Vorstellungsart, als ein Abgesonderter und von keinem Menschen Beeinflußter, kann Brigge seine eigenen *Einsichten* gewinnen[71]. Er gewinnt sie, indem er sich auf impressionistische Art zunächst auf seine Sinnesorgane verläßt. Er versucht daher keineswegs, die Meinung der Leute in einem dialektischen Verfahren zu widerlegen, sondern beschreibt in fast protokollarischer Verknappung das, was er sieht:

„Ich habe gesehen: Hospitäler. Ich habe einen Menschen gesehen, welcher schwankte und umsank ... Ich habe eine schwangere Frau gesehen. Sie schob sich schwer an einer hohen, warmen Mauer entlang, nach der sie manchmal tastete, wie um sich zu überzeugen, ob sie noch da sei. ... Die Gasse begann von allen Seiten zu riechen. Es roch ... nach Jodoform, nach dem Fett von pommes frites, nach Angst ... Dann habe ich ein eigentümlich starblindes Haus gesehen, es war im Plan nicht zu finden, aber über der Tür stand noch ziemlich leserlich: Asyl de nuit ... Und sonst? ein Kind, in einem stehenden Kinderwagen: es war dick, grünlich und hatte einen deutlichen Ausschlag auf der Stirn, ... der Mund war offen, atmete Jodoform, pommes frites, Angst. Das war nun mal so. Die Hauptsache war, daß man lebte[72]."

Das Erstaunliche ist nun, daß die Ansicht der Leute vor den Wahrnehmungen des Einzelnen an Evidenz verliert. Die Wirklichkeit der Hospitäler, die Leidanfälligkeit und Ausgesetztheit der Alltagsmenschen hat die belle-époque vollständig verdrängt. Wenn am Schluß behauptet wird, daß das Wichtigste ist, daß man lebt, steht dieses Leben jetzt in einem diametralen Gegensatz zu seiner einleitenden Bedeutung. Während der ersten Aussage die Ausklammerung des Leids implizit ist und erst durch dieses Nicht-Sehen Leben möglich ist, bezieht die abschließende Behauptung das Leid als substantielle Erfahrung mit ein und transponiert den Begriff des Lebens ins Existentielle. Damit geht der Protagonist weit über das Impressionistische hinaus. Die eigene unmittelbare Empfindung ist nur der Ausgangspunkt seiner Erfahrung. Brigge bleibt nicht im Impressiven befangen, sondern versucht mittels seines einsamen und unabgelenkten Sehens den konventionellen Wirklichkeitsverharmlosungen zu entgehen und die Eigentlichkeit von Dingen und Geschehnissen zu erkennen. Es geht ihm letzten Endes um die authentische Erfassung der seienden Welt.

„Ist es möglich, ... daß man noch nichts Wirkliches und Wichtiges gesehen, erkannt und gesagt hat? Ist es möglich, daß man Jahrtausende Zeit gehabt hat, zu schauen, nachzudenken und aufzuzeichnen, und daß man die Jahrtausende hat vergehen lassen wie eine Schulpause, in der man sein Butterbrot ißt und einen Apfel? Ja, es ist möglich. Ist es möglich, daß man trotz Erfindungen und Fortschritten, trotz Kultur, Religion und Weltweisheit an der Oberfläche des Lebens geblieben ist? Ist es möglich, daß man sogar diese Oberfläche, die doch immerhin etwas gewesen wäre, mit einem unglaublich langweiligen Stoff überzogen hat, so daß sie aussieht wie die Salonmöbel in den Sommerferien? Ja, es ist möglich. Ist es möglich, daß die Vergangenheit falsch ist, weil man immer von ihren

Massen gesprochen hat, gerade, als ob man von einem Zusammenlauf vieler Menschen erzählte, statt von dem Einen zu sagen, um den sie herumstanden, weil er fremd war und starb? [73] "

Die Beziehung dieses Abschnitts zu dem einleitenden ist evident. Wieder stehen Einzelner und Masse in einem antithetischen Verhältnis zueinander. Der Kausalzusammenhang von Einsamkeit und Wirklichkeit wird noch einmal aufgezeigt: wenn man jahrtausendelang „an der Oberfläche des Lebens geblieben ist" und die Wirklichkeit versäumt hat, hat das vornehmlich seinen Grund darin, daß man dem Einen und Einsamen kein Gehör geschenkt hat, — ihm, dessen Leben nicht in Zerstreuung zerrinnt, der allein zu sehen versteht und der zum Deuter des Lebens berufen wäre. Einsamkeit und Zerstreuung werden zu polaren Seinsmöglichkeiten. So, wie in der vorangegangenen Parisbeschreibung der Begriff des Lebens ins Existentielle geweitet wird, wird hier die Wirklichkeit ins Metaphysische transponiert. Die Einsamkeit wird zum Preis, der für die Rilkesche Wirklichkeit zu zahlen ist. Dieser Preis enthält aber gleichzeitig seine transzendente Belohnung. Daraus ergibt sich das scheinbare Paradoxon, daß gerade der Einsame, wenn er sich von dem, was die Leute Leben nennen, entfernt, durch die Vordergründigkeit der Erscheinungen hindurch, zum einzig authentischen Leben gelangt.

Es ist deutlich geworden, wie stark sich Selbstverwirklichung und Wirklichkeitserkenntnis bedingen. Erst durch das richtige „Sehen", erst dann, wenn „alles Erwartete" aufgegeben wird „für das Wirkliche, selbst wenn es arg ist[74] ", dringt man auf die Ursubstanz des eigenen Seins. Das ist aber nur möglich „um den Preis des Alleinseins[75] ". Damit es jedoch zu einer derartigen Seinssteigerung, zu diesem spezifisch Rilkeschen „Umschlag" kommt, muß der Mensch das Äußerste leisten. Allein, ohne Beistand, muß der Einzelne den zahlreichen Verlockungen und Verführungen der Welt widerstehen und das Elend als die eigentliche Substanz des Lebens ganz in sich hineinnehmen. „Denn die Herrlichkeit ist nur ein Augenblick, und wir haben nie etwas längeres gesehen als das Elend[76] ." Zahlreiche Hinweise am Anfang der „Aufzeichnungen" verdeutlichen, wie schwer diese Aufgabe der Einsamkeit zu erfüllen ist, welche Angstzustände sie hervorruft und wie sehr ihr Brigge immer wieder auszuweichen versucht:

„Und ich wehre mich noch. Ich wehre mich, obwohl ich weiß, daß mir das Herz schon heraushängt und daß ich doch nicht mehr leben kann, auch wenn meine Quäler jetzt von mir abließen. . . .Wenn meine Furcht nicht so groß wäre, so würde ich mich damit trösten, daß es nicht unmöglich ist, alles anders zu sehen und doch zu leben. Aber ich fürchte mich, ich fürchte mich namenlos vor dieser Veränderung. Ich bin ja noch gar nicht in dieser Welt eingewöhnt, die mir gut scheint. Was soll ich in einer anderen? Ich würde so gern unter den Bedeutungen bleiben, die mir lieb geworden sind . . .[77]"

Hier bildet sich der Schnittpunkt zu Thomas, dem anderen Einsamen dieses Kapitels Während Brigge um das ganze Schwere und die Verpflichtung seiner Einsamkeit, um das was zu leisten ist, weiß, wird sie für Thomas zur Flucht vor einer zu schwer gewordenen Wirklichkeit. *Allein* ist er der Konfrontation mit der Andersartigkeit seiner Mitmenschen enthoben, von den Ansprüchen der Alltäglichkeit entbunden und frei, sich ungehemmt seinen Träumereien zu überlassen. Das alte Haus mit seinen zahlreichen Räumen und Gängen, verwinkelten Treppen und versteckten Nischen, mit seinem nach hinten gelegenen, wie vor den Blicken der Neugierigen sich verbergenden Garten, wird zum Symbol dieser schützenden Einsamkeit, in der sich Thomas seinen weltabgewandten Beschäftigungen hingibt. Alleinsein und Wirklichkeit sind nun nicht mehr Korrelate, sondern Gegensätze, denn die Einsamkeit wird zur arkadischen Insel, auf der die Wirklichkeit ihre Daseinsberechtigung verliert. Alleinsein bedeutet nicht mehr die Prämisse zum unabgelenkten „Sehen" wie bei Malte, sondern nur noch die Voraussetzung zum ungestörten Träumen.

Dieses Nicht-Sehen-Wollen ist eine Besonderheit Thomas', die bis in seine früheste Kindheit zurückzuverfolgen ist. „Ein merkwürdiges Kind! hatte der Justizrat einst gesagt. . . Und eine Zeitlang glaubte er, es sei überhaupt blind, da es nicht, so wie früher Ursula, die Augen drehte nach den Gegenständen, die er über seinem Kopf hin und her schwang[78]." Was zunächst noch als rein somatische Eigenart aufgefaßt werden könnte, entwickelt sich im Verlaufe der Zeit immer mehr zu einem spezifischen Wesenszug des Protagonisten. Als er zum erstenmal aus der Entfernung, von der Turmhöhe her, sein Haus sieht, erfährt er eine starke innere Erschütterung:

126

„ . . . Rauch qualmte wie aus den anderen Häusern. Einförmig lag es zwischen sie eingezwängt, nüchtern und abweisend wie alle andern. Die Tränen traten ihm in die Augen. — Es ist alles ganz anders in Wirklichkeit! . . . Ich will es nicht sehen! dachte er und wandte den Blick hinweg. Eine tiefe Traurigkeit legte sich auf sein Herz. Es ist ganz anders in Wirklichkeit! dachte er abermals[79]."

Krass steht dies „Ich will es nicht sehen" dem Rilkeschen „Ich habe gesehen" gegenüber. Der Verzicht auf die Wirklichkeitserfahrung und das Bekenntnis zum Scheuklappendasein treten deutlich zutage, und das Dekadente dieser Einsamkeitsliebe ist unübersehbar. Daneben aber ist noch etwas anderes von ganz besonderem Interesse: nämlich die vom Protagonisten vollzogene Anerkennung der Wirklichkeit als Wirklichkeit. „Es ist ganz anders in Wirklichkeit", stellt Thomas fest und bringt auf diese Weise sein Einverständnis zum Ausdruck, das momentan Wahrgenommene als die Wirklichkeit zu akzeptieren, an der sich sein inneres Wissen um die Besonderheit und Einmaligkeit des Hauses — also seine individuelle Wirklichkeit — relativiert. Malte hätte in einer ähnlichen Situation „Es ist ganz anders *als* in Wirklichkeit" gesagt und infolgedessen nicht die Erscheinung, sondern seine eigene Wirklichkeit als Maßstab gesetzt. Hinter der vordergründigen Banalität hätte er die Wesenhaftigkeit der Dinge erkannt, da das äußere Erscheinungsbild keineswegs den gültigen Beweis ihrer tatsächlichen Realität für ihn konstituiert. Vergangenes oder Fiktives kann Wirklichkeit substituieren, sobald es als solche erfahren wird. Bettine kann ihm „wirklicher" werden als Abelone, die er doch tatsächlich gekannt und auf verborgene Weise geliebt hat[80].

Thomas' träumerische Wirklichkeit kann dem Anspruch der Realität nicht standhalten. Während Maltes, in der Einsamkeit gelerntes, intensives Sehen eine neue geistige Wirklichkeit schafft, vor der die traditionelle Erscheinungswelt ihre Relevanz verliert, bedarf Thomas der Einsamkeit, um der Realität dieser Erscheinungswelt zu entfliehen, da seine eigene Vision zu schwach ist, um vor ihrer Mächtigkeit zu bestehen. Hier wird die Wirklichkeit zum Preis, der für die Einsamkeit zu zahlen ist. In diesem Zusammenhang gewinnt auch Thomas' Wunsch, ohne Eltern zu sein, seine Bedeutung:

„Und er malte sich aus, wie seine Mutter, sein Vater und alle andern nicht mehr im Hause wären, wie er das Tor ein für allemal verrammelte, wie er die Fenster, die nach der Straße gingen, für immer dicht verhängte, und es nicht gestattete, daß von außen ein Lichtstrahl in die Zimmer drang, und wie er einsam für sich leben würde . . . und die Bäume wuchsen so hoch und dicht, daß auch vom Turm her niemand auf den Rasen, in die Fenster schauen konnte[81]."

Die auffällige Parallelität zum „verlorenen Sohn" der Aufzeichnungen, zu dem, der sich ebenfalls ohne Eltern wünscht, erweist sich bei näherer Betrachtung als eine nur scheinbare. Der gemeinsame Wunsch nach Elternlosigkeit entspringt einem völlig entgegengesetzten Bedürfnis. Während „der verlorene Sohn" frei sein möchte, um sich selbst zu finden und neue Seinsmöglichkeiten zu verwirklichen, also progressiv handelt, ist Thomas' Einsamkeitssehnsucht hauptsächlich defensiver Natur und hat gewissermaßen etwas Lichtscheues an sich. „Das verrammelte Tor", „die verhängten Fenster" und die hohen, schützenden Bäume zeugen von dem Bedürfnis, sich der Tageshelle der Wirklichkeit zu entziehen und einer Auseinandersetzung, selbst mit dem Nächsten, zu entgehen, so, als ob das Alleinsein wie ein sorgsam gehüteter Schatz vor den Augen der anderen zerbricht. Einsamkeit wird zum Synonym für Nicht-Sehen-Müssen, zum Garanten einer passiv regressiven Lebenshaltung und auf diese Weise auf einen embryonalen Zustand reduziert.

Es ist infolgedessen auch nicht verwunderlich, daß der einzige Versuch, den Thomas unternimmt, um mit einem Menschen Freundschaft zu halten, scheitert. Als ihm Alexander, mit dem er sich in der Phantasie schon so lange beschäftigt und den er im stillen zum Herrn des Hauses bestimmt hatte, endlich auch in Wirklichkeit gegenübersteht, empfindet er hauptsächlich „Angst" und „Unbehagen". Es war ihm ja von Anfang an gar nicht um eine wirkliche Beziehung gegangen, sondern um die Personifizierung eines Wunschbildes, um die Konkretisierung seiner Phantastereien in der Gestalt eines patrizisch aussehenden Klassenkameraden. Infolgedessen erwartet er von Alexander auch gar keinen wirklichen Gedankenaustausch, sondern eine ganz bestimmte, der ihm zugedachten Rolle entsprechende Reaktion. Als diese ausbleibt und der andere sogar an seinem Heiligtum, dem Haus, Kritik übt, steigern sich seine Enttäuschung und sein Unbehagen. Er erkennt, daß er an dem wirklichen Alexander gar kein Interesse hat. Er „weigert sich . . . den Verkehr fortzusetzen[82]", und zieht sich in seine Einsamkeit wie in ein Schneckenhaus zurück, um sich jenem Alexander zu

128

widmen, „den seine Sehnsucht sich geschaffen hatte[83]". Da seine kultisch-schwärmerische Verehrung einer äußeren Versinnbildlichung bedarf, überträgt er seine Alexander-Vision auf das verblichene Knabenbildnis Mao. In dem träumerisch-schwelgerischen Umgang mit dem Bilde ist er jeder aktiven Stellungnahme und Auseinandersetzung enthoben, da die Dinge ihm keinen Widerstand entgegensetzen, sondern nur seine eigene Wunschvorstellung reflektieren. So endet sein kurzer Ausbruch aus der Einsamkeit mit der Aufgabe jeder personalen Bindung und der Rückbesinnung auf den vertrauten Umgang mit den Dingen. Auf diese Weise knüpft er wieder an die Gefühlsstufe seiner frühesten Kindheit an. Während die Schwester viele Freundinnen hatte, „konnte es geschehen, daß er draußen auf der Straße ein Kind sah, dessen Bild sich mit Heftigkeit in sein Herz eingrub, das er dann kaum wiedersah und so lange nicht vergaß, bis es durch ein anderes Bild ersetzt ward[84]". Was im Zustand der Kindheit als Ausdruck einer versponnenen Schüchternheit gewertet werden kann, gerät ins Dekadente, wenn es zur ausschließlichen Lebenshaltung wird.

Thomas' introvertierte Empfindungsweise macht im Verlaufe der Romanhandlung keinerlei Entwicklung durch, sondern bewegt sich ständig auf der gleichen dekadenten Gefühlsebene. Im Gegensatz dazu ist an den „Aufzeichnungen" eine kontinuierliche Entwicklung des Protagonisten ablesbar. Sie äußert sich in dem, was Ernst F. Hoffmann „als das Paradox einer Spaltung des Individuums in das persönliche Erfassen der Welt einerseits und die erfassende Person andererseits[85]" bezeichnet, mit einem Wort, in der allmählichen Akzentverlegung vom Künstler auf die Kunst. Was Hoffmann als „das Paradox der Spaltung" ansieht, wird hier als ein Prozeß der Einsamkeitsbewältigung verstanden, denn „Wenn es in den späteren Aufzeichnungen nicht eigentlich um die Persönlichkeit des jungen Dichters Malte, sondern um seine Darstellung des Selbsterlebten und -gesehenen geht[86]", drückt sich darin der Beweis aus, daß Malte Laurids Brigge die sich selbst gestellte Aufgabe geleistet und sich aus dem Zustand des Erleidens in den des Gestaltens entwickelt hat. Insofern verhalten sich Erzähler und Erzähltes auch nicht antithetisch oder wie Hoffmann meint „gespalten", sondern korrelativ zu einander, denn die Andersartigkeit und Besonderheit des Erzählers, seine Fähigkeit, neu zu sehen und der mißverstandenen Welt ihr Geheimnis zu entlocken, spiegeln sich gerade im Erzählten. Wenn der Protagonist, unmittelbar nach dem Entschluß zu schreiben — um „etwas von dem Versäumten zu tun[87]" und mit der

Neudeutung der Wirklichkeit zu beginnen —, zunächst seine eigene Kindheit gestaltet, reflektiert sich darin das Bedürfnis, nichts „Ungefähres" zu schildern, Fehleinschätzungen vorzubeugen und erst einmal Bekanntes zu „leisten".

Es fällt dabei auf, daß dieser Kindheit bereits die ganze Problematik der Malte-Welt immanent ist. Leitmotivartig werden die Fragen nach dem Verhältnis des Einzelnen zur Gemeinschaft, des Lebens zur Wirklichkeit und der Bedeutung der Einsamkeit gestellt. Schon als Kind erlebt Malte die unüberbrückbare Kluft zwischen sich und den anderen, die tiefe Diskrepanz zwischen dem Einzelnen und der Gemeinschaft, die die durchlaufende Thematik der Gesamtdarstellung bildet. Er verwundert sich darüber, wie wenig von den Erwachsenen zu erwarten ist und wie unfähig sie zur Hilfe sind, „obwohl" er „doch klein war und" ihm „leicht zu helfen gewesen wäre[88]". Die Tatsache, daß das gleiche Phänomen einander ausschließende Reaktionen hervorruft und ein gemeinsames Empfinden verhindert, wird schon frühzeitig zum entscheidenden Erlebnisinhalt. Da gibt es die anderen, „die einen drollig fanden, wenn man gerade traurig war, und sich an einem belustigten wie an dem betrübten Gesicht gewisser Vögel . . .[89]", die da standen „und lachten", während man „selbst weinte", und deren „Grausamkeit . . . ohne Grenzen" war. Diese Vereinsamung in der Freude der anderen ist eine leitmotivische Vorwegnahme einer später immer wieder gemachten Erfahrung. Malte entwickelte sich — im Unterschied zu Thomas, der zu den Freuden der anderen in einem ähnlich abseitigen Verhältnis steht —, indem er über den Zustand einer ‚tristesse dolente‘ hinausgelangt und seine Erfahrung ins Künstlerische transponiert. Die „fremde" Wirklichkeit wird nun aus der Perspektive der eigenen Erfahrung ins Absurde geführt und bewältigt, indem die anderen als Fremde in ihrer eigenen Freude gesehen werden. Das Ergebnis sind Stimmungen wie beim „Fasching", bei denen es geradezu um die Pervertierung von traditionell sanktionierten Freuden geht:

„Denn es war Fasching und Abend, und die Leute hatten alle Zeit und trieben umher und rieben sich einer am andren. Und ihre Gesichter waren voll von dem Licht, das aus den Schaubuden kam, und das Lachen quoll aus ihren Munden wie Eiter aus offenen Stellen . . . Jemand warf mir eine Hand Confetti in die Augen, und es brannte wie eine Peitsche. An den Ecken waren die Menschen festgekeilt, einer in den andern geschoben, und es war keine Weiterbewegung in ihnen, nur ein leises, weiches Auf und Ab, als ob sie sich stehend paarten[90] ."

Neben diesem früh erfahrenen Ungenügen an jeder Gemeinsamkeit finden sich auch schon Zeugnisse, die den der Einsamkeit immanenten Erfahrungswert deutlich formulieren. „Wenn man aber allein spielte, wie immer, so konnte es doch geschehen, daß man diese vereinbarte, im ganzen harmlose Welt unversehens überschritt und unter Verhältnisse geriet, die völlig verschieden waren und gar nicht abzusehen[91]." Auch wenn im Verlaufe der „Aufzeichnungen" die Gestalt des Malte mehr und mehr in den Hintergrund gerät und die inhaltlichen Aussagen weitgehend um metahistorische und biblisch-poetische Persönlichkeiten kreisen, wird die Kontinuität der Komposition gewahrt, da es auch hier um die immer wiederkehrenden, dem Protagonisten von Anfang an wesentlichen Grundfragen geht. Jede Einzelepisode steht in einem besonderen Verhältnis zur Einsamkeit und kann als ein immer wieder variierter Versuch, das Alleinsein „zu bestehen" gewertet werden[92]. In dem Maße, in dem Malte eine dichterische Gestaltung gelingt, überwindet er seine Angst und bewältigt die Aufgabe seiner Einsamkeit.

An Brigges Beispiel wird die von Rehm beschriebene positive Umwandlung der Einsamkeit evident. Rilkes Protagonist kann, ebenso wie die starken Naturen eines Nietzsche oder Stendhal, aus seiner Not eine Tugend machen. Wie „bei Stendhal etwa entspringt das Beiseitetreten, das Pochen auf das Anders- und Einsamsein noch einer wirklichen Kraft; der Wille zur Bewahrung, zur Distanz war Ausdruck einer Lebensstärke, die auf die anderen verzichten konnte (oder zu können glaubte), ohne Schaden an der eigenen Seele zu nehmen. Der Verlust war hier noch als Gewinn gebucht[93]." Es handelt sich also im Fall von Brigge noch nicht, bzw. nicht mehr, um die dekadente „neue Einsamkeit". Es geht nicht um „die gähnende Leere und Schwäche einer kranken, lebensunfähigen (Natur), die sich vor dem Leben in die Einsamkeit flüchtet, weil sie diesem Leben nicht mehr gewachsen ist[94]". Maltes Einsamkeit ist keine Flucht in die Verantwortungslosigkeit, sondern Angriff auf vordergründige Weltgewohnheiten und widersinnige Kausalitäten. Sie ist nicht reaktiv, sondern aktiv.

Als repräsentativer Vertreter des von Rehm beschriebenen neuen Typus von Einsamkeit der ästhetisch-impressionistischen Dekadenz ist dagegen Thomas zu bewerten. Seine Einsamkeitsliebe, die sich fast bis zur

Einsamkeitssucht steigert, entspringt einer „Unkraft", einem Mangel an Vitalität und Willen, und ist von einer mimosenhaften Empfindlichkeit begleitet, die fast keine menschliche Begegnung verträgt. Hier handelt es sich um die Zuspitzung der Vereinsamung zum Einsamkeitskult, um einen Götzendienst am Innenleben, der in seiner einseitigen Rückwärtsschau und Idiosynkrasie gegen jede Veränderung ins Sterile gerät. Thomas läßt sich von den Dingen gewissermaßen einlullen und vollbringt im Rilkeschen Sinne in seiner Einsamkeit keine Leistung. Seine Imagination kommt nicht über das Träumerische hinaus und findet keinerlei Ausdruck in einer sichtbaren Produktivität. Es ist daher überaus bedeutsam, daß ihm anläßlich des Puppenspiels überhaupt nichts einfällt. „Ich weiß ja nichts", behauptet er, als er „gleich nach den ersten Worten nicht weiter konnte", so daß die Schwester „die Sache allein fertig[95]" spielen mußte. Wenn hier beim Puppentheater — das schon seit Wilhelm Meister der traditionell bevorzugte Gegenstand ist, an dem sich die Kreativität des phantasievollen Kindes entzündet —, Thomas' Erfindungsgabe versagt, ist das mehr als eine Zufälligkeit. Es verdeutlicht, daß sich seine schöpferischen Kräfte während des langen Alleinseins keineswegs gesteigert haben und es nicht zu dem spezifisch Rilkeschen „Umschlag" gekommen ist. Das hat zur Folge, daß die fiktive Welt seiner Einsamkeit zu schwach ist, um sich gegen die reale seiner Umwelt zu behaupten.

Um der Versuchung der anderen, sich den Einsamen ‚einzugemeinden', zu widerstehen, ist ein Höchstmaß an Kraft erforderlich, denn zwischen ihm und der Welt besteht die gleiche Fremdheit und Animosität, wie sie von den „Aufzeichnungen" her bekannt ist. Sie, die Nicht-Einsamen, werden alle Mittel anwenden, um den Einen, gleichsam als einen „verlorenen Sohn", für sich zurückzugewinnen und ihm seine Einsamkeit zu verleiden, denn *seine* Daseinsform widerlegt die ihre. Die gedankliche Parallelität der Einsamkeitsauslegung dieser beiden Romane liegt offen zutage. Thomas ist in gewisser Weise eine Vorstufe zu Malte — seine schwächlichere Vorwegnahme —, der dort scheitert, wo sich jener bewährt. Auch er ist der Einsame, von dem es bei Rilke heißt:

„Die Kinder verbanden sich wider ihn, da er zart und ein Kind war, und mit jedem Wachsen wuchs er gegen die Erwachsenen an. Sie spürten ihn auf in seinem Versteck wie ein jagdbares Tier, und seine lange Jugend war ohne Schonzeit. Und wenn er sich nicht erschöpfen ließ und davonkam, so schrieen sie über das, was von ihm ausging . . .[96]"

Auch Thomas' Geheimnis wird „frühzeitig aufgespürt" und ihm „abgejagt", und seine Kindheit und Jugend sind „ohne Schonzeit". Der Realitätsanspruch des Vaters reißt ihn aus seiner introvertierten Verkapselung und stört seine passiv-visionäre Beschäftigung mit Mao. Noch bevor er „gegen die Erwachsenen anzuwachsen" und innerseelische Kräfte zu entwickeln vermag, wird er einem Domestizierungsprozeß unterzogen, bei dem es um die Ausmerzung aller wirklichkeitsgefährdender Anlagen geht und der ihn auf einer Bahn vorwärtstreibt, „die er doch niemals bis zum Ende gehen konnte[97]".

Thomas läßt sich „erschöpfen", denn seine Einsamkeit war so wenig auf Zukünftiges ausgerichtet, so ganz ohne Aufgabe gewesen, erfüllt von Vergänglichkeitsahnung und Todessehnsucht und einer tiefinneren Überzeugung von der Vergeblichkeit jeden Tuns. Eine derartige Seelenstimmung ist nicht dazu geeignet, Widerstand gegen die Welt der Erwachsenen zu leisten. Er unterliegt ihrer „Verführung", die ihm in der Gestalt des pflichtverlangenden Vaters begegnet und beginnt sich freudlos und leer den Erwartungen seiner Umwelt zu fügen. „So lebte er ganz zufrieden dahin; aber im Grunde seiner Seele lag etwas, das mit dieser Zufriedenheit nicht einverstanden war, etwas, das ihm heimliche Vorwürfe machte, und diese Stimme, die er zu Anfang traurig rufen hörte, ward ihm allmählich beinah lästig[98]." Unmerklich ist Thomas zum unvermuteten Feind seiner eigenen Besonderheit geworden, der die Möglichkeit, aus seiner inneren Erfahrungswirklichkeit neue Daseinsformen zu entwerfen, selbst verdrängt. So verliert er sein Selbst, das gerade erst im Begriff war, sich zu bilden und wird nicht zum „verlorenen Sohn", sondern kehrt heim, um sich den pragmatischen Gesetzen der Alltäglichkeit zu fügen. Unterschwellig jedoch, in der Form eines „unbestimmten Wehs", besteht diese Traumwelt fort, und es bedarf eines entscheidenden Vorfalls, um die dünne Domestizierungsschicht zu durchstoßen. Es ist bezeichnend für Thomas, daß er sich — anders als Malte — über seine Gefühle fast niemals im klaren ist. Zwischen seinen dunklen, kaum artikulierten Ahnungen, das Glück seiner Einsamkeit für immer verloren zu haben und der philisterhaften Haltung dessen, der sich, „wenn er aus der Schule kam . . . auf das gute

Mittagessen[99] " freut, liegt ein Vakuum, das verhindert, daß diese beiden Empfindungsebenen aufeinander bezogen werden können.

Nur aus dieser unbewußten, fast marionettenhaft ausgeführten Lebensweise erklärt sich das Phänomen, daß, erst als der Hausverkauf endgültig vollzogen ist, die so lange verdrängte Eigenwelt mit aller Heftigkeit zum Durchbruch kommt. Mit einer vorher nie gekannten Deutlichkeit erfährt sich Thomas nun im wahrsten Sinne des Wortes als ein „Unbehauster" des Lebens, vereinsamt inmitten der Seinen, in dem neuen Haus, das „wie eine große Schachtel dastand[100]", und ein Neubau war und ohne Geheimnis. Angst überfällt ihn, Angst, die das Nichts erzeugt, das er plötzlich erfährt, diese Leere, die überall ist und nichts Schützendes mehr hat. Mit intuitiver Sicherheit weiß er um die Unmöglichkeit, sein bisheriges Leben fortzuführen. Schlafwandlerisch kehrt er zu der Kultstätte seiner Einsamkeit zurück und empfindet noch einmal deren bergende Kraft, um dann dem „Lockruf" des Wassers, den er schon so oft vernommen hatte, nicht mehr zu wehren. Diese Heimkehr bedeutet keine Selbstverwirklichung mehr und impliziert keinerlei metaphysischen Wert, sondern markiert eine Rückkehr ins Infantil-Dekadente, ins Unverbindliche der Traumwelt und in eine Scheuklappeneinsamkeit, die der Auseinandersetzung mit der Wirklichkeit ausweicht. So wird er für die Eltern zum „verlorenen Sohn", der sich nur scheinbar anpaßte und verliert gleichzeitig auch sich selbst, indem er sich in seiner Anpassung erschöpft und sein Ich nie wirklich behauptet.

Thomas' Vereinsamung ist im Rilkeschen Sinne eine „falsche" Form des Alleinseins. Sie bedeutet Mißverständnis, Versäumnis und Flucht, denn der Akt der Absonderung ist zwar eine Prämisse für das richtige Alleinsein, nicht aber bereits identisch mit diesem selbst. Auch in „Den Aufzeichnungen" finden sich Beispiele einer solchen „falschen" Einsamkeit. Bei der von Hoffmann nachgewiesenen latenten Symmetrie des Romans[101] ist es von Bedeutung, daß an zentraler Stelle, nämlich ziemlich genau in der Mitte, ein Bild dieser falsch verstandenen Einsamkeit entworfen wird. Es geht um die fortgegangenen jungen Mädchen „aus guter Familie", die als „verlorene Töchter" bereits leitmotivisch das Thema des „verlorenen Sohnes" antizipieren. Wie dieser empfinden sie die Unsinnigkeit der vereinbarten Familiengemeinschaft und spüren, daß die Wesentlichkeit des Lebens in anderer Form zu suchen ist. Sie beschließen, sich der Kunst zu widmen und beginnen zu zeichnen. Nun aber heißt es weiter: „Und über der angestrengten Beschäftigung mit dem, was sie sich vorgenommen haben, diese jungen Mädchen, kommen sie nicht mehr dazu, aufzusehen. Sie merken nicht, wie sie bei allem Zeichnen doch nichts tun, als das unabänderliche Leben in sich unterdrücken ...[102]" Wieder liegt die Bedeutung auf dem Wort „sehen". Ähnlich wie Thomas vergessen die jungen Mädchen „aufzusehen". Die Chance der Einsamkeit, neu sehen zu lernen, wird verwirkt inmitten einer Geschäftigkeit, die „falsch" ist, da sie zur Zerstreuung wird und dem Uneigentlichen verhaftet bleibt. Der Ausbruch aus der Unwesentlichkeit hat nicht ins Wesentliche geführt, sondern mündet im Gegenteil in eine neue Art von Unwesentlichkeit. Einsamkeit bewirkt demzufolge kein authentischeres Leben, sondern gerade umgekehrt, dessen Unterdrückung. Jener andere Ausbrechende dagegen, der ebenfalls das „ungefähre Leben" der Gemeinschaft nicht „nachzulügen versteht, besteht die Probe der Einsamkeit und wird so sehr er selbst, daß er zurückkehren kann und zu bleiben vermag, da sein Anderssein ihn vor der verpflichtenden Liebe seiner Nächsten schützt.

Diese Legende vom verlorenen Sohn ist infolgedessen nicht ein beliebig austauschbarer, der Gesamtkomposition einfach aufgepfropfter Schluß, sondern steht in einer doppelten Beziehung zum Ganzen. Sie bedeutet einerseits die Transponierung der subjektiven Einsamkeitsbewährung ins Religiöse, und damit in eine sehr viel größere Verbindlichkeit, und ist andererseits Ausdruck von Maltes neu gewonnener Wirklichkeitsdurchdringung, also Zeugnis seines spezifischen, neuen Sehens, das sich nun nicht mehr auf den Bereich des persönlich Erfahrbaren beschränkt, sondern ins Kosmische ausweitet. Die einleitende Behauptung, „Man wird mich schwer davon überzeugen, daß die Geschichte des verlorenen Sohnes nicht die Legende dessen ist, der nicht geliebt werden wollte[103]", nimmt die durchlaufende Antithetik zwischen der Gesamtheit und dem Einzelnen, dem „man" und dem Ich, das seine eigenen Auslegungen behauptet, wieder auf und stellt damit den kontrapunktischen Zusammenhang zum Anfang her, zu dem „So, also hierher kommen die Leute, um zu leben, ich würde eher meinen, es stürbe sich hier." So wird die Geschichte vom verlorenen Sohn zum existentiellen Gleichnis für jeden, der fortgeht und die Einsamkeit annimmt, um sich selbst zu finden.

Wenn es immer wieder nur der Eine und Vereinzelte ist, der den Weg zur Einsamkeit zu gehen bereit ist, so deshalb, weil er so schwer zu bewältigen ist und dem Individuum äußerste Belastungen auferlegt. Überlegt man sich, auf welche Linderungen und Hilfen der Rilkesche

Mensch in seiner Einsamkeit zurückgreifen kann (und wenn in diesem Zusammenhang hauptsächlich von Malte gesprochen wird, so deshalb, weil die aufgestellten Kategorien für das schon während der Schulzeit abgebrochene Leben des anderen Protagonisten nicht die gleiche Relevanz gewinnen konnten), ergibt sich das erstaunliche Phänomen, daß es fast dieselben sind, die schon für den Raabeschen Menschen Gültigkeit besaßen[104]. Auch für Brigge werden Kindheit, Liebe, Raumimmanenz — nun zur Dingwirklichkeit geweitet — und Vision, die sich hier zur „Innenschau" verengt, zu Milderungsmöglichkeiten der Einsamkeit. Um indessen in ihrer Hilfsfunktion wirksam zu werden — und darin liegt das von Raabe Divergierende und Neue — bedürfen sie einer entscheidenden Umsetzung. Es ist wichtig, darauf hinzuweisen, denn gerade diese Umwertung der Hilfen gibt weiteren Aufschluß über die gewandelte Einsamkeitserfahrung. Wenn dem monovalenten Alleinsein Raabes eindeutige Ausweichmöglichkeiten entsprachen, komplizieren sich korrelativ zu der zunehmenden Subtilisierung der Vereinsamung auch ihre Hilfen. Konnte der Raabesche Protagonist noch durch die einfache Rückerinnerung, durch eine Art „mémoire involontaire", seine Kindheit in die Gegenwart projizieren und sich auf diese Weise vor einer Vereinsamung schützen, ist für Malte Laurids Brigge die einfache Evokation seiner Kinderzeit nicht mehr ausreichend, um einsamkeitsmildernd zu wirken. Das liegt zunächst an der gewandelten Erlebniswirklichkeit der Kindheit selbst, die für Malte nicht mehr durch die traditionellen Vorstellungen von Sicherheit, Geborgenheit und Allvertrauen bestimmt wird, sondern Angst und Einsamkeit impliziert. Als sich Brigge, ganz allein unter den Ausgestoßenen und Fortgeworfenen in der Salpêtrière, plötzlich seiner Kindheit erinnert, ist es bezeichnend, daß dies nicht in der Form eines harmonischen und beruhigenden Gegenbildes geschieht, sondern in Visionen des schon damals empfundenen Grauens und hilflosen Ausgesetztseins. Das Gefühl der Verlassenheit erfährt demzufolge keine Milderung, sondern eine Ausweitung ins Immer-Gegenwärtige und Nicht-mehr-Absehbare, mit einem Wort: ins Existentielle.

Der Linderungswert der Kindheit liegt nicht in einer passiv-assoziativen Erinnerung, sondern in dem, was am besten mit dem Rilkeschen Worte „Leistung" zu bezeichnen ist. „Auch die Kindheit würde also gewissermaßen noch zu leisten sein, wenn man sie nicht für immer verloren geben wollte[105]." Die Kindheit wird zur Aufgabe, die von dem Einzelnen retrospektiv zu bewältigen ist. Das bedeutet eine schöpferische Auseinandersetzung und Einordnung des Früherlebten aus der Perspektive eines erweiterten Erfahrungsbereichs und eine Umsetzung des nur Impressiven in einen größeren Sinnzusammenhang. Dazu bedarf es gleichzeitig einer Ergänzung durch die eigene Phantasie, im Sinne einer kreativen Ein- und Nachbildung. Diese Neudeutung ist gleichzeitig die einzige Möglichkeit, Vergangenes zu bewahren und dem „für immer Verlorenen" zu entreißen. Indem die Kindheit auf diese Weise die schwierigsten Ansprüche an den Erwachsenen stellt und ihm produktive Kräfte abverlangt, die nach Auffassung Rilkes, gerade im Zustand des Alleinseins zur Entfaltung kommen, vollzieht sich in der Relation von Einsamkeit und Kindheit eine Akzentverschiebung, dergestalt, daß nun nicht mehr die Einsamkeit der Kindheit, sondern im Gegenteil die zu reproduzierende Kindheit der Einsamkeit bedarf. Durch diese Anforderungen sind die Prämissen zu einer positiven Bewertung des Alleinseins bereits gesetzt. Die Auseinandersetzung mit der Kindheit konstituiert einen wesentlichen Bestandteil der Gesamtaufgabe, um derentwillen der Protagonist die Einsamkeit als Lebensform gewählt hat.

Bei Maltes spezifischer Grundhaltung, sich ängstlich von jeder Gemeinschaft und gleichzeitig von jedem Du fernzuhalten, bei seinem Argwohn, daß alle Liebe Täuschung ist, und „daß mit der Vereinigung nichts gemeint sein kann, als ein Zuwachs an Einsamkeit[106]", bedarf es einer Erklärung, wenn auch die Liebe als Linderungsquelle im Alleinsein angeführt wird. Es geht hier um den gleichen, bereits erwähnten Umwandlungsprozeß, bei dem die menschlichen Grunderfahrungen ihrer traditionellen Bedeutungsgehalte entzogen und aus individueller und unvorbelasteter Perspektive neu gedeutet werden müssen. Einsamkeit wird deshalb gerade nicht in der Hingabe an ein Du überstanden, sondern erst dann, wenn das Ich das Du überwindet, ohne dabei seine Liebe zu verlieren. Damit steht das Verhältnis von Liebe und Einsamkeit in einem diametralen Gegensatz zu seinem Ausgangspunkt. Bedeutete bei Raabe die Vereinigung zweier Menschen wirkliches Einssein und damit Ende des Alleinseins, empfindet sie Malte dagegen als einen „Zuwachs an Einsamkeit". „Sieh dir die Liebenden an/ wenn erst das Bekennen begann/ wie bald sie lügen[107]." Dieses geringe Vertrauen in die Liebe hat für Brigge nun keineswegs eine desillusionierte Resignation zur Folge, sondern den Ansporn, sie durch ein vollkommeneres Gefühl zu ersetzen. Immer wieder geht es dabei um die Frage der Dauer. In seiner differenzierten Sensibilität bedarf der Einsame „der Aufzeichnungen" in ganz besonderem Maße der Verläßlichkeit. In der Liebe indessen, so, wie er sie in der wirklichen Welt gelebt sieht, scheint sie ihm kaum noch gewährleistet zu sein. Erst dann, wenn sie sich gleichsam entmaterialisiert, und ihren personalen Bezug in eine „reine Innenschau" transponiert hat, gewinnt sie die Fähigkeit, zu einem dauernden Besitz und zu einer wirksamen Kraft in der Einsamkeit zu werden. Von besonderer Wichtigkeit ist in diesem Zusammenhang der Begriff der „Leistung". Nur dann, wenn der Einzelne eine derartige Umsetzung mit angespanntester Seele vollbringt, gelangt er in den Bereich ihrer vollen Wirkung und entgeht der Gefahr einer dekadenten Gefühlsschwärmerei. Von hier aus wird deutlich, warum für Thomas bei einer ähnlichen Substituierung eines personalen Bezugs durch imaginative Werte nichts Substantielles gewonnen wird. Thomas vollbringt keinerlei Leistung, sondern erliegt der Gefahr einer dekadenten Passivität, die Brigge durch seine individuelle Kreativität überwindet.

Es ist nicht nötig, im einzelnen auf Rilkes besondere Liebesauffassung einzugehen, da sie von der Sekundärliteratur genügend behandelt worden ist. Wesentlich ist in diesem Zusammenhang, daß selbst einer solchen „transitiven Liebe" die Kraft zugesprochen wird, die Einsamkeit des Einzelnen zu mildern. Das ist deshalb möglich, weil das existentielle Ich-Bewußtsein im Grunde genommen weniger an einem Du — und selbst dem vollkommensten — als vielmehr an der eigenen Erlebnisintensivierung interessiert ist. Solange diese mittels einer transpersonalen Liebe erreicht wird, wird die Einsamkeitserfahrung, indem sie zur Seinserweiterung führt, bei aller Härte, immer etwas Sinnfälliges und Milderndes behalten.

Es bedarf keiner besonderen Erwähnung, daß alle diese Hilfen nicht als nebeneinander bestehende Gehaltkomplexe anzusehen sind, sondern sich — ebenso wie bei Raabe — gegenseitig überschneiden und ergänzen. Auch die Dinge können zur Aufgabe der Liebe werden, die durch die spezifisch Rilkesche „Innenschau" bewältigt wird. Immer geht es dabei um die Bereitschaft und Fähigkeit des Einzelnen, hinter dem Äußeren eines Phänomens dessen innerste Kernsubstanz und verborgene Wahrheit aufzuspüren, mit einem Wort um eine metaphysische Umsetzung. Auch im Verhältnis zu den Dingen ist ein flüchtiges Anschauen oder träumerisches Schwärmen nicht ausreichend, um ihre lindernde Wirkung zu erfahren:

„Und wenn so ein Ding sieht (so sagte mir es Malte), wenn es dich beschäftigt sieht, selbst mit einer Zeile deines Interesses, so verschließt es sich dir, gibt dir vielleicht mit einem Wort eine Regel, macht dir ein kleines, leicht freundschaftliches Zeichen, aber es versagt es sich, dir sein Herz zu geben, dir sein geduldiges Wesen zu vertrauen und seine sternhafte Stetigkeit, die es so sehr den Konstellationen des Himmels gleichen läßt[108]."

Malte leistet diese Hingabe an die Dinge und erfährt ihren stetigen Schutz in seiner Einsamkeit. Thomas indessen wird abgelenkt, läßt es bei einer halben Bereitschaft bewenden und erliegt der Gefahr einer dekadenten Dingschwärmerei, die zu kraftlos ist, um eine Umsetzung zu bewirken. Im Verlaufe der an ihm verübten Domestizierungsversuche beginnt er selbst an ihrer Wirklichkeit zu zweifeln und gerät infolgedessen in das Dilemma, außerhalb *jeder* Wirklichkeit zu stehen, da er die der anderen nicht glauben will und nur imitiert, während er die eigene nicht mehr glauben kann und demzufolge verliert. Ohne Rücksicht und Milderung durchlebt er die endgültige Phase seiner Einsamkeit und, ohne Kraft einem dekadenten Sich-Fallenlassen zu wehren, überläßt er sich widerstandslos seiner Todessehnsucht. Aus der Perspektive dieses Endes tritt das Destruktive seines Alleinseins offen zutage. Einsamkeit wurde nicht zum Durchgangsstadium zur Freiheit, konnte nicht in Gewinn verwandelt werden, sondern bedeutet Schwäche, indem sie zur Daseinsflucht und Selbstauslöschung führte.

Im vollen Besitz der beschriebenen Hilfen kann Malte der Gefahr einer dekadenten Absonderungssucht entgehen. Indem er Thomas' ‚Daseinsvergessenheit' einen neuen Daseinsentwurf entgegensetzt, „leistet" er sein „aufgetragenes Schicksal" und rechtfertigt seine Entscheidung zur Einsamkeit.

Dennoch soll abschließend nich verhehlt werden, daß der Protagonist „Der Aufzeichnungen", trotz aller „Leistung", wohl der Gefahr der Dekadenz, nicht aber, mit dem gleichen Erfolg, der Gefahr der Hybris entgeht. Bei allem Verständnis für seinen Willen zur Selbstverwirklichung, für seine Entschlossenheit, Schweres auf sich zu nehmen, um Erkenntnis zu gewinnen, ist es im Grunde doch eine Ungeheuerlichkeit, daß er die Möglichkeit, sich selbst kennen zu lernen, indem er etwas über andere erfährt, überhaupt nicht in Erwägung zieht. Während verblichene Gobelins, getrocknete Rosenblätter und selbst ein verblaßtes Leseband seine Anteilnahme und Aufmerksamkeit erwecken, wird der andere *Mensch* hauptsächlich als Störungsfaktor bei der eigenen Seinsverwirklichung empfunden und als nicht lohnendes Erkenntnisobjekt beiseite geschoben. Vergeistigung aufgrund einer so eindeutigen Absage an das Menschliche schlechthin ist nicht frei von Hybris, die letzten Endes nur in eine andere Art von Sackgasse führt.

POLARITÄT VON EINSAMKEIT UND VEREINIGUNG
IN DER FIKTIVEN WELT ROBERT MUSILS

Ambivalente Einsamkeit in „Drei Frauen"

Es mag zunächst willkürlich erscheinen und in offensichtlichem Widerspruch zur Titelaussage stehen, wenn in dem nun folgenden Abschnitt die Einsamkeitsanalyse ausnahmsweise auf einen Novellenkomplex ausgedehnt wird. Es handelt sich jedoch bei „Grigia", „Die Portugiesin" und „Tonka" nicht um separate und unzusammenhängende Erzählungen, sondern um eine nicht zu übersehende, vielschichtige Einheit, die Lida Kirchberger veranlaßt von den „Drei Frauen" als von einer „Trilogy"[1] zu sprechen, Paul Requadt, von einem „weiblichen Triptychon"[2] und E. Allen McCormick, von „ . . . segments of a greater entity", in denen „in a different form the problem of man's identity" gestellt wird. „In ‚Grigia' we encounter the peasantry, in ‚Die Portugiesin' the aristocracy, in ‚Tonka' the bourgeoisie[3]." Noch maßgeblicher als dieser formalästhetische Gesichtspunkt, der die „Drei Frauen" zumindest in die Romannähe rückt, ist für unsere Untersuchung die Tatsache, daß gerade diese Novellen entscheidend Neues zu dem sich zwischen den Geschlechtern abspielenden Prozeß der Vereinsamung beisteuern.

Im gewissen Sinne steht die Einsamkeitserfahrung des Musilschen Menschen in einem korrelativen Verhältnis zu dem Gefühl der Isolierung und Bindung wie es vor der Jahrhundertwende gültig war. Wieder geht es – nun allerdings in einer sehr viel komplizierteren und weniger durchsichtigen Weise – um die mögliche Vereinigung zweier Menschen, um ein Ich und ein Du. Wenn in „Den Aufzeichnungen des Malte Laurids Brigge" das Einzelindividuum in fast hybrider Ichbefangenheit den anderen als einen Hinderungsfaktor auf dem Wege zur Selbsttranszendierung gewissermaßen überspringt, ist die Einsamkeitserfahrung an die Grenze des Gerade-noch-Möglichen gelangt. Maltes besondere einsame Seinsweise ist zwar aus seiner individuellen Erlebnisperspektive verständlich geworden, würde aber, gewänne sie eine normative Relevanz, zu einer Sprengung des mitmenschlichen Grundgefüges führen. Das Einsamkeitserlebnis ist damit an einem Endpunkt angelangt, über den hinaus es keine Weiterführung oder -entwicklung mehr gibt.

In der Raabeschen Welt hatte die Ich-Du-Beziehung nichts Problematisches an sich. Der Einzelne konnte zwar durch die Nicht-Erfüllung seiner Liebe in die völlige Isolation geraten — wie das Beispiel Velten Andres verdeutlicht hatte —, nicht aber in der Liebe selbst vereinsamen. Die Totalität der Zusammengehörigkeit wurde mit fast somnambuler Sicherheit erfahren, die jede Einsamkeitsambivalenz ausschloß. Selbst wenn sich die Welt für den Raabeschen Menschen nicht mehr als eine heile Welt erwies, konnte das Individuum in der Zweisamkeit die verläßlichste Abschirmung gegen ihre Bedrohlichkeit finden. Schon bei Fontane hatte das Zu-zweien-Sein seinen Schutzcharakter verloren und war auf eine nur noch gesellschaftlich-zweckmäßige Ebene reduziert worden. Die jeweiligen Paare standen sich als Vereinzelte gegenüber und, ihre Versuche, sich aus dieser Lage zu befreien, scheiterten. Dennoch hat auch die von ihnen erfahrene Einsamkeit keine ambivalenten Züge. Sie ist psychologisch erklärbar. Fontane legt als alles überschauender Erzähler des traditionellen Romans die Gründe dar, die zu dieser Vereinsamung geführt haben. Er kennt die Seelenstruktur seiner Protagonisten und vermittelt seine Kenntnis dem Leser. In den Novellen Musils hört diese eindeutige Entschlüsselung und psychologische Erklärbarkeit der Einsamkeit auf. Aus eben dem Grunde habe ich den Begriff der Ambivalenz als Titelbezeichnung dieses Abschnitts von E. Allen McCormick übernommen. Wenn er bezüglich der „Drei Frauen" von „ . . . an underlying theme of ambivalence . . .[4]" spricht und vornehmlich diesen Aspekt herausgearbeitet hat, gilt das im besonderen Maß auch für das Motiv der Einsamkeit. Im Grunde genommen wäre jede andere attributive Zuordnung, als die der Ambivalenz, eine bewußte oder unbewußte Verzerrung, weil sich Musil trotz einer partiellen Allwissenheit einer eindeutigen Antwort enthält. „Yet an answer to the question of what these Novellen are about" — was die Frage der Einsamkeit impliziert — „what particular issue is being confronted fictionally, remains strangely elusive[5]." Ebenso heißt es bei Jost Hermand in seiner „Grigia" Interpretation: „Es geht ihm [Musil] nicht um eine epische Verständlichkeit, die sich rationell nachvollziehen läßt . . .[6]" Es wurde zwar schon im Zusammenhang mit Hanno Buddenbrook, und vor allem mit Malte Laurids Brigge, von einer ambivalenten Einsamkeit gesprochen, insofern, als ihr, anders als bei Raabe, Fontane oder

Schnitzler, gleichzeitig Gewinn und Verlust immanent waren. Dennoch handelt es sich bei Musil um etwas anderes, Neues, das sich von der vorher erwähnten — vielleicht am besten mit eindimensionaler Ambivalenz zu bezeichnenden — unterscheidet. Was von Rilkes Protagonisten als ambivalent erlebt wird, ist die Erfahrungsqualität der Einsamkeit, die, wie erläutert, sowohl genossen als auch erlitten wird. Nie in die Sphäre der Ambivalenz gerät dagegen — bei aller Leiderfahrung — die positive Werteinschätzung und unbedingte Notwendigkeit der Einsamkeit selbst. Brigge ist davon überzeugt, daß das Abseitssein die unumgängliche Prämisse zu der von ihm als Lebensaufgabe aufgefaßten Neudeutung der Wirklichkeit konstituiert. Damit existieren in seiner Welt zumindest zwei Gewißheiten: erstens, daß das Dasein vom Einzelindividuum überhaupt entzifferbar ist, und zweitens, daß das geeigneteste Mittel zu einer solchen Dechiffrierung der Wirklichkeit die Loslösung aus jeder menschlichen Bindung bedeutet. In der Musilschen Fiktion dagegen ist dem Individuum die Sicherheit dessen, was Authentizität und Substanz besitzt, abhanden gekommen. Es ist demzufolge nicht mehr in der Lage, Seinsdeutung aus sich heraus zu vollziehen. Damit verliert der Einzelne sein Selbstverständnis und Selbstbewußtsein und vermag über die Undurchdringlichkeit und Fremdheit der Welt nur noch in den Zustand einer hilflosen Verwunderung zu geraten. In der Ausgangssituation von „Grigia" erfahren wir über die bestehende Beziehung Homos zu seiner Frau weder vom Protagonisten noch vom Erzähler sehr viel mehr als:

„ . . . diese Liebe war durch das Kind trennbar geworden, wie ein Stein, in den Wasser gesickert ist, das ihn immer weiter auseinandertreibt. Homo staunte sehr über diese neue Eigenschaft der Trennbarkeit, ohne daß mit seinem Wissen und Willen je etwas von seiner Liebe abhanden gekommen wäre, und so lang die Zeit der vorbereitenden Beschäftigung mit der Abreise war, wollte ihm nicht einfallen, wie er allein den kommenden Sommer verbringen werde[7]."

Diese Aussage reflektiert bereits den eigentümlichen Schwebezustand und die schwer ausdeutbare Einsamkeit der Novellen. Im Verlaufe der Zeit hat sich in die Verbindung von Homo und seiner Frau etwas Trennendes geschoben, und zudem steht eine tatsächliche örtliche Trennung bevor, mit der er nichts anzufangen weiß. Der Held befindet sich daher offensichtlich in einem Zustand der doppelten Isolation, in einem Zwischendasein, in

dem das Alte seine Kraft verloren hat und das Neue noch keine Relevanz
besitzt. Handgreifliche Gründe oder Erklärungen, auf welche Weise es zu
einer Entfremdung gekommen ist, werden nicht gegeben. Sie unterliegt
weder Homos Willen noch seinem Wissen, und er vermag sie selbst nur
staunend zur Kenntnis zu nehmen. Es ist etwas ihm Unbegreifliches
geschehen, das sich einer bewußten Einordnung entzieht. Ebensowenig
Klarheit vermögen die Protagonisten aus „Die Portugiesin" über sich selbst
und ihr Tun zu gewinnen. Wenn sich die von Ketten für die Dauer eines
Brautjahres als „glänzende Kavaliere" und die übrige Zeit ihres Lebens als
unzugänglich kriegerische Ritter gebärden, wußten sie nicht: „zeigten sie
sich in diesem einen Jahr so, wie sie wirklich waren, oder in all den andren[8]."
Die Portugiesin kann ebenfalls aus sich selbst heraus die Verknüpfun-
gen zu dem Gespielen oder dem Gatten nicht mehr entwirren. In völliger
Hilflosigkeit stehen auch Tonka und der Freund ihrem Schicksal gegenüber
und vermögen kein Geschehen mehr zu bewirken, sondern sind Einzelne,
mit denen etwas geschieht, das jenseits einer psychologischen Ausdeutung
liegt. Es handelt sich im Rahmen dieser Untersuchung zum erstenmal um
den Einbruch der Irrationalität in den Bereich des noch episch Erklär-
baren. Damit wird eine eindeutige und definitive Sinnauslegung der
Einsamkeit irrelevant.

Die gemeinsame Grundproblematik der „Drei Frauen" ergibt sich aus
der Konfrontation zweier fremder Welten, und damit zweier entgegenge-
setzter Seinsmöglichkeiten, die ihre dichterische Gestaltung in drei
verschiedenen Konstellationen des Männlichen und des Weiblichen findet.
Wenn Lida Kirchberger in ihrer Untersuchung von „the conflict of the
sexes a the central theme of ‚Drei Frauen'[9]" spricht, findet die hier
vertretene Ansicht von der Prädominanz der zwischenmenschlichen Beziehungen eine Unterstützung. Es wird allerdings in diesem Zusammenhang
bewußt auf den Begriff des Geschlechterkonfliktes verzichtet, da durch die
von Freud und seinen Schülern hervorgerufene Sexualdiskussion der
ursprünglich umfassendere Bedeutungsgehalt des Wortes zu sehr auf das
spezifisch Sexuelle eingeengt worden ist, worin sich die Faszination und
Fremdheit der Geschlechter — besonders in der Musilschen Fiktion, in der
es gleichzeitig immer um das Mythische geht — keineswegs erschöpft. Es ist
wesentlich, diesen verbindenden Gesichtspunkt im Auge zu behalten, um
nicht durch die poetische Welt der Einzelnovelle dazu verführt zu werden,
sekundäre Motive, die von dem Hauptthema der Vereinigung und

Einsamkeit ablenken, überzubewerten. Wenn in einer der jüngsten Auseinandersetzungen mit „Grigia" von Carol B. Bedwell der soziologische Aspekt in den Mittelpunkt gestellt wird[10], während das Motiv der Sehnsucht nach Wiedervereinigung, die ja erst im Zustand des Nicht-Einsseins, also zumindest in einer latenten Vereinsamung erlebt werden kann, nur lapidare Erwähnung findet, scheint es sich um solche einseitige Blickrichtung zu handeln.

Durch die „borderline" Situation, die in variierter Form in allen Novellen wiederkehrt[11], und durch die abgelegene, schwer zugängliche oder fremde Örtlichkeit potenziert sich die Einsamkeitsproblematik und konzentriert sich damit ausschließlich auf die jeweiligen beiden Protagonisten, denen eine ausweichende Haltung nicht mehr möglich ist. Die Abgeschlossenheit und Isolation des Ortes ähneln sich besonders in „Grigia" und „Die Portugiesin". Der seltsame Ort „hing an der Lehne eines Hügels; der Saumweg, der sie hingeführt hatte, sprang zuletzt förmlich von einem großen platten Stein zum nächsten, und von ihm flossen, den Hang hinab und gewunden wie Bäche, ein paar kurze, steile Gassen in dieWiesen[12]". Ebenso abwegsam und weltabseits erweist sich das Schloß der von Ketten. „Seitlich des großen ... Wegs ... lag auf einer fast freistehenden lotrechten Wand ihre Burg; fünfhundert Fuß unter ihr tollte ein wilder kleiner Fluß so laut, daß man eine Kirchenglocke ... nicht gehört hätte, sobald man den Kopf aus dem Fenster bog. Kein Schall der Welt drang von außen in das Schloß der Catene ...[13]" Aber auch in der fremden Großstadt leben Tonka und ihr Freund in der kleinen bescheidenen Mansarde wie auf einer Insel, auf der die Faktizität der Stadt an Relevanz verliert. In „Grigia" ist es der Mann, der als Eindringling in die fremde Gegend gerät, in „Die Portugiesin" die Frau, und in „Tonka" ziehen beide gemeinsam in ein ihnen unbekanntes Gebiet, so daß die Antinomie von Vertrautheit und Fremdheit vom äußeren Rahmen in den seelischen Innenbereich der Protagonisten verlagert wird.

Das gemeinsame Grundmotiv erfährt in jeder einzelnen Novelle eine ganz unterschiedliche Akzentsetzung und weitere Steigerung, die eine gesonderte Betrachtungsweise notwendig machen. Vergegenwärtigt man sich noch einmal die Ausgangssituation von „Grigia", so war offensichtlich geworden, daß die Beziehung Homos zu seiner Frau einer Stagnation und latenten Entfremdung unterlag, für die Musil das Bild eines vom Wasser ausgehöhlt werdenden Steines benutzt. Ein emotionaler Tatbestand –

nämlich das Nachlassen der Liebe und das Zurückfallen aus dem Zustand des Zu-zweien—Seins in den der Vereinzelung — wird mit der Unabänderlichkeit eines Naturprozesses verglichen. Darin drückt sich die Überzeugung aus, daß die archetypische Sehnsucht des Menschen nach ewiger Liebe und Vereinigung in der Wirklichkeit keinen Bestand hat, sondern, wie das Beispiel des ausgehöhlten Steines verdeutlicht, notwendigerweise zersetzt wird. Idealitätsanspruch und Realitätsprinzip, Wunschbild und Wirklichkeit, scheinen unvereinbar zu sein und im Verlaufe der Zeit voneinander aufgesogen zu werden, ohne daß der Mensch etwas daran zu ändern vermag. Aus dieser Perspektive gewinnt auch der einzige, zunächst erstaunliche Grund, den Musil für die Entfremdung des Paares angibt — nämlich die Existenz des Kindes — seine Bedeutung. Das, was gemeinhin als Verfestigung oder Vollendung einer Beziehung empfunden wird, wird von Homo als der Auftakt einer Lösung erfahren, da durch die Konkretisierung der Liebe im Kind ein Endpunkt erreicht wird, an dem ihr Unendlichkeitsgedanke auf den Fortsetzungswillen der Gattung transponiert wird und dadurch eine notwendige Wiederverkettung mit der Wirklichkeit bedingt ist.

In der märchenhaften Landschaft des Fersenatals, die in ihrer fremdartigen Vertrautheit von Homo wie eine Offenbarung erlebt wird, taucht plötzlich diese lang vergessene, zunächst noch unbestimmte Sehnsucht wieder in ihm auf: „. . . diese unheimlich schönen Märchengebilde verstärken noch mehr den Eindruck, daß sich unter dem Aussehen dieser Gegend, das so fremd vertraut flackerte wie die Sterne in mancher Nacht, etwas sehnsüchtig Erwartetes verberge[14]." In der bizarren Naturschönheit und archaisch anmutenden Natürlichkeit der Bewohner scheinen sich ihm plötzlich Wirklichkeit und „Märchenwelt" zu einer noch nie erlebten Synthese zu verbinden. In dieser Abgeschiedenheit und im Zustand des Getrenntseins von seiner Frau erlebt er in einem Augenblick einer fast mythischen Extase, in dem ihm ist „als hätte man ihm . . . sich selbst aus den Armen genommen[15]", die Wiedervereinigung mit ihr. „Er fühlte die Hand seiner Geliebten in seiner, ihre Stimme im Ohr, alle Stellen seines Körpers waren wie eben erst berührt . . .[16]" „. . . es war . . . ein herrliches, von Jugend umflossenes Wort: Wiedervereinigung da. Er nahm sie in alle Ewigkeiten immer mit sich, und in dem Augenblick, wo er sich diesem Gedanken hingab, waren die kleinen Entstellungen, welche die Jahre der Geliebten zugefügt hatten, von ihr genommen, es war ewiger erster Tag . . .

und er erfuhr zum erstenmal die Liebe ohne allen Zweifel als ein himmlisches Sakrament[17]."

Es scheint zunächst so, als ob es sich — in besonders gesteigerter Form zwar — um ein allgemein psychologisches Phänomen handelt, insofern, als Einsamkeit und Abgeschiedenheit von dem geliebten Menschen notwendig waren, um den Wert des Zusammenseins neu entstehen und ersehnen zu lassen. Die konsequente Handlungsweise für den Protagonisten wäre demzufolge — nachdem in Gedanken die Wiedervereinigung bereits vollzogen war — eine tatsächliche Rückkehr zu der Geliebten. Der Sinngehalt der Einsamkeit träte damit offen zutage. In unmittelbarem Zusammenhang mit der fast religiös empfundenen Wiedervereinigung aber heißt es: ,,Dennoch stand es fest, daß er nicht umkehrte . . .[18]" Die psychologische Ausdeutung seiner Absonderung erweist sich damit als unzulänglich, und das Ambivalente der Einsamkeit beginnt sich abzuzeichnen. Einerseits erfährt er in diesem Sommer des Getrenntseins in Gedanken eine Steigerung seiner alten Liebe und andererseits wird er in concreto ,, . . . der Geliebte einer Bauernfrau . . ." und ,,diese Veränderung, die mit ihm vorgegangen war, beschäftigte ihn sehr, denn ohne Zweifel war da nicht etwas durch ihn, sondern mit ihm geschehen[19]". Wieder geht es um ein Geschehen, das jenseits von Homos Willenskapazität liegt und nicht mehr ausschließlich rational erklärbar ist. Erst durch Grigia, die eine weit größere Plastizität besitzt als der ,,Wiener Anonymus", der ,,anfänglich wie ein vorgeschobener Statist[20]" wirkt, wird deutlich, was ihm in seiner ehelichen Verbindung gefehlt hat. Grigias ,,liebliche" Natürlichkeit und unkomplizierte, ,,rohe" Direktheit, der alles Domestizierte fehlt, ziehen ihn in den Bann einer anderen, nicht gekannten Wirklichkeit, die ihm gleichzeitig Zauberwelt ist und in der Miteinander-ins-Heu-Gehen so einfach und natürlich ist ,,wie für Tiere das Futter[21]", so daß sein bisheriges Leben allmählich an Gegenständlichkeit zu verlieren beginnt. In Grigias Wirklichkeit beruht die Verständigung der Geschlechter auf der Verläßlichkeit der Sinne, die noch durch keinerlei zivilisatorische Sexualkonventionen beengt werden. Die Erfahrung der Einsamkeit ist hier irrelevant, da die Ansprüche des Ich an das Du nicht im Individualbereich wurzeln, sondern im rein Geschlechtlichen ihr Genüge finden. Sprache ist nicht Mittel zum Einander-näher-Kommen und Vertraut-Machen, Sätze sind ,,Worte wie die Muster der Schürzen und Tücher und die farbigen Borten oben am Strumpf[22]", das heißt, Attribut der Geschlechtlichkeit.

Die Geschichte des aus Amerika heimkehrenden Bauern scheint wie eine Variante des Brechtschen „Mann ist Mann", die ihre resümierende Pointe in dem „So waren diese Weiber[23]" findet. Homo erlebt die ganze Faszination der Grigia-Welt aus der Perspektive des differenzierten modernen Menschen, dem wohl eine Teilnahme an der Naturhaftigkeit dieser Lebensweise möglich ist, nicht aber eine tatsächliche Identifikation. Die „fremden Lebenserscheinungen" ergreifen „Besitz" von ihm, geben „ihm aber kein neues, von Glück ehrgeizig und erdfest gewordenes Ich, sondern sie siedelten nur so in zusammenhanglos schönen Flecken im Luftriß seines Körpers[24]". Es geht in Homos Verhältnis mit Grigia nicht primär um eine neue, ihm adäquatere Verbindung, in der es das Einsamkeitsproblem nicht gibt, nicht eindeutig um ein „zurück zur Natur" und damit um eine Absage an seine früheren, bürgerlichen Lebensgewohnheiten, sondern um etwas sehr viel Ambivalenteres. Das Gefühl des Abgetrenntseins von seiner Lebensgeliebten besteht fort und äußert sich in dem Wunsch, sie nicht ihrer Vereinzelung zu überlassen, sondern sie auf irgendeine unbestimmte Weise in sein neues Dasein zu integrieren und in diese „Märchenwelt" mit „hinüberzunehmen". Er vermag sich deshalb auch keine Klarheit darüber zu verschaffen, ob er die Bäuerin wirklich „liebt, oder ob ihm ein Wunder bewiesen werde, und Grigia nur der Teil einer Sendung war, die ihn mit seiner Geliebten in Ewigkeit weiter verknüpfte[25]". Es handelt sich hier, wie auch schon für Claudine, aus der Erzählung „Die Vollendung der Liebe", um den Versuch einer Versöhnung von Gegensätzen, einer Treue in der Untreue[26], die nicht mehr mit den üblichen und in ihrer Einseitigkeit zum Teil erstarrten Sexualvorstellungen zu erfassen ist. Die Polarität von Treue und Untreue wird nicht mehr als Alternative, sondern als Antinomie verstanden, in der es hauptsächlich um die Frage der Selbstverwirklichung oder wie E. Allen McCormick sagt, um „. . . the problem of man's identity[27]" geht. In diesem Zusammenhang gewinnt Grigia als Frau ihre Bedeutung, denn auch wenn es nicht in erster Linie um ihre Einsamkeit geht, kann für Homo das Problem der Identität nur durch ihr spezifisches Wesen Bedeutung gewinnen. In der physischen Nähe Grigias erlebt er die psychische Steigerung und Irrelevanz der „Trennbarkeit" seiner früheren Liebe: „. . . sie wurde stärker und neuer; sie wurde nicht blasser, aber sie verlor, je tiefer sie sich färbte, desto mehr die Fähigkeit, ihn in der Wirklichkeit zu etwas zu bestimmen oder an etwas zu hindern[28]." Das Wirklichkeitsgebundene der Liebe, das ja ihre Aushöhlung verursacht hatte, löst sich ab, und ihr „jenseitiger Teil" wird auf diese Weise wieder möglich gemacht. Die verlorene Transzendenz wird zurückgewonnen. Homo empfindet den verborgenen Zusammenhang zwischen Liebesverwirklichung und Wirklichkeitsauflösung, der die Versöhnung zweier gegensätzlicher Seinszustände verhindert. Er mag ahnen, daß eine Vereinigung des Männlichen und des Weiblichen, in der Art wie er sie ersehnt hatte, in der Realität nicht zu erreichen ist und daß der Mensch zwischen Einsamkeit oder Wirklichkeit zu wählen hat. In der Krise ist ihm auch die „entrückt", mit der er doch „Hochzeitstage und Himmelfahrtstage" durchlebte, und „er vergaß überhaupt an Grigia zu denken[29]". Seine Todesbereitschaft entzieht sich zwar einer eindeutigen begrifflichen Auslegung, steht aber in einem mutmaßlichen Zusammenhang mit dem Wissen, daß es eine Vereinigung, die über jene, die er erfahren hat, hinausgeht, nicht gibt und daß sich sein Schicksal durch die Begegnung mit Grigia erfüllt hat.

In dem Mittelteil der Trilogie, in „Der Portugiesin", erfährt das Einsamkeitsmotiv eine entscheidende Präzisierung und merkliche Steigerung. Die Ehe des Herrn von Ketten und der Portugiesin verkörpert nicht nur die in der Sekundärliteratur besonders betonte Antithetik von Norden und Süden[30], sondern vornehmlich die Grundpolarität des spezifisch Männlichen und Weiblichen, das nur schwer zu einer Synthese gelangt, da es sich gleichsam in einem permanenten Fluchtzustand voreinander befindet. Von Ketten „ritt elf Jahre lang zwischen den Adelssitzen und den Kampfhaufen hin und her . . ." und „war nie länger als zweimal zwölf Stunden zuhause. Schrammen und das umherziehende Leben bedeckten ihn mit ihrer Kruste. Er fürchtete sich wohl, länger zuhause zu bleiben. . .[31]" In auffälligem Gegensatz zu Homo, von dem es hieß, daß er „nie auch nur einen Tag lang von seiner Frau geschieden gewesen[32]" war, leben die Portugiesin und von Ketten in einer kontinuierlichen, elf Jahre andauernden Geschiedenheit. Es ist, als ob sie nur in dieser gegenseitigen Einsamkeit die eigenartige, durch keinerlei Wirklichkeit entstellte Faszination aneinander bewahren können. Das schon vom Urgroßvater ererbte rohe und gewalttätige Kriegerschicksal bindet von Ketten an die Tat und läßt ihm „Kriegslist, politische Lüge, Zorn und Töten" . . . „traulich" erscheinen, während er das „andere heimlich" liebte[33].

Es scheint indessen, daß man bezüglich der von Ketten bereits von einer Sippenambivalenz sprechen kann, insofern, als ihnen allen im Grunde nicht klar ist, „wie sie wirklich waren[34]", das heißt, ob sich ihre Eigentlichkeit in der Sehnsucht nach der schönen und fremdartigen Liebenswürdigkeit verbarg oder in dem „taghellen" und dingfesten „Leben des Befehlens offenbarte. Wenn Paul Requadt besonders die „rationalisierte Zweckwelt" der von Ketten betont und ihre Entscheidung für die Südländerinnen der schönen Söhne wegen als Beweis dafür ansieht, daß „das Zweckhafte" . . . „auch in dies Persönliche" hineinspielt[35], muß dem entgegengehalten werden, daß sich darin doch zumindest eine nur partielle Rationalität ausdrückt, da der Wunsch nach schönen Söhnen an sich schon über das Nur-Zweckmäßige hinausgeht und die Kategorien des Schönen besonders für das kriegerische, rauhe Fehdeleben der Catene durchaus entbehrlich sind.

Von Ketten selbst verhält sich zwar zu dieser Sphäre des Schönen in instinktiver Abwehr. Er weicht ihr beständig aus, indem er sich, länger als es notwendig ist, in der Abgeschiedenheit der Wälder aufhält. Das Symptomatische dieser Einsamkeit ist wieder ihr ambivalenter Bedeutungsgehalt. Einerseits ist diese Flucht vor der latent in ihm angelegten Schönheitssehnsucht bedingt durch die täglich von ihm geforderte Aufgabe des Kampfes. Die Anerkennung der weicheren Seite seines Lebens würde die Chance, seine Wirklichkeit zu bestehen, verringern[36]. Andererseits verbirgt sich in dieser Einkapselung und Isolierung, in dieser schon durch den Namen angedeuteten doppelten Verkettung in sich selbst und dem Schicksal seines Geschlechts, die kaum artikulierte Ahnung, daß gerade die Entschlossenheit und das Abenteuerliche dieses „Männerlebens" einen wesentlichen Reiz für die Portugiesin bedeuten. Das „Wäre er einmal länger geblieben, hätte er in Wahrheit sein müssen, wie er war[37]", deutet darauf hin, daß das ruhelose Kampfleben keineswegs die ganze Spannweite seiner individuellen Seinswahrheit umfaßt. Es wird offensichtlich, wie sehr diese Einsamkeit — selbst wenn sie als notwendiger Tribut an das Schicksal der Catene zu zahlen ist und den Garanten ihrer Kollektiv-Wirklichkeit konstituiert —, gleichzeitig Flucht vor ihrer individuellen Wirklichkeit bedeutet und damit eine authentische Bindung an ein Du verhindert. Instinktiv, wie um sich vor sich selbst zu schützen, läßt von Ketten daher die Zweisamkeit nur in der Sphäre der Nacht zu. Da „sprach er noch zuweilen unüberlegte Worte, aber nur so lang, als die Pferde im Stall ruhten; er kam nachts und ritt am Morgen fort oder blieb vom Morgenläuten bis zum Ave[38]".

150

Vergegenwärtigt man sich die einleitende Aussage, nämlich, daß er nur „zweimal zwölf Stunden zuhause" war, das heißt, nicht ein einziges Mal die umfassende Zeitspanne von Tag und Nacht und selbst bei seiner Verwundung erst „Fünf Tage nach der Kunde" zu ihr kam und auch dann „eiliger als es nötig war[39]" Abschied nahm, wird deutlich, wie sehr ihr Zusammensein als etwas Diskontinuierliches, jederzeit wieder Aufhebbares und aus dem Bereich seiner einsamen „sonnenklaren" Wirklichkeit Ausgeklammertes, erlebt wird. Gerät dieses „Mondnächtige" jedoch einmal in den Bereich seiner fordernden Tatwelt, erregt es das Mißfallen des Schloßherrn, so daß er den Ernst der Nacht auf die Ebene des unverbindlichen Spiels zurückdrängt. „Er grollte seiner schönen Frau, weil sie ihm beinahe die Gelegenheit [zum Gegenangriff gegen den Bischof] hatte verspielen lassen[40]." Und wenn Musil hier — anstatt der erwarteten syntaktisch üblichen Wendung der Gelegenheit verpassen, versäumen oder ungenutzt lassen — „verspielen" sagt, veranschaulicht das von Kettens spezifische Haltung.

Aber auch die Portugiesin verharrt in der eigenen Fremdheit und wird heimisch in ihrer Einsamkeit. „Müde des pfaublauen Meers, hatte sie sich ein Land erwartet, das voll Unerwartetem war . . .; aber da sie das Geheimnis sah, fand sie es über alles Erwarten häßlich und mochte fliehn[41]." Sie, deren Wesen dem Ästhetischen verhaftet ist und der Schönheit Lebensnotwendigkeit bedeutet, vermag nicht, die abweisende Herbheit der Nordwelt zu durchdringen. Der Wald verschließt sich ihr, und was sie heimträgt sind nichts als „überwundene Schwierigkeiten" und „befriedigte Neugierden", weil sie nicht anders als mit den Augen der Schönheit zu sehen versteht. Da sie aber einmal hier ist und den Mann liebt, versucht sie für sich selbst, die Häßlichkeit ihrer Umgebung als die Schönheit der männlichen Welt zu deuten und von Ketten als deren Helden zu begreifen. Im Innersten aber bleibt auch sie in ihrer einsamen Ichbefangenheit, in die der Mann nicht einzudringen vermag.

„Ruhig saß, in ihrem reichen Gewand . . . die Gestalt, nur aus sich heraussteigend und in sich fallend; wie ein Brunnenstrahl; und kann ein Brunnenstrahl erlöst werden, außer durch Zauberei oder ein Wunder . . . Man möchte das Weib umarmen und plötzlich gegen den Schlag eines magischen Widerstands stoßen[42];"

Es ist auffallend, daß es auch in der von Ketten-Welt eine entsprechende Hindeutung auf eine nur noch durch ein Wunder mögliche Lösung gibt. „Der Herr von Ketten spann zuweilen lange verschlungene Fäden, wenn er an den Bischof dachte, ... und ihm war, als könnte nur ein Wunder es ordnen[43]." Gerade in der Erwartung des Wunders verdeutlicht sich die Schicksalhaftigkeit ihrer Einsamkeit, die schon an die Sphäre des Magischen reicht und nicht mehr durch psychologische Kategorien erfaßbar ist. Es ist offensichtlich, daß die Protagonisten den Ausweg aus ihrer Einsamkeitsbefangenheit allein nicht finden und von sich aus die Kluft ihrer Zentrovertiertheit nicht überbrücken können. Die Ambivalenz ihrer Einsamkeit spiegelt sich in dem widersprüchlichen Phänomen, daß es trotz der offenkundigen Isolierung des Paares nicht zu einer tatsächlichen Vereinsamung kommt. Gerade die ständige Ferne und Fremdheit der Gatten bewirkt eine eigenartige Faszination und führt zu einer reziproken Stilisierung, bei der das Männliche ins Heroische und das Weibliche ins Poetische gesteigert wird. Der Mann wird zum „Geliebten des Ruhms und der Phantasie" und die Frau zur „mondnächtigen Zauberin". Einer inneren Begegnung auf der Ebene der Wirklichkeit wird ausgewichen. Man ist „vertraut" miteinander wie mit einem „Ding", aber es kommt zu keinerlei echten Vertrautheit, und man verharrt in der Schweigsamkeit, da man den Worten mißtraut. Äußere Abgeschiedenheit und magische Fremdheit bilden auf diese Weise einen Lebensmodus, der, trotz aller immanenten Problematik, nicht zu einer Krise führt, da „Ketten und die Portugiesin" keine „empirischen Individuen", sondern Angehörige „einer geistigen Ordnung[44]" sind. Das Schicksal der Catene und ihren Frauen findet in ihnen seine Fortsetzung. Die gleichsam ererbte Antinomie von „Norden" und „Süden", von „Wildheit" und „Weichheit" — von der Musil, in seiner anfänglichen Funktion als chronikalischer Erzähler nicht zu berichten gewußt hatte, daß sie krisenhaft sei —, wird nachvollzogen. Einsamkeitsimmanenz kann bewältigt werden.

Das ändert sich erst in dem Augenblick, wo von Ketten aus der Kontinuität seines Schicksals herausfällt, und aus der Verkettung mit seinem Geschlecht befreit wird. Unvermittelt wird er zum Einzelnen ohne Aufgabe, der krank und geschwächt aus seiner Einsamkeit in die Zweisamkeit zurückkehrt. Die Kollektiv-Wirklichkeit hat ihre Relevanz verloren, und die Individual-Wirklichkeit beginnt ihr Recht zu fordern. Jetzt erst bricht die Krise aus. Die Gatten stehen sich nicht mehr in magischer Einsamkeit, sondern in fremder Vereinsamung gegenüber, die durch die Gegenwart des Jugendfreunds noch gesteigert wird. Die Portugiesin hatte elf Jahre „auf den Gatten gewartet, elf Jahre war er der Geliebte des Ruhms und der Phantasie gewesen, nun ging er in Haus und Hof umher und sah, von Krankheit zerschabt, recht gewöhnlich aus neben Jugend und höfischem Anstand[45]". Die Portugiesin hatte ihr Schicksal annehmen und ihre Einsamkeit ertragen können, indem sie sich selbst ihren Helden geschaffen hatte. Die Aufziehung des Wolfes, der sie in seiner „schweigenden Wildheit" an den Herren von Ketten erinnerte, symbolisierte ihre Bereitschaft, das Rauh-Männliche zu idealisieren. Nun werden Krankheit und schleppende Genesung zum Prüfstein ihrer Liebe, und sie macht die Erfahrung, daß es einfacher ist, heroisch und aus der Ferne zu lieben, als den anderen in seiner glanzlosen Alltäglichkeit und kränkelnden Gegenwärtigkeit anzunehmen.

Jetzt wird deutlich, daß es nicht die Antithetik von Norden und Süden oder Wildheit und Weichheit war, die die Prämisse zu beider Vereinsamung konstituierte, sondern gerade umgekehrt, das Nicht-mehr-Aufrechthalten-Können dieser spezifischen Polarität. Für die Portugiesin bedeutet der Weg aus der Vereinsamung eine Entthronung des Heroischen zugunsten des Menschlichen, mit anderen Worten: ein Annehmen des Schwachen auch innerhalb der Sphäre des Männlichen. Für von Ketten ist es nur dann möglich, seine „Verkrustung" zu durchbrechen, wenn er das „andere" nicht mehr „heimlich", sondern offen zu lieben wagt und aus dem Bereich der Nacht mit hinübernimmt in die Helle des Tages. Die Faszination der Fremdheit muß von beiden, wenn sie eine Begegnung auf der Ebene der Wirklichkeit bestehen wollen, in das Gefühl der Vertrautheit verwandelt werden. Wieder geht es, wie schon in „Grigia", um die Versöhnung von Gegensätzen[46], um das „Hinübernehmen" einer Daseinsform in eine andere, da der Musilsche Mensch — wie das in noch gesteigerter Form für den Mann ohne Eigenschaften zu zeigen sein wird — die Wirklichkeit nicht mehr als Totalität, sondern nur noch als Möglichkeit *eines* Seinsmodus begreifen kann, der infolgedessen der Ausschluß eines anderen implizit ist. Die Sehnsucht nach Wiedervereinigung und Versöhnung ist der instinktive Versuch, einer permanenten Ambivalenz zu entgehen und die damit verbundene latente Vereinsamung zu überwinden.

Die Portugiesin und der Herr von Ketten sind — als Verkörperungen von Menschen, die die Selbstreflexion nicht kennen — außerstande, allein ihre

Entfremdung zu überwinden. Musil veranschaulicht das Krisenhafte ihrer Situation, meidet indessen das Tragische, indem er, mittels des schon vorausgedeuteten Wunders, die Protagonisten aus ihrer Vereinsamung herausführt. Wesentlich daran ist (eine genauere Analyse des Wunders erübrigt sich in diesem Zusammenhang)[47], daß alle Beteiligten im Schicksal der kleinen Katze ein ihnen gegebenes Zeichen erkennen. Die Versöhnung, die in „Grigia" nur als geahnter Versuch und um den Preis des Todes erkennbar war, findet hier statt. Die Ablösung des Bildes des Wolfes durch die kränkliche kleine Katze symbolisiert die Bereitschaft der Portugiesin, den Gatten auch in seiner Schwäche zu akzeptieren, und die Mauerbezwingung des Catene bedeutet, neben der Wiederherstellung seiner physischen Kräfte, die psychische Fähigkeit, die zwischen sich und der Frau errichtete Trennwand zu überwinden. Auf diese Weise ist es ihm endlich gelungen, seine durch die Kollektiv-Identität verborgene Individual-Identität zu finden und anzunehmen.

In „Tonka", der letzten der drei Novellen, erfährt die Daseinsambivalenz ihre schärfste Zuspitzung, und das Gefühl der Vereinsamung wird von beiden Protagonisten am intensivsten und ausweglosesten durchlebt. Die Frage der äußeren Nähe oder Abgeschiedenheit wird irrelevant vor dem sich allmählich vollziehenden Prozeß der Vereinsamung im Du. Die Problematik zeichnet sich schon ab bei der ersten Begegnung der Helden. „Es war seltsam, daß ein so heiterer Blick saß wie ein Pfeil mit einem Widerhaken, und sie schien sich selbst daran wehgetan zu haben[48]." Die traditionelle Metapher des Pfeiles wird erweitert durch das Bild des „Widerhakens", das bereits das Getroffen- und Verletztwerden beider und die ihnen daraus erwachsene, spätere Leiderfahrung vorausdeutet. Ähnlich wie in den beiden vorigen Novellen wird das Individuum in einem Stadium des Ungeschütztseins und der Loslösung von alten Bindungen und Wirklichkeiten mit dem Einbruch des Neuen konfrontiert. Wenn „fremde Lebenserscheinungen" von Homo in seinem Zustand der „Herrenlosigkeit" Besitz ergriffen und er ihnen, ungeschützt von Familienwirklichkeit, erlag, wenn von Ketten in dem Augenblick in eine Krise gerät, wo er seiner Sippenaufgabe entledigt war, wiederholt sich auch für den Protagonisten der letzten Novelle eine ähnliche Vakuumssituation. Er lernt Tonka „in seinem Militärjahr" kennen. „Es ist nicht zufällig, daß es in seinem Militärjahr war, denn niemals ist man so entblößt von sich und eigenen Werken wie in dieser Zeit des Lebens, wo eine fremde Gewalt alles von den

154

Knochen reißt. Man ist ungeschützter in dieser Zeit als sonst[49]." Wieder
verkörpern die beiden Hauptgestalten „two extreme possibilities of human
existence. ‚He' the hero . . . symbolizes . . . an extreme masculinity . . .
Tonka however, the simple girl symbolizes naive and unreflective feminity.
The profound difference between these two people is illustrated by the
hero's ability to talk, to reflect, and to write, and by Tonka's exceptional
taciturnity[50]." Als der Freund ihr einmal das eigenartig schwerelose Gefühl
eines Sommerabends beschreibt, verlangt er von ihr, als Beweis ihres
Verstehens, „daß sie es ihm mit eigenen Worten beschreibe; und das
vermochte sie nicht. Dann verstehe sie es auch nicht[51]." So wie für von
Ketten die Tat, wird für ihn das Wort zum Gradmesser der Wirklichkeit,
die ihren Boden verliert, sobald dieser Grundpfeiler ins Wanken gerät. Die
Möglichkeit, daß etwas bestehen kann, das jenseits des Ausdrückbaren
liegt, wird nicht von ihm anerkannt. Die entscheidende Divergenz, die
zwischen seinem rein verbalen und ihrem ganzheitlichen Weltverhältnis
liegt, bedingt ihre innere Fremdheit und Einsamkeit. Das Verbindende und
sie zueinander Hinziehende ist ihr gegenseitiger Ernst. Zur Krise kommt es
erst in dem Augenblick, wo sich durch die ungeklärte Schwangerschaft
seine Welt der Ratio und ihr naturhaftes Lebensverhältnis zu einer
Alternative zuspitzen. Hier wird ihre Einsamkeit zur schmerzlichsten
Vereinsamung. Einerseits hindert den Protagonisten „die Gewißheit seines
Verstandes" daran, eine mystische Erklärung zu akzeptieren, während
andererseits die Wahrheit von Tonkas Gesicht seine existentielle Lebens-
grundlage zunichte zu machen droht. Das Thema der sich gegenseitig
relativierenden Wirklichkeiten als Movens zu einer ambivalenten Vereinsamung war schon in „Der Portugiesin" angeklungen. In „Tonka" steigert
sich diese Polarität noch weiter, da sich die alternierenden Wahrheiten
nicht mehr nur relativieren, sondern ausschließen.

Entsprechend der unterschiedlichen Charakterstruktur der Protagonisten verläuft der Prozeß der Vereinsamung für beide in ganz verschiedenen Bahnen. Während es von ihm heißt, daß er „nie Zeit für Freunde
gehabt, wohl auch keinen Geschmack an ihnen oder keinen Reiz für sie[52]".
also in gewisser Weise schon immer einsamkeitsprädisponiert war, steht
Tonka in einem unmittelbaren Verhältnis zu ihrer Umwelt, das von einer
Art Urvertrauen bestimmt ist und das Gefühl der Einsamkeit ausschließt.
Wenn der Freund während ihrer anfänglichen Bekanntschaft meditiert:
„Sie kam ihm sehr einsam vor. Wenn sie ihn nicht hätte, wer würde sie

verstehn[53]", dokumentiert er damit nur, wie sehr er sie — indem er ihr schweigsames Weltverhältnis als Verlassenheit mißdeutet — aus der Perspektive seiner eigenen Dialektik sieht. Das Paradoxe liegt aber gerade darin, daß er selbst derjenige ist, der ihre Vereinsamung heraufbeschwört. Durch seine Zweifel wird ihr Urvertrauen gestört und ihr ganzes instinktives Sein erschüttert. Da sie so wenig in der Welt „der gewöhnlichen Sprache" zuhause ist und nur die „Sprache des Ganzen" kennt, ist sie unfähig, seine Zweifel mit sprachlichen Mitteln zu widerlegen. So gerät sie durch sein Unvermögen, ohne Beweise an sie zu glauben, in eine durch nichts gemilderte, qualvolle Einsamkeit, aus der sie sich mit eigenen Mitteln nicht mehr zu befreien vermag.

Während sich in Tonka auf diese Weise ein Prozeß von einem naturhaften All-Einssein zu einem ihr im Grunde wesensfremden Alleinsein vollzieht, verläuft die Entwicklung für den Freund sehr viel weniger gradlinig, da seine Einsamkeitsverhaftung weit in seine Jugend und Kindheit zurückreicht. Wilhelm Braun verweist auf eine dem Helden eigene Schizophrenie, die ihn gerade auf dem Gebiet des Naturwissenschaftlichen eine weniger zweifelnde und dem Glauben geneigtere Haltung einnehmen läßt, als er es Tonka gegenüber zu tun vermag[54]. Wenn also sich der Zweifel besonders im Bereich des Emotionalen einstellt, wirkt darin noch sein antithetisches Verhältnis zur Mutter nach. Durch ihre Beziehung zu dem Onkel hatte er schon als Kind die Einsamkeit in der Ungewißheit erfahren, das Alleinsein dessen, der daneben steht und weiß, was er doch nicht weiß, und das Vorgefühl davon, daß es eine Sicherheit in Dingen des Gefühls nicht gibt. Schon damals hatte er die ihn später häufiger überfallende Ahnung gekannt, „daß da die Begriffe an eine Grenze kommen[55]", und daß etwas zerfällt, was man doch braucht, um zu leben.

Seine „fanatische" Zuwendung zum „neuen Ingenieurgeist" ist weitgehend eine Reaktion gegen die verunklarte und nicht faßliche Gefühlswelt von Mutter und Onkel, der er sich entziehen möchte. Sein augenblickliches Verhalten konstituiert daher nicht eine natürliche Synthese seiner Fähigkeiten und Möglichkeiten, sondern ist als Antithese zur mütterlichen Vorstellungswelt, als Emanzipationswille aus fremder Bevormundung zu verstehen. Es ist daher von symptomatischer Bedeutung, daß sich nun, wo sich durch Tonkas Schwangerschaft diese Kindheitseinsamkeit des Nichtgenau-Wissen-Könnens in quälender Weise wiederholt, der Zweifel die Züge der Mutter annimmt. Die latente Abhängigkeit von der Mutter-Welt ist infolgedessen noch nicht überwunden. Wenn er, als „ein haßerfüllter Gegner" aller Fragen, „die nicht klar zu lösen[56]" sind, sich plötzlich von Unwirklichkeiten und Zweideutigkeiten umstellt sieht, ist es, als ob die ausgeklammerte Welt des Irrationalen ihr Recht verlangt. In diesem Kampf um die Klarheit, um die Abgrenzung und Bewältigung zweier Wirklichkeiten, in dem es um die existentielle Grundlage seines Lebens schlechthin geht, ist er ganz allein. Musil wählt für diese letzte Einsamkeit das unheimliche Bild eines Hohlraumes unterhalb der Geschäftigkeit der Stadt.

„Seine Mutter, die Ärzte mit dem Lächeln der Vernunft, das glatte Laufen der Untergrundbahn am Weg zu Tonka, der Schutzmann mit den festen, das Chaos regelnden Gebärden, der donnernde Wasserfall der Stadt: das war alles eins; er stand in dem einsamen Hohlraum darunter – unbenetzt, aber abgeschnitten[57]."

Die gesamte Außenwelt verfestigt sich zu einer Einheit, die ihn ausschließt. Tonka aber, der einzige Mensch, den er hat, kann ihm in ihrer Stummheit nicht helfen, und er sie gerade deshalb nicht aufgeben. Hier grenzt das Geschehen ans Tragische. Es scheint unausdenkbar, daß diese Einsamkeit, die die Protagonisten wie ein wirres Rankenmuster umspannt und sie von der Außenwelt abschneidet, ohne sie doch zueinander zu führen, jemals überwindbar wäre. Nirgends deutet sich ein Ausweg an. Eine gewonnene Ansicht wird verworfen, bevor sie sich zur Einsicht verdichtet. Einsamkeit gewährt nicht mehr die Möglichkeit, Erkenntnis zu gewinnen, da die Gedankengänge und Vorstellungen ihre Richtigkeit verloren haben und dem Labyrinthischen verhaftet bleiben. Die Wirklichkeit scheint aus dem abgetrennten „Hohlraum" gewichen zu sein und ihre Deutbarkeit verloren zu haben.

Ebensowenig wie von Ketten und die Portugiesin vermögen Tonka und ihr Freund von sich aus die Vorgänge zu entwirren und ihre Vereinsamung zu überwinden. Auch hier bedarf es dazu eines außermenschlichen Eingriffs. Insofern kommt dem Tod Tonkas innerhalb des Geschehens die gleiche Funktion zu wie dem der kleinen Katze: er bewirkt die Entspannung. Die bedrohlichen Alternativen haben plötzlich ihre Relevanz verloren.

„Alles, was er niemals gewußt hatte, stand in diesem Augenblick vor ihm, die Binde der Blindheit schien von seinen Augen gesunken zu sein;

einen Augenblick lang, denn im nächsten schien ihm bloß schnell etwas eingefallen zu sein. Und vieles fiel ihm seither ein, das ihn etwas besser machte als andere, weil auf seinem glänzenden Leben ein kleiner warmer Schatten lag[58].''

Gerade das Bild der plötzlich abfallenden „Binde der Blindheit" macht deutlich, wie wenig es sich hier um einen allmählichen Prozeß der Erkenntnis, um ein Einsehen kraft besserer Überlegung handelt, sondern um ein intuitives Verstehen, das jenseits der Ratio wurzelt. Damit entfällt für die Einsamkeit der Erkenntnis- und Läuterungswert, den sie für Malte Laurids Brigge noch gehabt hat. Nicht im Zustand des Alleinseins lernt Tonkas Freund sehen, sondern durch eine äußerliche Zufälligkeit, und für sie selbst mündet die Vereinzelung in den Tod, ohne daß die Erkenntnis des Gefährten ihr noch nützen kann.

Dennoch wäre es verfehlt, die von beiden durchlebte Einsamkeit nur destruktiv zu bewerten. Eine so einseitige Beurteilung widerspräche der Komplexität der Musilschen Welt. Gerade das letzte Bild des „kleinen warmen Schattens" läßt Versöhnliches anklingen und mildert die Härte von Tonkas Tod. Was von beiden in dem Stadium ihrer Vereinsamung erfahren wird, ist die Daseinsambivalenz schlechthin, die eine Einsamkeits-ambivalenz impliziert.

Versuche zu einer säkularisierten „Unio Mystica" als möglichem Modus Vivendi in einer unmöglich gewordenen Wirklichkeit

Wenn sich die Novellengestalten Musils in einem Zustand der Polarität von Vereinsamung und Vereinigung befanden, der dem Bereich des Irrationalen verhaftet war, handelt es sich in seinem Roman „Der Mann ohne Eigenschaften" um den gewaltigen Versuch eines denkenden Menschen, sich eine genaue Rechenschaft abzulegen über die Bedingungen von Einsamkeit und Bindung in der heutigen Welt. Es läßt sich meines Wissens in der deutschen Literatur kein anderes Romanbeispiel anführen, in dem die Fragen nach einer möglichen Gemeinsamkeit zweier Menschen mit einer ähnlich minuziös reflektierenden Genauigkeit und bildhaft poetischen Eindringlichkeit gestaltet werden. „Der Mann ohne Eigenschaften" bildet daher den notwendigen Abschluß dieser Untersuchung, die mit der

Darstellung einer unreflektierten Einsamkeit und Bindung begonnen hatte. Die Zuspitzung der Problematik hatte sich daraus ergeben, daß auf der einen Seite die ständig fortschreitende Sublimierung des modernen Menschen eine schlichte und vorbehaltlose Übereinstimmung mit dem anderen erschwerte, da der Fraglichkeit des Ich die des Du impliziert war, während andererseits die Sehnsucht nach Vereinigung fortbestand. In Ulrich, dem Protagonisten „Des Mannes ohne Eigenschaften", findet dieses Auseinanderfallen von Gefühl und Verstand, und damit verbunden das Vorhandensein zweier divergierender Wirklichkeiten, ihren eklatantesten Ausdruck. Ulrich bildet für diese beiden einander widerstrebenden Tendenzen die Begriffspaare von „Genauigkeit und Seele", „Ratio und Mystik", „Gewalt und Liebe", „Wahrheit und Gleichnis" oder „zwingende und gleitende Logik der Seele", und seine geistige und seelische Heimat- losigkeit rührt daher, „daß es ihm niemals gelungen war, diese beiden Bahnen zu vereinen[59]" oder sich mit einer von ihnen vollständig zu identifizieren.

Während es Malte Laurids Brigge noch gelang, Gefühl und Verstand bei seiner individuellen Lebensaufgabe zu verbinden, und es um eine bereits im voraus entschiedene Alternative von Wirklichkeit und Ich, bzw. Schein und Sein geht, bei der die Authentizität des Ich nie ernsthaft in Frage gestellt wird, hat das Ich Ulrichs diesen anthropozentrischen Charakter verloren und damit seine Eindeutigkeit eingebüßt[60]. Die Problematik läßt sich daher jetzt nicht mehr auf die relativ übersichtliche Gleichung von Klischee und Authentie reduzieren, sondern weitet sich zu dem Dilemma zweier gleichberechtigter Wirklichkeiten, zwischen denen das entthronte Ich mittelpunktslos hin und her schwankt[61]. Ohne jede menschliche Bindung, berufslos, da sich die unternommenen Versuche als fruchtlos erwiesen und, im wahrsten Sinne des Wortes, „unbehaust", präsentiert sich Ulrich schon zu Beginn der Romanhandlung. Bis zu seinem 32. Lebensjahr hatte er darauf verzichtet, sich einen festen Wohnsitz zu schaffen, denn „,ein Haus machen' täuscht eine Schauseite vor, hinter der sich nichts mehr befindet; die sozialen und persönlichen Verhältnisse sind nicht mehr fest genug für Häuser . . .[62]" Wenn er sich dennoch in seinem „Urlaubsjahr" in einem alten Palais einrichtet, so geschieht das weniger aus einem echten inneren Bedürfnis, als vielmehr aus einer augenblicklichen Ordnungslaune, die sich schnell wieder erschöpft, so daß die Raumgestaltung nicht über den bloßen „Zustand des Vorhabens" hinausgelangt und das Provisorium des Herumreisens nur in ein provisorisches Wohnen abgewandelt wird. Nach der Fertigstellung ist alles so wenig auf ihn selbst zugeschnitten, und der Charakter des Beliebigen so vorherrschend, daß der Gedanke, ihn selber mit dem Hausherrn zu identifizieren, absurd erscheint und die sich durch den Herr-im-Hause-Status ergebende Lebensverfestigung irrelevant bleibt.

Eine ähnliche Zufallsbeziehung bestimmt sein Verhältnis zu den Menschen. Sein Vater ist ihm innerlich fremd, und ihr Verkehr miteinander beschränkt sich auf ein höfliches Mißverstehen. Trotz seiner vielen Bekannten hat er keinen wirklichen Freund, denn auch seine Beziehung zu Walter „consists almost exclusively of hostility . . .[63]", und seine Mätressen werden ihm nie zu Freundinnen, „weil er seinen Einfluß auf Frauen zu oft mit der Lust eines Jägers am Fangen und Beobachten[64]" ausübte und „die Neigung zur Frau als eine gewaltsam umgekehrte Abneigung gegen den Menschen[65]" erlebte. So verkörpern seine Geliebten nichts weiter als „Illustrationen zu plötzlichen Einfällen . . . Karikaturen" seiner Launen: „also eigentlich nur Beispiele" seines „Unvermögens in natürliche Beziehungen zu anderen Menschen zu treten[66]". Aber selbst während des Zusammenlebens mit Agathe fällt ihm ein, daß es wohl sein könnte, „daß unsere Begierde nicht verlangt, ein Mensch aus zweien zu werden, sondern im Gegenteil, unsrem Gefängnis, unsrer Einheit zu entrinnen, zwei zu werden in einer Vereinigung, aber lieber noch zwölf, tausend, unzählbar Viele . . .[67]" Nicht nur den anderen indessen, sondern ebenso sich selbst, seiner Vergangenheit und Kindheit gegenüber, bringt er ein solches nachlässig distanziertes Verhalten zutage. Verglichen mit den anderen Protagonisten dieser Untersuchung ist es auffällig, wie wenig seine zahlreichen Aperçus und Reflexionen um die eigene Kindheit kreisen. Es ist offensichtlich, daß auch eine Rückbindung an die Vergangenheit nicht existent ist. Ulrich selbst wundert sich weniger über die eigene Beziehungslosigkeit, sondern geht vielmehr der Frage nach, „wie dieses Bindemittel denn eigentlich beschaffen sei, daß es bei anderen nicht versage[68]".

Alle diese Äußerungen scheinen eine Gefühlslage zu spiegeln, welche derjenigen des Schnitzlerschen Helden aus „Dem Weg ins Freie" auffallend ähnlich ist. Es ergibt sich infolgedessen die Frage, ob Ulrich tatsächlich an der Aufhebung seiner isolierten Lebensweise interessiert ist oder nicht bereits so heimisch in seiner Einsamkeit geworden ist, daß sie ihm als adäquater und durchaus angenehmer Lebensmodus erscheint. Dem läßt sich jedoch entgegnen, daß sich — anders als bei Georg — für Ulrich eine ganze Reihe von Beispielen anführen läßt, die zum Ausdruck bringt, daß er unter seinem Abseitsstehen leidet. Besonders in den letzten Kapiteln des 2. Teils, kurz vor dem Auftreten Agathes, wird deutlich, als wie unbefriedigend und lastend er sein bisheriges Leben empfindet.

„Obgleich Ulrich mit allen diesen Personen immer nur gespielt zu haben glaubte, fühlte er sich mit einemmal sehr verlassen zwischen ihnen . . . und es wollte ihm scheinen, daß alle entscheidenden Augenblicke seines Lebens von einem solchen Eindruck des Staunens und der Einsamkeit begleitet worden waren. Aber war es dieses Mal Angst, was ihn dabei belästigte? Er vermochte sich über sein Gefühl nicht klarzuwerden; es sagte ihm ungefähr, daß er sich noch nie im Leben wahrhaft entschieden habe und es bald werde tun müssen . . .[69]."

An anderer Stelle äußert sich diese Sehnsucht nach Gemeinschaft noch heftiger. „Er dachte an Gerda. Erinnerte sich wie schon sein Jugendfreund Walter das Verlangen in ihm erregt hatte, einmal wieder und so zügellos ganz mit einem Menschen übereinstimmen zu können . . . Jetzt, wo es zu spät war, stieg das Verlangen danach wieder in ihm auf . . .[70]."

Am eindringlichsten schildert Musil diesen Einsamkeitszustand, als Ulrich, nach dem Tod seines Vaters, tatsächlich von allen Bindungen abgeschnitten ist und ohne menschliche Beziehung, gleichsam „wie eine Reihe Puppen übrig geblieben, in denen die Federn längst gebrochen sind." . . . „Seine Einsamkeit . . .", so heißt es weiter, war „ein Zustand, der sich ja nicht nur in ihm, sondern auch um ihn befand und also beides verband . . . und er fühlte es selbst, daß diese Einsamkeit immer dichter oder immer größer wurde. Sie schritt durch die Wände, sie wuchs in die Stadt, ohne sich eigentlich auszudehnen, sie wuchs in die Welt[71]." Aus all diesem wird deutlich, daß Ulrich durchaus keinem Einsamkeitskult verfallen, sondern tief innerlich sehnsüchtig nach Gemeinschaft ist, aber den sich ihm bietenden Verbindungsmöglichkeiten voll Zweifel gegenübersteht. Eine Wirklichkeit, die sich ständig „selbst abschafft" und aus einem kontinuierlichen Wechsel und Austausch divergierender Leitvorstellungen besteht, die nicht mehr „fest genug ist für Häuser" und in der man kaum noch mit „gutem Gewissen Person ist", ist ebensowenig fest genug für Gemeinsamkeit. Nicht, daß Ulrich in Stimmungen schwelgt und nicht nachdenkt wie Georg, sondern gerade umgekehrt, daß er nicht schwelgen

161

will und zu sehr denkt, bestimmt sein Verhältnis zur Einsamkeit. Wenn er herauszufinden sucht, was das für eine Eigenschaft ist, die die meisten Menschen befähigt, ein Gefühl der Übereinstimmung und des Einsseins mit anderen, der Geborgenheit und des Friedens, kurz, der Nichteinsamkeit zu erleben, kommt er letztlich zu dem Schluß, daß das „eine Art perspektivischer Verkürzung des Verstandes" sei, eine „Leistung", die er selbst „nicht in wünschenswerter Weise" vollbringt[72].

Es ist also gewissermaßen seine Genauigkeit, die Wirklichkeit seiner Ratio, die sich der Sehnsucht seiner Seele, der Wirklichkeit seines mystischen Hanges, widersetzt. Daraus ergibt sich eine ähnliche Einsamkeitsambivalenz, die sich — in unreflektierter Form zwar — bereits in den „Drei Frauen" abzeichnete. Während die Raabeschen und Fontaneschen Menschen Alleinsein fürchteten, Georg von Wergenthin, Thomas und Malte seiner Verlockung erlagen, finden sich in Ulrich diese unterschiedlichen Qualitäten wie Einsamkeit und Antieinsamkeit, als Doppelanspruch von Genauigkeit und Seele, vereint. Eine sinnfällige Lebensgestaltung ist infolgedessen unendlich viel problematischer geworden, da es um eine Vereinbarkeit des Unvereinbaren geht und „Partiallösungen" nicht mehr genügen.

Damit ist die geistig-seelische Grundsituation umrissen, in der Ulrich im Hause seines Vaters der „vergessenen Schwester" begegnet. Von Anfang an besteht zwischen den Geschwistern eine auffallende Ähnlichkeit und eine spontane und uneingeschränkte Sympathie, die sich im Verlaufe des Geschehens bis zu einer ans Mystische grenzenden Liebe steigert. Zum erstenmal in seinem Leben deutet sich für Ulrich die Möglichkeit an, durch die Schwester — und „das ist eine der schönsten dichterischen Erfindungen in der Romanliteratur der Epoche[73]" — zu einem anderen Wesen in eine echte Beziehung zu treten. Beider Ähnlichkeit findet zunächst ihren äußeren, aber bedeutsamen Ausdruck in der Übereinstimmung ihrer Hauskleidung. Es darf indessen nicht übersehen werden, daß diese Ähnlichkeit ja nicht einfach auf einer gemeinsamen Farbe oder Stoffart beruht, sondern auf der gleichen Ausweitung ins Imaginäre, das heißt auf der Verkleidung in denselben Typus, in Pierrot, eine Gestalt aus der Commedia d'ell'arte, am Rande der Wirklichkeit, die selbst das Theater verbannte, sobald es der Scheinwelt müde und wirklichkeitsbeflissen wurde. Hinter der augenfälligen Gleichheit verbirgt sich also von Anfang an etwas Widerwirkliches, etwas, das — kaum merkbar zwar — daraufhin-

162

deutet, daß die Vereinigung der Geschwister so außerhalb jeder Realität liegt, daß auch ihr die Gefahr droht, von der Wirklichkeit ad absurdum geführt zu werden.

Ohne daß Agathe sich eine genaue Rechenschaft darüber ablegt, hat sie ein ebensowenig gefestigtes Weltverhältnis wie Ulrich. Auch ihrem Leben fehlt der Mittelpunkt und der notwendige Antrieb, sich endgültig für etwas zu entscheiden. Sie ist „in nichts sicher" und würde, ebenso wie Ulrich, in Verlegenheit geraten, wenn sie hätte sagen sollen, wie sie eigentlich sei. Sie „verabscheute die weibliche Emanzipation geradeso, wie sie das weibliche Brutbedürfnis mißachtete[74]", denn ähnlich wie bei dem Bruder äußerten sich ihre Abneigungen lebhafter als ihre Neigungen. Sie hatte keine Freunde und ihr Verhältnis zu Männern entsprach dem Ulrichs zu seinen Mätressen: sie „waren eine Ergänzung und Vervollständigung des eigenen Körpers, aber kein seelischer Inhalt[75]", und „Liebhaber kamen ihr . . . nicht bezwingender vor als Gatten", und sie hätte „ebensogut die Tanzmasken eines Negerstamms ernstnehmen" können „wie die Liebeslarven, die der europäische Mann anlegt[76]". Ihre Ehe mit Hagauer ist ohne Ehestandsbewußtsein und von der gleichen Zufälligkeit wie Ulrichs Palaisherrichtung ohne Herr-im-Hause-Gestus und bei aller formalen Endgültigkeit ein inneres Provisorium geblieben. Wenn Agathe, trotz ihrer „ursprünglichen Neigung zur Hingabe", empfindet, daß sie „vor den Forderungen der Gemeinschaft[77]" versagt hat, befindet sie sich in einem ähnlich ambivalenten Einsamkeitszustand wie Ulrich, in dem die Sehnsucht nach Bindung durch die mögliche Verbindung erstickt wird.

Diese auffallende Parallelität ergibt sich nicht nur in ihrer augenblicklichen Lebenshaltung, sondern läßt sich ebenso in ihrer emotionalen Entwicklung nachweisen. Beide hatten als Halbwaise ihre Jugend in indifferenter Einsamkeit verbracht, aus der sie erst durch eine kurze und heftige Leidenschaft herausgerissen wurden. Bei aller Unterschiedlichkeit im einzelnen besitzen deshalb Agathes erster Gatte und Ulrichs „Frau Major" den gleichen Stellenwert in ihrer „éducation sentimentale". Unvorbereitet und plötzlich erleben sie eine Gefühlsintensität, die alles bisher Gewöhnte übersteigt und die in gewisser Weise bereits „den anderen Zustand" antizipiert. Beide erleben aber ebenso — und es ist dabei von sekundärer Bedeutung, aus welchen Gründen —, daß sich eine solche Gefühlshöhe, wie auch (in Agathes Fall) die Erinnerung daran, nicht aufrechterhalten lassen. Diesem frühen Geschehen ist also eine doppelte

Bedeutung beizumessen: zunächst einmal begründet es ihr Mißtrauen gegen jeden wie auch immer gearteten Gefühlsüberschwang und bestimmt ihr indifferentes Lebensverhältnis; zum anderen jedoch wirkt es wie eine kaum artikulierte Vorankündigung gesteigerter Empfindungsmöglichkeiten nach und wie eine verborgene „Andeutung, daß noch nicht alles vorbei sei[78]". Die Gefühlskongruenz der Geschwister ist offenkundig, und wenn Agathe ihren Bruder mit den Worten begrüßt: „Ich habe nicht gewußt, daß wir Zwillinge sind[79]", verbirgt sich hinter dieser unbekümmert hingeworfenen Bemerkung bereits die tiefe Bedeutung, die ihrer Begegnung zuteil werden soll.

Wenn Musil diese beiden Menschen so auffallend analog anlegt und Ulrich in Agathe die entsprechende weibliche Variante seiner spezifisch männlichen Komponente finden läßt, so deshalb, weil er die günstigsten Prämissen für eine mögliche Vereinigung zweier Individuen schaffen will. Hinter der ganzen Ereignisfülle und den unzähligen und nicht enden wollenden Reflexionen des Romans verbirgt sich im Grunde die ewige Menschheitsfrage: was ist der Mensch, und wie soll er leben? Ist er ausweglos zur Einsamkeit verdammt, weil jede Gemeinsamkeit „auf einer perspektivischen Verkürzung des Verstandes", das heißt entweder auf Dummheit oder Selbsttäuschung beruht, oder gibt es vielleicht noch unbegangene Wege, die — trotz Beibehaltung des Verstandes — zu einem Zustand der Vereinigung führen. Um dieser Frage unverfälscht nachgehen zu können, darf das entsprechende Paar nicht in einem zufälligen oder mißproportionierten Verhältnis zueinander stehen. Zu starke charakterliche Divergenzen, die notwendig zu einer Vereinzelung in der Zweisamkeit führen, müssen ausgeschaltet werden. Ebenso muß eine gewisse Ebenbürtigkeit gewährleistet sein, damit ein einseitiges Abhängigkeitsverhältnis, das über die Authentizität der Übereinstimmung hinwegtäuscht, vermieden wird. Alle bisher behandelten Paare dieser Arbeit wären für das Musilsche Lebensexperiment ungeeignet gewesen. Ebenso findet sich unter dem bunten Personenreigen, der Ulrich und Agathe umgibt, kein Paar, dessen Gemeinsamkeit nicht auf Täuschung oder einer Addition zweier Einsamkeiten beruhte. Walter und Clarisse, Diotima und Arnheim, Gerda Fischel und Hans Sepp, Rachel und Soliman, sie alle befinden sich bei ihrer Zweisamkeit in einem Zustand der Selbsttäuschung. Die wesensähnlichen Geschwister indessen, die die Verwandtschaft ihres Blutes ernst nehmen, sich selbst als Zwillinge erleben und, in Erinnerung an den uralten „Mythos vom Menschen, der geteilt worden ist" und seinen Doppelgänger im anderen Geschlecht sucht, sich auch siamesische Zwillinge nennen, scheinen prädestiniert dazu zu sein, einander aus ihrer Vereinsamung zu befreien, um in authentischer Zweisamkeit leben zu können.

Schon bei ihrer ersten Begegnung finden sie beide „ein ungewöhnliches Gefallen" an ihrem Gespräch, und Ulrich, der „immer ohne Zärtlichkeit gelebt hatte", erfährt, „daß Vertrauen und Neigung zu fühlen oder für einen anderen zu leben, ein zu Tränen rührendes Glück[80]" sei, während Agathe schon davor zurückschreckte, nur in wenigen Tagen wieder allein zu sein. Ulrichs Zweifel an präfabrizierten Weltanschauungen und unerschütterlichen Moralkategorien erwecken sie aus ihrer seelischen Lethargie und regen in ihr die Hoffnung, daß der Bruder ihr dabei helfen kann, ihrem Leben einen Sinn zu geben. Ulrich seinerseits ist von der Natürlichkeit dieser Schwester fasziniert, und ihr amoralisches Handeln lockt sein antimoralisches Denken. Auch er fühlt, „daß Agathe ihm bei seiner Lebensaufgabe helfen wird[81]".

Ihre gegenseitige Neigung mündet in den Beschluß, zusammenzuziehen, um sich aus ihrer jeweiligen inneren und äußeren Vereinsamung zu befreien. Wenn es trotzdem nicht zu einer vorbehaltlosen Hingabe kommt, liegt das weniger an der traditionellen Tabuierung der Geschwisterliebe, als vielmehr an Ulrichs besonderer Charakterstruktur: nämlich an seiner Genauigkeit und seiner Ironie. Seit der Begegnung mit der Schwester kreisen alle seine Reflexionen um das Gefühl ihrer Zuneigung und versuchen dessen Herkunft und Beschaffenheit auf das genaueste zu analysieren, um seinen Platz im Gesamtzusammenhang der Empfindungen präzisieren zu können. „Nach seiner Überzeugung war nichts dadurch zu gewinnen, daß man Einbildungen nachgab, die einer überlegten Nachprüfung nicht standhielten[82]." Er findet zwar in seiner näheren und ferneren Umgebung eine ausgeprägte Vorliebe für das „Brüderlein-und-Schwesterlein-Spiel", eine fast widersinnig anmutende Bereitschaft in Leidenschaft zu verfallen und die Kräfte des Verstandes zu ungunsten der Wirklichkeit zu mißbrauchen, nichts indessen, was seiner Beziehung zu Agathe vergleichbar wäre. In seinem eigenen Leben kann er zwar einen Ansatz dazu in der „Geschichte mit der Frau Major" erkennen, wappnet sich aber gerade deshalb mit ironischem Mißtrauen, da sich seine damaligen Gefühle schon sehr bald als eine „seelisch-optische Täuschung" und „ein Taschenspielerstück der Phantasie" erwiesen.

Ulrich aber sehnt sich nach Gültigkeit und ist deshalb auf das bestimmteste entschlossen, eine nochmalige Selbsttäuschung zu vermeiden. Seine Genauigkeit dient ihm deshalb als Kontrollinstanz vor dem Wunsch seiner Seele nach völliger Übereinstimmung mit Agathe. Gleichzeitig erschwert dieselbe Ironie — die ihn sein lebenlang daran gehindert hat, die Wirklichkeit für etwas Endgültig-ernst-zu-Nehmendes und anderes, als nur „eine Meinungsäußerung" zu halten —, die seiner Einsamkeit die Schärfe nahm, nun seine Bereitschaft zur Hingabe. Wenn das, was ihm jetzt aus „dem Baum der Liebe" erwuchs, nicht nur eine „Anwandlung" sein wollte, sondern Endgültigkeit haben sollte, mußte es bis in seine verborgensten Schichten beleuchtet und in all seinen Möglichkeiten und Gegenmöglichkeiten erfaßt werden, um von der anderen Hälfte seines Wesens, dem „Baum der Ratio", gerechtfertigt zu sein. Auf der Suche nach Vergleichbarem findet Ulrich die Bekenntnisse der Gottergriffenen, „christliche, jüdische, indische und chinesische Zeugnisse", zwischen denen „mehr als ein Jahrtausend" liegt und in denen dennoch die gleiche innere Bewegung und Gefühlsqualität zu erkennen ist. „Wir dürfen also einen bestimmten zweiten und ungewöhnlichen Zustand von großer Wichtigkeit voraussetzen, dessen der Mensch fähig ist und der ursprünglicher ist als die Religionen[83]."

Es liegt an Ulrichs „negativistischer" Geschichtsauffassung — an seiner Überzeugung, daß es keine wirklichen Evolutionen, sondern nur einen kontinuierlichen Wechsel antinomischer Leitideen und Grundhaltungen gibt und daß die „Ursache aller großen Revolutionen . . nicht in der angehäuften Unzuträglichkeit" liegt, „sondern in der Abnützung des Zusammenhalts, der die künstliche Zufriedenheit der Seelen gestüzt" hat[84] —, daß er, anders als Malte Laurids Brigge, in keiner historischen Zeit eine vorbildlich-gültige Lebenshaltung, in der ein All-eins-Sein verwirklicht und Einzeleinsamkeit irrelevant geworden ist, entdecken kann. Nur im Urreligiösen sieht Ulrich diesen Zustand eines „All-innig-Seins" und einer „schwebenden Einheit" aller Wesen und Dinge schon vorgelebt. Aber auch die Kirchen waren voller Vorbehalte gegen ein so schwärmerisch ekstatisches Sein und haben mißtrauisch darüber gewacht, daß es sich nicht ausbreite. Die Mystiker indessen haben diesen „anderen Zustand" noch verwirklichen können, und es scheint den Geschwistern, daß ihre eigenen Empfindungen und Sehnsüchte nach Einssein Ähnlichkeit mit denen der Gottergriffenen hätten. Damit stoßen sie auf eine leitbildhafte Erfahrungswirklichkeit, die jenseits aller „Ferialstimmung" und unverbindlicher Gefühlsschwindelei liegt, vor deren Ernst die Ironie verstummen muß und die „Genauigkeit" entbehrlich wird. Ein mögliches Utopien, außerhalb aller gesellschaftlichen Kategorien, am Rande der Wirklichkeit, scheint sich ihnen abzuzeichnen. So gerieten Ulrich und Agathe „auf einen Weg, der mit dem Geschäfte der Gottergriffenen manches zu tun hatte, aber sie gingen ihn, ohne fromm zu sein, ohne an Gott oder Seele, ja ohne auch nur an ein Jenseits und Nocheinmal zu glauben; sie waren als Menschen dieser Welt auf ihn geraten und gingen ihn als solche: und gerade das war das Beachtenswerte[85]". Ihr „Adieu Welt" klingt zwar verhaltener und bedächtiger, aber enthält dennoch das ganze Wissen um die Unzulänglichkeit des Daseins, das keine Aufgaben mehr stellt und keine lohnende Bedeutung hat, in dem nichts von Dauer ist und der Mensch seine Mitte verloren hat. Anders aber als der barocke Klagende, der die Welt selbst der Schlechtigkeit bezichtigt, scheint es Ulrich, daß dieser Mangel an Vollkommenheit vor allem an der paradoxen Struktur der menschlichen Gefühle liegt:

„Unser Gefühl ist der Kreuzträger der Doppeleigenschaft: es duldet kein anderes neben sich und dauert selbst nicht aus. Dadurch erhält alles, was mit ihm verbunden ist, das Ansehen, für die Ewigkeit zu gelten, und alle haben wir trotzdem die Bestrebung, die Schöpfungen unseres Gefühls zu verlassen und unsere in ihnen ausgedrückte Meinung zu ändern. Denn ein Gefühl verändert sich in dem Augenblick, wo es dauert; es hat keine Dauer und Identität ... Gefühle sind nicht nur veränderlich und unbeständig ... sondern sie würden das erst recht in dem Augenblick, wo sie es nicht wären. Sie werden unecht, wenn sie dauern ...[86]."

Oder, wie es an anderer Stelle in ironischer Verkürzung heißt: würden „rascher verwelken als Blumen", oder „sich in Papierblumen verwandeln, wenn sie erhalten bleiben wollen[87]".

Ulrich, der zum erstenmal in seinem Leben zu einem anderen Menschen eine tiefe Verbundenheit empfindet und das Glück einer echten Gemeinsamkeit erfährt, der sich anschickt, seine Heimatlosigkeit abzulegen, um durch Agathe heimisch in der Wirklichkeit zu werden, verliert demungeachtet diese Gefühlsinsuffizienz keineswegs aus den Augen. Aber gerade weil er gewissermaßen ein Ewigkeitssehnsüchtiger in der Gestalt eines Vergänglichkeitswissenden ist, beschäftigt ihn im Grunde nur eine Frage:

„Wie aber hält man ein Gefühl fest? Wie könnte man auf der höchsten Stufe der Glückseligkeit verweilen . . .[88]"

Da sich seine beruflichen und gesellschaftlichen Unternehmungen als unbefriedigend herausgestellt hatten, ist diese seine letzte Lebensfrage von äußerster Relevanz. Das, was er mit Agathe vorhat, soll deshalb „nicht nur eine Liebesgeschichte" werden, weil in dem Fall das Ende, das heißt das Zurückfallen in die jeweiligen Einsamkeiten, nur eine Frage der Zeit wäre. Er befindet sich also gewissermaßen auf der Suche nach einer adäquaten Form für einen übergewöhnlichen Inhalt. Um seinem Anspruch nach Gültigkeit Genüge zu tun, bedarf er einer transpersonalen Untermauerung seiner persönlichen Erfahrung. Die Bekenntnisse der Mystiker scheinen ihm die metaphysische Gültigkeit seines eigenen Zustands zu garantieren und bedeuten ihm das Gleichnis, dessen er bedurfte. Was einmal an Gefühlsintensität vorhanden war und als „unio mystica" erlebt werden konnte, erscheint ihm nachvollziehbar zu sein, wenn eine ähnliche Empfindungsbereitschaft vorhanden ist. Was Agathe und ihm zu verwirklichen vorschwebt, ist daher eine Art säkularisierter „unio mystica", einen Zustand, in dem die Scheidungen des Menschtums hinfällig werden, in dem das Einzelselbst seine Bedeutung verliert und in dem sie in einer dauernden, untrennbaren Einheit wie „ein Ding zusammen gehören". Es geht also um nichts weniger, als den Versuch, ihre „Leidenschaft mit dem Grund aller Leidenschaft eins werden zu lassen, der einmal Gottesleidenschaft genannt wurde" und „der Rückgriff . . . auf die Idee vom tausendjährigen Reich, . . . der unio mystica, ist weniger befremdend, wenn man sie mit Musil als eine mögliche Utopie begreift und die Utopie nicht als Ziel, sondern als Richtung vor Augen hat[89]". Bei jedem Zusammensein und allen Gesprächen ist dieses mögliche Utopien unterschwellig vorhanden, und wenn der Entschluß zur Flucht, und damit die Realisierung ihrer Vorstellungen, von Ulrich immer wieder hinausgezögert wird, so deshalb, weil er selbst unbewußt zu ahnen scheint, daß ihre Wünsche eher eine „Richtung" als ein Ziel haben und daß dort „ein Boden ist, auf dem die Menschen" nicht „anders als in Träumen stehen können[90]".

Agathe indessen ist unbekümmerter bereit, „ihre Hand auszustrecken" und das Wagnis ihrer Liebe zu beginnen. Sie bedarf keiner ideologischen Verankerung, um etwas mit Anteil erleben zu können, und wenn sie sich auch „ausersehen fühlte", „etwas Ungewöhnliches" zu erfahren, hatte sie

168

doch nie das Verlangen gespürt, ihre Wünsche gedanklich zu systematisieren. Ulrichs Vorbehalte dagegen, „den letzten Schritt zu tun" und ihre vorgestellte Vereinigung zu leben, rühren, neben seinem fast pedantischen Verlangen nach Dauerhaftigkeit, ebenso von seinem Anspruch nach Bedeutsamkeit her. Er sieht daher seine Liebe immer in Beziehung zu der Aufgabe, die er an der Welt zu haben glaubt. Wenn es anfänglich hieß, daß der Mann ohne Eigenschaften drei Versuche unternommen hatte, um ein bedeutender Mensch zu werden, darf der Genauigkeit halber ergänzt werden, daß die Utopie „des anderen Zustands", die ebenso unter dem Postulat der Bedeutsamkeit steht, im Grunde genommen einen vierten Versuch konstituiert. Hier bietet die aufgabenlos gewordene Welt Ulrich eine neue Leitidee. Alle seine Reflexionen über Gefühl und Moral zielen, neben ihrer offensichtlichen Gewichtigkeit für die Rechtfertigung ihrer Zweisamkeit, gleichzeitig auf die Wiederherstellung eines paradiesischen Zustands, in dem die künstlichen Moralkategorien von Gut und Böse hinfällig werden und in dem es nur eine grenzenlose Allliebe und ein All-eins-Sein in Permanenz gibt, denn „die mögliche Welt ist Liebe" und nur die fertige „Sünde".

Er fühlt sich ermutigt zu diesen utopischen Gedankenträumereien, denn „was gut in diesem Leben war, geschah von Einzelnen[91]", und als Einzelne hatten sie einander ihre Identität wiedergegeben und die Mitte ihres Lebens zurückgewonnen. Dennoch liegt die Paradoxie gerade darin, daß in all diesen Bemühungen um Bedeutsamkeit und in diesen fast schon manischen Absicherungsbestrebungen vor einer möglichen Vergänglichkeit gerade der Keim zur Auflösung ihrer Vereinigung enthalten ist. Die ideologische Befrachtung ihrer Liebe ist zu lastend, als daß nicht die Gefahr einer Substanzerdrückung bestünde. Sie erleben zwar eine kurze Zeitspanne Anderer-Zustand-Sein, eine höchste Stufe einiger Glückseligkeit, aber sie vermögen sie nicht festzuhalten. „Auf dem Höhepunkt dieser seelischen Verschmelzung erfolgt der Umschlag, die innere Entfernung. Die hochgespannte Erfülltheit läßt nach[92]." Beide beginnen ihr Dasein aus der Perspektive des ‚Pastoralen' zu empfinden, und die ersten Zeichen der Langenweile kündigen sich an. „Das Hotel hatte einen kleinen Glockenturm; in der Mitte des Dachs. Um ein Uhr läutete diese Glocke Mittag. Sie fangen an, auf diesen Ton zu warten, wie Erlösung von einer Schulstunde[93]." Das Gefühl der Langenweile dehnte sich aus zu einer lastenden Leere, in der sogar das Schwitzen der Körper als eine angenehme

Ablenkung empfunden wird, da es sie für kurze Augenblicke ihrer Aufgabe des Einsseins enthebt.Und „während sie dem Haus zugingen, merkte Agathe, daß sie sich darüber freute, unten vor dem Hotel ganz gewiß den fremden Reisenden anzutreffen[94]".

„Fürchterliche Augenblicke kamen nachmittags im Zimmer . . . Ulrich und Agathe hatten nichts zum Lesen mitgenommen; so war ihr Plan gewesen; sie hatten alles, was Gedanke, Normalzustand — und sei es noch so scharfsinniger —, Verknüpfung mit der gewöhnlichen menschlichen Art des Lebens ist, zurückgelassen: nun lagen ihre Seelen da wie zwei hart gebrannte Ziegelsteine, aus denen jeder Tropfen Wasser entwichen ist[95]."

Was Ulrich in seinen zahlreichen theoretischen Erörterungen immer befürchtet hatte — nämlich daß Gefühle keine Dauer haben und daß wirkliche Zweisamkeit Selbsttäuschung sei, was er aber durch eine religiöse Überhöhung zu bewältigen suchte —, ist eingetreten. Das Experiment des absoluten Einsseins, „der andere Zustand" als mögliche Existenzform in einer als unzulänglich erfahrenen Wirklichkeit ist gescheitert. Das Paradies „hat sich in eine seelisch-optische Täuschung aufgelöst und in einen wiederholbaren physiologischen Mechanismus. Wie bei allen Menschen[96]".

Obgleich der Roman unvollendet geblieben ist, besteht kein Zweifel daran, daß Musil die Geschwisterliebe scheitern lassen wollte. Keinem der zahlreichen Fragmente des Nachlasses sind gegenteilige Hinweise zu entnehmen. Es ergibt sich demzufolge für unseren Zusammenhang die Frage, ob damit durch Ulrich, dem Theoretiker der menschlichen Conditio par excellence, das letzte Wort über das Einsamkeitsproblem ausgesagt ist; mit anderen Worten: hat er Recht mit seiner Behauptung, daß der Mensch der heutigen Welt der Isolation nur aufgrund „einer perspektivischen Verkürzung des Verstandes" entgehen kann? Der Ausgang der Geschwisterliebe scheint zunächst eine solche Deutung anzubieten. Dennoch muß dem entgegengehalten werden, daß Musil an keiner Stelle des Romans ein Autor der eindeutigen Aussagen ist. Es ist charakteristisch für seine erzählerische Haltung, daß hinter jeder Negation ein mögliches „Vielleicht" steht, sowie jeder Bejahung meist das „aber" implizit ist. Nicht ohne Grund spricht Hermann Pongs von „Dem Mann ohne Eigenschaften" als „dem bemerkenswertesten Frühzeugnis für Ambivalenz[97]".

Wenn Ulrichs und Agathes „beachtenswerte" Versuche, eine moderne „unio mystica" zu erleben, scheitern, liegt das zum großen Teil an der

170

Inadäquanz dieses Versuches selbst. Vergegenwärtigt man sich die einleitende historische Perspektive dieser Arbeit, ging daraus hervor, daß es innerhalb der christlich-europäischen Geistesgeschichte zuerst die Mystiker waren, die das Erlebnis der Einsamkeit erfahren hatten. Sie kannten bei ihrer individuellen, von jedem kirchlichen Dogma gelösten Gottsuche die Polarität von tiefster Verlassenheit und völligem Einssein. Wenn Ulrich und Agathe, als „die letzten Romantiker der Liebe", an die Erfahrungen der Mystiker anknüpfen, sieht es daher so aus, als ob sich der Kreis schließt und das Einsamkeitserlebnis — indem es zu seinem Ausgangspunkt zurückkehrt — zu einem organischen Endpunkt gelangt ist. Aber gerade dieser Rückgriff auf die „unio mystica" enthält die Prämisse, die zum Scheitern ihrer Vereinigung führt. Das mystische Erlebnis des All-eins-Seins wurde ja erst möglich, so hieß es bei Miguel de Molinos, „in der Vergessenheit aller geschaffenen Dinge, und in der Abziehung und Entblößung des Gemüths und Herzens von allen unseren Affecten und Gedancken . . .[98] Die Voraussetzung für das Erlebnis der „unio mystica" war darüber hinaus die absolute Loslösung von jeder menschlichen Bindung, daß heißt die völlige Einsamkeit vor Gott. Was Ulrich und Agathe anstreben, ist daher die Pervertierung ihres Sinngehalts, denn sie bedienen sich einer religiösen Form bei Fortlassung ihres religiösen Inhalts; sie wollen die Belohnung bei Einsparung des Preises. In ihrer Verzweiflung über die erdrückende Langeweile, in die ihr Experiment gemündet ist, erkennt Agathe dieses Paradoxon selbst: „Wenn wir an Gott geglaubt hätten . . . würden wir die Reden der Berge und Blumen verstanden haben[99]." Ohne Gottesimmanenz bleibt „der andere Zustand" illusorisch.

Der Mystiker konnte sich immer von neuem einer religiösen Ekstase hingeben und in einer kontinuierlichen Steigerung leben, da seine Sehnsucht nicht auf ein Menschlich-Begrenztes, sondern auf die Unendlichkeit Gottes gerichtet war. Wenn Ulrich und Agathe, „ohne fromm zu sein", die Intensität ihrer Sehnsucht als Intensität der Erfüllung fortsetzen wollen, und „auf der höchsten Stufe der Glückseligkeit verweilen" möchten, das heißt gewissermaßen ein Intensitätspermanenz anstreben, begeben sie sich damit außerhalb des Bereichs des Erfüllbaren. Höhepunkt und Dauer sind Seinszustände, die einander ausschließen. Ein Höhepunkt, der Dauerhaftigkeit erreicht, verliert sein Spezifikum als Höhepunkt und führt sich selbst ad absurdum. Kontinuität, die zum Höhepunkt führt, büßt den Charakter ihrer Stetigkeit ein. Auf das Einsamkeitsproblem bezogen, ergibt sich daraus nicht unbedingt eine endgültige Absage an alle nicht religiöse Gemeinsamkeit. Ulrich irrt, wenn er jede mögliche Vereinigung negiert und behauptet: „Zwischen zwei einzelnen Menschen gibt es keine Liebe[100]!" Sein mißlungenes Experiment beweist ja vor allem, daß die absolute Übereinstimmung, der Zustand eines ekstatischen Einsseins, nach dem Vorbild der Mystiker, widerwirklich ist und scheitern muß. Damit hat das, was zur Untermauerung und Verfestigung seiner Liebe führen sollte — der metaphysische Sinngehalt — gerade gegenteilig gewirkt und ihre Auszehrung veranlaßt.

Etwas Ähnliches läßt sich von seiner Genauigkeit sagen. Um den Zustand ihres Zusammenseins rein und unbeeinflußt von jeder Störung erleben zu können, hatte Ulrich sorgfältig versucht, alle erdenklichen Ablenkungsmöglichkeiten auszuklammern. Ohne alles Gepäck lassen sie sich deshalb außerhalb der Gesellschaft, gleichsam am Rande der Wirklichkeit nieder, ohne zu ahnen, wie sehr sie sich durch diese Abkapselung in eine Sterilität hineinmanövrieren, die ihrer Liebe den Nährboden nimmt. Indem sie alles Dynamische ausklammern, verbannen sie sich selbst zu einem statischen Sein, das notwendig in Erstarrung enden muß. Vereinigung in der keimfreien Reagenzglasatmosphäre wird im doppelten Sinn zur „nature morte" und wirkt belastender, als Vereinsamung im unbegrenzten Weltall. Musils ironische Distanzierung von seinem Protagonisten äußert sich gerade darin, daß auf diese Weise die seiner Genauigkeit implizierte Intention, ihn vor den möglichen Irrtümern des Gefühls zu bewahren und ein Zurückfallen in die frühere Einsamkeit zu verhindern, zum nicht unwesentlichen Faktor des Mißlingens wird, denn das Unbedingte der Intention gerät in den Bereich des Unzulänglichen, sobald es den Charakter des Utopischen verliert und als Inhalt des Gegenwärtigen erlebt wird. Ulrich gelangt selbst zu dieser Erkenntnis, wenn er ironisch resignierend feststellt: „Offenbar ist alles Absolute, Hundertgrädige, Wahre völlige Widernatur ... Ich habe jetzt so gut begriffen, was Phantasten sind: Speisen ohne Salz sind unerträglich; aber Salz ohne Speisen in großen Mengen ist ein Gift. Phantasten sind Menschen, die von Salz allein leben wollen[101]." Zu spät erkennen sie, daß man nicht außerhalb jeder gesellschaftlichen Wirklichkeit leben kann, daß sie „einem Impuls gegen die Ordnung gefolgt" sind und daß Liebe wohl „aus Trotz erwachsen", nicht aber „aus Trotz bestehn", sondern nur „eingefügt in eine Gesellschaft[102]" fortdauern kann. Die Problematik und das ambivalente Musilsche „aber" verstecken sich indessen darin, daß in der Gesellschaft, wie sie realiter besteht, nirgendwo echte Liebe zu entdecken war. Dadurch rechtfertigt sich der Versuch zu einem authentischeren Zusammensein trotz seines Scheiterns und bleibt, nicht zwar als nachahmenswertes Ziel, aber als Möglichkeit einer Möglichkeit in einer absurd gewordenen Wirklichkeit beachtenswert.

Vergegenwärtigt man sich das Einsamkeitserleben, wie es in den Romanen vor der Jahrhundertwende gestaltet wurde, wird deutlich, wie sehr es sich inzwischen vertieft hat. Die einfachen Hilfen, mit denen der Raabesche Mensch seine Einsamkeit bemeistern konnte, hatten ihre Dienste versagt. Die zunehmende Komplexität aller Phänomene hat das eindimensionale und eindeutige Verlassenheitsgefühl jener Epoche verdrängt. Einsamkeitserleben weitet sich aus zum Einsamkeitsbewußtsein. Die individuelle Isolation innerhalb eines bestehenden Gesellschaftszustands verlor ihre Relevanz vor einer Vereinsamung im Du, da die einfache Zweisamkeit immer mehr ihre Fähigkeit einbüßte, den Menschen vor dem Alleinsein zu schützen. Das gesteigerte Individualitätsbewußtsein erschwerte zudem eine vorbehaltlose Übereinstimmung mit dem anderen und schuf eine gewisse Einsamkeitsprädisposition. Daraus rekrutierte sich eine Einsamkeitsambivalenz, die den Menschen in einen permanenten Schwebezustand von Sehnsucht nach Gemeinschaft und notwendigem Alleinsein, von Hoffnung und Desillusionierung versetzte. Indem die Einheitlichkeit der Vorstellung in Frage gestellt war, begann die Wirklichkeit ihre gültige Deutbarkeit zu verlieren und damit der Mensch seinen notwendigen Mittelpunkt. Einsamkeit ist zum prädominierenden Erlebnis geworden. An der Wandlung der Einsamkeitserfahrung ist das gewandelte Existenzbewußtsein des modernen Menschen ablesbar.

ANMERKUNGEN

Einleitung

1 Karl Vossler: Poesie der Einsamkeit in Spanien. 2. Aufl. – München 1950,S.22.
2 Arthur Schopenhauer: Aphorismen zur Lebensweisheit. Sämtliche Werke. Textkritisch bearb. und hrsg. von Wolfgang Frhr. von Löhneysen. Bd IV. – Frankfurt a. M. 1963, S. 502 f. (Sämtliche Schopenhauer-Zitate entstammen dieser Ausgabe.)
3 Friedrich Nietzsche: Also sprach Zarathustra. Werke in drei Bänden. Hrsg. von Karl Schlechta. Bd 2. – München 1955, S. 316. (Sämtliche Nietzsche-Zitate entstammen dieser Ausgabe.)
4 Vgl. Peter Hofstätter: Gruppendynamik. – Hamburg 1957. Hofstätter distanziert sich von den „Massenverächtern" Le Bon und Ortega y Gasset und sieht gerade in der Masse, bzw. Gruppe, positive Gegenkräfte zur Vermeidung der Vereinsamung. Philipp Lersch: Der Mensch als soziales Wesen. – München 1964; Ulrich Beer: Ich und Du. Der Mensch in Ausdruck, Kontakt und Konflikt. – Stuttgart 1967. Alle drei sehen den Menschen nur als Gruppenwesen.
5 Vgl. Gerhard Kölbel: Über die Einsamkeit. Vom Ursprung, Gestaltwandel und Sinn des Einsamkeitserlebens. – München/Basel 1960, S. 33 ff.
6 Vgl. Friedrich Parpert: Philosophie der Einsamkeit. – München 1955, S. 68: „Durch die Existentialisten ist die Einsamkeit zum Terminus der Philosophie geworden. Er fehlt in den früheren Systemen der Philosophie, auch wenn der Begriff der Einsamkeit in der Sache selbst vorkommt."
7 Vgl. Martin Heidegger: Sein und Zeit. – In: Jahrbuch für Philosophie und phänomenologische Forschung. – Halle 1927, das 6. Kapitel über „Die Sorge als Sein des Daseins", S. 180 – 230.
8 Ähnliche Motive für eine Bevorzugung des Romans finden sich in Herman Meyers Untersuchung über den Sonderling, einer kauzigen Sonderform der einsamen Menschen: „Der Sonderling ist vor allem eine Schöpfung der erzählenden Dichtung, des Romans und der Novelle, und demgemäß beschränkt unsere Auswahl sich im wesentlichen auf die epischen Gattungen. Der erzählenden Dichtung eignet die Möglichkeit eindringlicher Schilderung des Seelischen in dessen Zuständlichkeit, welche Möglichkeit Vorbedingung für die Sonderlingsgestaltung ist. Das Drama, das nicht an erster Stelle die Zuständlichkeit des Seelischen schildert, sondern es durch Handlung, Konflikte und Spannungen mittelbar sichtbar macht, eignet sich gattungsgemäß weniger zur Gestaltung des Sonderlings." Herman Meyer: Der Sonderling in der deutschen Dichtung. – In der Reihe: Literatur als Kunst. Eine Schriftenreihe, hrsg. von Kurt May und Walter Höllerer. – München 1963, S. 20 f.
9 In seiner „Theorie des Romans" arbeitet Lukács das spezifische Wesensmerkmal des Romans – im Gegensatz zum früheren Epos und zur Tragödie – heraus und weist nach, daß die Gattung Roman die literarische Form per excellence ist, um den mittelpunktslos und einsam gewordenen Menschen zu gestalten. Georg Lukács: Die Theorie des Romans. Ein geschichtsphilosophischer Versuch über die Formen der großen Epik. – Neuwied/Berlin 1971, S. 107.
10 Ebd. S. 89.

11 So sieht H. E. Holthusen die Vereinsamung in einer „aus allen Fugen geratenen Welt" als Folge „einer Abkehr von Gott" und hält eine „Heimkehr zum christlichen Denken" für dringend geboten. Hans Egon Holthusen: Der unbehauste Mensch. Motive und Probleme der modernen Literatur. — München 1951, S. 33 ff.

Christa Fichte, die den Entwicklungsprozeß des Einsamkeitsgefühls vom Mittelalter bis zum 19. Jahrhundert sichtbar macht, leugnet jede Sinnfälligkeit einer Einsamkeit, die nicht mehr im Religiösen geborgen ist. „Sie [die nihilistische Einsamkeit] war aber sinnlos, weil sie nicht mehr in der Gott-Vereinigung aufgehoben werden konnte." Christa Fichte: Das Erlebnis der inneren Einsamkeit von der romanischen Mystik bis zur deutschen Empfindsamkeit. — Diss. Köln 1954 [Masch.] S. 149.

Bei W. Rehm heißt es: „Es gibt verschiedene Grade und Stufen der Einsamkeit und des Einsamkeitsgefühls, es gibt wahre, echte und es gibt falsche Einsamkeit; und es gibt jene letzte metaphysische Einsamkeit des Menschen vor Gott als die äußerste und härteste Form des wahren Einsamkeitserlebnisses. Dieser Einsamkeit gegenüber erscheinen all die anderen Formen und Grade als relativ belanglos." Walther Rehm: Der Dichter und die neue Einsamkeit. Aufsätze zur Literatur um 1900. — Göttingen 1969 (= Kl. Vandenhoeck-Reihe 306.) S. 7.

12 So führt beispielsweise F. A. Schmitt in seiner Stoff- und Motivgeschichte nur 8 Veröffentlichungen zu diesem Thema an. Franz Anselm Schmitt: Stoff- und Motivgeschichte der deutschen Literatur. 2. Aufl. — Berlin 1965, S. 50.

13 Rehm, a. a. O. (Vgl. Anm. 11.)

14 Es ist unwesentlich, daß Petrarca kein deutscher Dichter ist, da ja die literarischen Erscheinungen bis zum Ende des 18. Jahrhunderts noch an keine Nation gebunden waren. Vgl. Richard Alewyn: Erzählformen des deutschen Barock. — In: Formkräfte der deutschen Dichtung vom Barock bis zur Gegenwart. 2. Aufl. — Göttingen 1967 (= Kl. Vandenhoeck-Reihe 169 S.) S. 22 f.

15 Vgl. Jacob Zeitlin: The Life of Solitude by Francis Petrarch. — University of Illinois, Illinois 1924, S. 25: „The praise of solitary places might incidentally be found in the verse and prose of many sorts of men and of all ages, but no one before Petrarch had devoted an elaborate book to this theme."

16 Vgl. hierzu Rudolf Kayser: Die Zeit ohne Mythos. — Berlin 1923, S. 24 ff. Kayser betont, daß der „Universalismus des Mittelalters" ... „das Erlebnis der Gemeinschaft" ist. Indem sich der Mensch der „zentralen Geistigkeit" des Christentums unterordnet, erfährt er jene religiöse Sicherheit, die ihn vor der Vereinsamung bewahrt. Parpert vertritt Ähnliches, wenn er von der kultischen mittelalterlichen Einsamkeit als der Zweieinsamkeit mit Gott" spricht. Vgl. Parpert, a. a. O., S. 12.

17 Vgl. die Zeugnisse des spanischen Mystikers Miguel de Molinos: „ Diese Einsamkeit bestehet in der Vergessenheit aller geschaffenen Dinge, in der Abziehung und Entblößung des Gemüths und Herzens von allen unseren Affecten und Gedancken, und von allen unsern Begierden, und von unserm eigenen Willen. Diss ist die wahre Einsamkeit, da die Seele mit einer tieffen und liebreichen Stille umbarmet von dem, der des höchsten Guth, und der Ursprung alles guten ist/ ruhet". Zitiert nach Fichte, a. a. O., S. 9 (Vgl. Anm. 11.)

18 Kayser, a. a. O., S. 13 ff.

19 Francisci Petrarchae: De Vita Solitaria. Editio secundo. — Bernae M. D. C. V., S. 72.

20 Vgl. ebd. S. 49, wo es noch deutlicher heißt: „ ... equidem solitudo sine literis exilium est, carcer, aculeus."

21 Ebd. S. 22.

22 Ebd. S. 92.

23 Vgl. S. 16 dieser Arbeit.

24 Vgl. das Kapitel: Die Angst als Voraussetzung der Erbsünde. Sören Kierkegaard: Der Begriff der Angst. Gesammelte Werke. Bd. 5. — Jena 1912, S. 40 ff.

25 Vgl. hierzu Alewyn, a. a. O., S. 31 f.

26 Grimmelshausen: Simplicissimus Teutsch. Beschreibung des Lebens eines seltsamen Vaganten, genannt Melchior Sternfels von Fuchshaim. Hrsg. von J. H. Scholte. — Halle/Saale 1938. (= Neudrucke dt. Literaturwerke des 16. u. 17. Jh. Nr. 302/309.) S. 22.

27 Grimmelshausen: Continuatio des abentheurlichen Simplicissimi. Hrsg. von J. H. Scholte — Halle/Saale 1939. (= Neudrucke dt. Literaturwerke des 16. u. 17. Jh. Nr. 310 — 314.) S. 114.

28 Christian Fr. Hunold: Die liebenswürdige Adalie. — Stuttgart 1967 (= Deutsche Neudrucke/Reihe: 18. Jahrhundert.) S. 354 f.

29 Ebd. S. 353 f.

30 Vgl. hierzu auch Herbert Singer: Der deutsche Roman zwischen Barock und Rokoko. — Köln/Graz 1963, insbesondere das Unterkapitel: Landschaft und Landleben. — S. 125 — 137.

31 Johann Georg Zimmermann: Über die Einsamkeit. — Leipzig 1785.

32 Ebd. S. 8.

33 Ebd. S. 20.

34 Vgl. Johann Michael von Loën: Der redliche Mann am Hofe. — Stuttgart 1966 (= Deutsche Neudrucke/Reihe: 18. Jahrhundert.) S. 8 f.

35 Vgl. die detaillierte Arbeit Fichtes, die zu den wenigen Untersuchungen gehört, die sich mit einem Entwicklungsverlauf der Einsamkeit auseinandersetzt: a. a. O., S. 35 — 90.

36 Zimmermann, a. a. O., S. 8.

37 Fichte, a. a. O., S. 81.

38 Ebd. S. 80.

39 Goethe: Die Leiden des jungen Werther. Werke. Hamburger Ausgabe in 14 Bänden. Bd VI. 4. Aufl. 1960, S. 38.

40 Herman Schmalenbach: Die Genealogie der Einsamkeit. — In: Logos. Internationale Zeitschrift für Philosophie der Kultur. Bd VIII. Heft 1, S. 84.

41 Edgar Mills: Die Geschichte der Einsiedlergestalt vom mittelalterlichen Epos über Barock und Empfindsamkeit bis zum Roman der Romantik. — Diss. N. Y. (N. Y. U.), New York 1964, S. 74.

42 Vgl. Alfred Wien: Die Seele der Zeit. — Leipzig 1921, S. 188 ff.

43 Rehm, a. a. O., S. 12.

44 Vgl. Friedrich Kainz: Pessimistische Dichtung. — In: Reallexikon der deutschen Literaturgeschichte. Hrsg. von Paul Merker u. Wolfgang Stammler. 2. Bd. — Berlin 1926/1928, S. 668: „Der Roman ‚William Lovell (1795 — 96) steigert den Subjektivismus Werthers zum Solipsismus. Lovell und Balder sind die ersten ‚Zerrissenen'."

45 Ludwig Tieck: William Lovell. L. Tiecks Schriften, Bd 6, 7. — Berlin 1828, S. 7.

46 Ebd. Bd 7, S. 238 ff.

47 Vgl. Herman Meyer, a. a. O., S. 70.

48 August Graf von Platen: Sämtliche Gedichte. 3. Bd. Zweiter Teil. Sämtliche

Werke in 12 Bänden. Hist.-krit. Ausgabe. Hrsg. von Max Koch und Erich Petzet. – Leipzig 1910, S. 127.

49 Schopenhauer: Die Welt als Wille und Vorstellung. Bd I, S. 427 f.

50 So heißt es in den „Aphorismen": „Denn die Genüsse sind und bleiben negativ: daß die beglücken, ist ein Wahn, den der Neid zu seiner eigenen Strafe hegt. Die Schmerzen hingegen werden positiv empfunden: daher ist ihre Abwesenheit der Maßstab des Lebensglückes. Kommt zu einem schmerzlosen Zustand noch die Abwesenheit der Langenweile, so ist das irdische Glück im wesentlichen erreicht: denn das übrige ist Chimäre." Schopenhauer: Bd IV, S. 484 f.

51 Ebd. S. 500 f.

52 Ebd. S. 503.

53 Nietzsche: Aus dem Nachlaß der Achtzigerjahre. Bd 3, S. 634.

54 Ebd. S. 748.

55 Vgl. das Nachwort von Alfred Baeumler zu: Also sprach Zarathustra. Kröners Taschenausgabe. Bd 75, S. 365. – Stuttgart 1969.

56 Nietzsche: Morgenröte. Bd 1, S. 1244 f.

57 Nietzsche: Also sprach Zarathustra. S. 339.

Formen des Einsamkeitserlebens vor der Jahrhundertwende

1 Wilhelm Raabe: Die Akten des Vogelsangs. Sämtliche Werke. Braunschweiger Ausgabe. Hrsg. von Karl Hoppe. Bd 19, 2. Aufl. – Göttingen 1970, S. 293. (Sämtliche Raabe-Zitate entstammen dieser Ausgabe, die von nun an als BA zitiert wird.)

2 Fritz Martini: Deutsche Literatur im bürgerlichen Realismus 1848 – 1898. – Stuttgart 1962, S. 693 f. (= Epochen der deutschen Literatur Bd 5, 2.)

3 Vgl. K. Hoppe, der die Vorliebe Raabes für diesen kleinbürgerlichen Mittelstand einmal aus des Dichters eigener Herkunft erklärt und zum anderen aber aus dessen Weltanschauung ableitet: „ . . . denn diese Berufe sind für ihn im Unterschied zu den Vertretern des wirtschaftlichen, industriellen und technischen Fortschritts die eigentlichen Träger der idealistischen Gesinnung." Karl Hoppe: Wilhelm Raabe. Beiträge zum Verständnis seiner Person und seines Werkes. – Göttingen 1967, S. 144 f.

4 Mit Recht betont Martini, im Gegensatz zur älteren Raabe-Forschung, das Phänomen der Vereinsamung: „Jede Erzählung Raabes stellt von neuem vor das Problem der vereinzelten Existenz, vor die Grundfrage der Selbstbehauptung in den Relativierungen und Widersprüchen des Daseins . . .". Martini, a. a. O., S. 673.

5 Raabe: Die Chronik der Sperlingsgasse. BA 1, S. 9. Vgl. hierzu auch Herman Meyer: Der Sonderling in der deutschen Dichtung. S. 230 f. „Nur mit beschränktem Recht hat man immer wieder die idyllische Seite der ‚Chronik' hervorgehoben. In Wirklichkeit sind es die verschiedenartigsten Faktoren, Idyllik und Humor, Optimismus und Pessimismus, die in inniger Verflechtung zu dem keineswegs gedanklich, wohl aber gefühlsmäßig einheitlichen Weltbild des jungen Raabe beitragen."

6 Raabe: Chronik. S. 29.

7 Raabe: Der Hungerpastor. BA 6. 2. Aufl. 1966, S. 86.

8 Raabe: Die Akten des Vogelsangs. S. 365.

9 Diese Schicksalsgläubigkeit ist eine bedeutsame Komponente in Raabes Weltan-

schauung. So heißt es in „Alte Nester“: „Sehen Sie mal, was hat uns auf dem Steinhofe seit mehr denn hundert Jahren immer wieder 'rausgerissen? Die gütige Vorsehung! So ist das bei meinem Vater gewesen und bei dem seinen und so weiterfort rückwärts.“ BA 14, S. 59.

Eine Bemerkung aus Raabes Notizbuch von 1875 lautet: „Die interessantesten Zeiten des Menschendaseins sind nicht die, in welchen man sich der Illusion hingiebt, sein Leben selbst führen zu können . . ., sondern die, in denen man den Flügelschlag des Schicksals deutlich über seinem Kopfe rauschen hört.“ Zit. nach Hoppe, BA 14, S. 457.

10 Dem Schicksal fällt hier die sehr viel aktivere Rolle zu, während der Held sich eher passiv verhält und sich durch Abwarten-Können auszeichnet.

11 Raabe: Stopfkuchen. Eine See- und Mordgeschichte. BA 18. 2. Aufl. 1969, S. 65.

12 Raabe: Chronik. S. 75 f.

13 Raabe: Die Akten des Vogelsangs. S. 234.

14 Raabe: Stopfkuchen. S. 62.

15 Ebd. S. 26.

16 Raabe: Der Hungerpastor. S. 34.

17 Raabe: Chronik. S. 115.

18 Ebd. S. 14.

19 Vgl. z. B. „Alte Nester“. S. 20: „Ich bin im Verlaufe der Tage in des Lebens Ernüchterungen wie andere tief genug hineingeraten, aber meine in Blau, Silber, Grün, Gold und Purpur schimmernden Märchenjahre habe ich auch gehabt. Hier beginnen sie und verwandeln mir auch den heutigen Tag in sein vollständiges Gegenteil.“ Ähnlich lautet es im „Hungerpastor“, beim Auszug Hansens aus der Stadt: „In einer langen Reihe wechselnder Bilder zog die Kinderzeit vor Hans vorüber. Alle die Gestalten, die ihm auf seinem Lebenswege bis jetzt entgegengetreten waren, glitten vorüber, und es fehlte niemand unter ihnen, nicht der Lehrer Silberlöffel aus der Armenschule, nicht die arme kleine Sophie, welche doch beide schon so lange tot waren.“ (S. 122).

20 Vgl. hierzu Frank C. Maatje: Der Raum als konstituierendes Moment in Wilhelm Raabes ‚Hungerpastor‘. — In: Raabe in neuer Sicht. Hrsg. von Herm. Helmers. Stuttgart 1968, S. 185 — 191. Ebenso betont Herman Meyer, indem er sich auf „Die Chronik der Sperlingsgasse“ und „Stopfkuchen“ bezieht, wie, neben der Bedeutung der Zeit, der Raum eine prädominierende Rolle spielt. Vgl. Herman Meyer: Raum und Zeit in Wilhelm Raabes Erzählkunst. — In: Raabe in neuer Sicht. S. 98 — 129.

21 Raabe: Der Hungerpastor. S. 171.

22 Raabe: Stopfkuchen. S. 85.

23 Für Raabe ist das Symbol der Hecke nicht ungewöhnlich. Auch in anderen Romanen verwendet er gerne dieses Bild, und indem er ihm das Attribut „lebendig“ zuordnet, tritt seine Absicht klar zutage. So heißt es in den „Akten“: „Ich aber habe mich gegen Abend noch einmal durch das Schlupfloch aus unserer Kinderzeit, das wunderreiche, damals freilich längst wieder zugewachsene Schlupfloch in der *lebendigen Hecke* zwischen den Nachbargärten gezwängt . . .“. (S. 323) Oder an anderer Stelle: „Damals lag er |der Friedhof des Vogelsangs| noch vollständig im Grün, und eine *lebendige* Hecke ging um ihn her.“ (S. 240).

24 Raabe: Stopfkuchen. S. 22.

25 Ebd. S. 114.

26 Ebd. S. 27.

27 Ebd. S. 75.

28 Raabe: Der Hungerpastor. S. 17.

29 Ebd. S. 463.

30 Thomas Mann: Buddenbrooks. Gesammelte Werke in 12 Bänden. Bd 1 — Frankfurt a. M. 1960, S. 743.

31 Goethe: „An den Mond" (spätere Fassung) Werke. Hamburger Ausgabe in 14 Bänden. Bd I. 6. Aufl. 1962, S. 129.

32 Raabe: Chronik. S. 152.

33 Martini, a. a. O., S. 731 ff.

34 So weist auch Martini auf diese ‚Hilfe' hin, die die Verlassenheit des Raabeschen Menschen mildert: „Obwohl Raabe immer auf das einsame Ich blickte, ließ er es nicht ganz mit sich allein; er gab ihm eine Heimat in einer Gemeinsamkeit, die Liebe, Verstehen und Helfen schufen." Martini, a. a. O., S. 671.

35 Vgl. hierzu besonders: Hans Jürgen Meinerts: Die Akten des Vogelsangs. Raabestudien auf Grund einer Sprachuntersuchung. — Berlin 1940, S. 61 ff.

36 Raabe: Die Akten des Vogelsangs. S. 237.

37 Es ist nicht notwendig, im Fall von Fontane von Entwicklungsstufen auszugehen, da sich, hauptsächlich bedingt durch die Konzentration seines Schaffens auf die letzten 20 Jahre seines Lebens, ein sehr einheitliches Bild seiner Epik ergibt. Eine Spannweite, wie die von der „Chronik" bis zu „Den Akten", ist bei diesem Romancier nicht aufzuweisen. Vgl. hierzu die Habilitationsschrift von Hubert Ohl: Bild und Wirklichkeit. Studien zur Romankunst Raabes und Fontanes. — Heidelberg 1968, S. 18. „Zwar gibt es auch in Fontanes Werk Peripheres (etwa die Kriminalgeschichten), sein episches Werk ist aber, verglichen mit demjenigen Raabes, von viel größerer Geschlossenheit und Einheitlichkeit . . .".

38 Vgl. die Romanabschlüsse: „Graf Petöfy", „Cécile", „Stine", „Unwiederbringlich". Martini schreibt dazu: „Wie bei keinem deutschen Erzähler des Jahrhunderts. . . . wird bei Fontane der Selbstmord gehäuft und als die einzig mögliche und im Auslöschen ausgleichende Lebenskonsequenz gestaltet." Martini, a. a. O., S. 750.

39 Karl Richter und Walther Killy sprechen sogar — im Unterschied zur älteren Fontane-Forschung — von einer tragischen Grundsituation. „Die Romanwelt Fontanes ist weithin geprägt von einem tragischen Bewußtsein. Zumal seine Gesellschaftsromane sind mit nur wenigen Einschränkungen tragische Romane." Vgl. Karl Richter: Resignation. Eine Studie zum Werk Theodor Fontanes. — Stuttgart 1966, S. 62. Killy verweist auf die Tragik auch in einem Roman wie „Irrungen Wirrungen", in dem es zwar nicht zu einem Freitod kommt und das Geschehen scheinbar in die gesellschaftliche Ordnung zurückgeführt wird. „Auf die zarteste Weise wird erkennbar, daß sich auch in ‚Irrungen, Wirrungen' eine Tragödie abspielt." Walther Killy: Romane des 19. Jahrhunderts. Wirklichkeit und Kunstcharakter. — Göttingen 1967, S. 201.

40 Richter, a. a. O., S. 80. Vgl. auch Martini: „Nur in der Frühstufe seines [Fontanes] Romanschaffens, in ‚L'Adultera', hat er mit viel Mitteln des Romanhaften, aber wenig Geschick, eine Harmonie von subjektiver Glückserfüllung und Rückkehr in die Gesellschaft konstruiert."

41 Theodor Fontane: Effi Briest. Sämtliche Werke. Bd VII. — München 1959, S. 180. (Alle Fontane-Zitate entstammen dieser Ausgabe, die von nun an als SW zitiert wird.)

42 Ebd. S. 175 f.

43 Ebd. S. 182.

44 Vgl. hierzu auch ihre Bemerkung bezüglich des Vetters: „Und hättest du Vetter Briest heiraten mögen? Heiraten? Um Gottes Willen nicht. Er ist ja noch ein halber Junge. Geert ist ein Mann, ein schöner Mann, ein Mann, mit dem ich Staat machen kann . . ." (S. 195)

45 Vgl. Frau von Briests Beobachtungen über Effi: „Sie hat wohl das Bedürfnis zu sprechen, aber sie hat nicht das Bedürfnis, sich so recht von Herzen auszusprechen, und macht vieles in sich selber ab; sie ist mitteilsam und verschlossen zugleich . . ." (S. 198)

46 Effi empfindet dies instinktiv, wenn sie zu ihren Freundinnen sagt: „Ältlich ist er auch, er könnte ja beinah mein Vater sein . . ." (S. 178)

47 Ebd. S. 259 f.

48 Ebd. S. 257.

49 Fontane: Unwiederbringlich. SW V, S. 58.

50 Ebd. S. 182.

51 Vgl. Anmerkung 40.

52 Fontane: L'Adultera. SW IV, S. 59.

53 Fontane: Effi Briest. S. 273.

54 Ebd. S. 425.

55 Vgl. W. Killy, der am Beispiel von „Irrungen Wirrungen" nachweist, wie sehr Fontane innerhalb der klassizistischen Ästhetik beheimatet ist: „Im Grunde verfuhr Fontane mit der seit Goethe so unerwartet differenziert erscheinenden Realität immer noch in Goethescher Weise." a. a. O., S. 210.

56 Fontane: Cécile. SW IV, S. 251.

57 Ebd. S. 255.

58 Fontane: Graf Petöfy. SW II, S. 64.

59 Fontane: Irrungen Wirrungen. SW III, S. 170.

60 Ebd. S. 117 f.

61 Fontane: Stine. SW III, S. 299 f.

62 Ebd. S. 262.

63 Fontane: Irrungen Wirrungen. S. 162.

64 Ebd. S. 154.

65 Vgl. hierzu Heinz Schlaffer: Das Schicksalsmodell in Fontanes Romanwerk. Konstanz und Auflösung. – In: Germanisch-Romanische Monatsschrift. Bd XLVII. N. F. Bd XVI. Heidelberg 1966, S. 400. "Die Konvention, das numinose ,Gesellschafts-Etwas' hat den Platz der Schicksalsordnung eingenommen, in althergebrachter Weise bestimmt sie das Geschick des Einzelnen . . ."

66 Nach Nietzsches Ansicht sind Bequemlichkeit und Faulheit die Haupttriebe, die den Menschen der Konvention unterwerfen. „Bei den allermeisten ist es |sich der Konvention zu unterwerfen| Bequemlichkeit, Trägheit, kurz jener Hang zur Faulheit . . ." Nietzsche: Unzeitgemäße Betrachtungen. S. 287.

Erweiterung und Umwertung des Einsamkeitserlebens
durch die Entstehung der Kinder- und Jugendpsychologie,
den Naturalismus und den Einfluß Nietzsches

1 Es ist selbstverständlich, daß hier von der Gesamtthematik des Romans ab-gesehen und sich nur auf die Gestalt des Hanno bezogen wird, dessen Lebensweg Thomas Mann ursprünglich in einer kleinen „Knabennovelle" darstellen wollte.

2 Obgleich in diesem Abschnitt nur einige Romane ausführlich behandelt werden, ist es durchaus gerechtfertigt, von einer symptomatischen Bedeutung zu sprechen, da sich zahlreiche weitere Beispiele anführen ließen, wie Oskar A. H. Schmitz' „Lothar oder Der Untergang einer Kindheit" (1905), Otto Ernsts „Asmus Sempers Jugendland" (1905), Hanns Johsts „Der Anfang" (1907) oder Friedrich Huchs „Mao" (1907) und „Enzio" (1910), um nur einige zu nennen.

3 Vgl. Karl Philipp Moritz: Anton Reiser. Ein psychologischer Roman. — Berlin 1785 — 1786; Johann Heinrich Jung-Stilling: Lebensgeschichte oder dessen Jugend, Jünglingsjahre, Wanderschaft, Lehrjahre, häusliches Leben und Alter. Sämtliche Werke. Neue vollst. Ausg. Bd 1 — 12. Bd 1. — Stuttgart 1857.

4 J. E. Poritzky: Das Kind in der Weltliteratur. — In: Das literarische Echo. Jg. 3. 1901/1902. Heft 24, Sp. 1665.

5 Gerda Eichbaum: Jugendprobleme im Spiegel der deutschen Dichtung (1880 — 1930). — In: Zeitschrift für deutsche Bildung. 7. Jg. 12. Heft. Dez. 1931. S. 612.

6 Vgl. Alexander Beinlich: Kindheit und Kindesseele in der deutschen Dichtung um 1900. — Breslau 1937. In der Reihe: Sprache und Kultur der germanischen und romanischen Völker. B. germanistische Reihe. Bd XXIII. S. 126. Vgl. ebenso Victor Wahl: Die Gestalt des Kindes in deutschen Dichtungen. — Diss. Freiburg 1922. [Masch.] S. 18. „Wenn man von Jean Paul absieht, kann man sagen, daß die Romantik geringes Interesse an der Gestaltung des Kindes bekundet hat."

7 Vgl. z. B. die bereits 1856 erschienene Untersuchung Berthold Sigismunds: Kind und Welt. Ausgewählte Schriften. — Langensalza 1900 oder Wilhelm Preyer: Die Seele des Kindes. (1883) 7. Aufl. — Leipzig 1908, die hohe Auflageziffern erreichten und bahnbrechende Wirkung hatten.

8 Beinlich, a. a. O., S. 1.

9 Eichbaum, a. a. O., S. 612.

10 Vgl. Joseph Hofmiller: Emil Strauß. — In Corona. 3. Jg. 6. Heft. August 1933, S. 764; Rudolf Majut: Problemkreis des ‚dekadenten Menschen' und Künstlers. — In: Dt. Philologie im Aufriß. 2. Aufl. 1960. Bd II, S. 1564; Hans Chr. Kayser: Bild und Funktion der Schule in der deutschen Literatur um die Wende zum zwanzigsten Jahrhundert. — Diss. Washington 1969, S. 91.

11 So heißt es bei Golo Mann: Deutsche Geschichte des 19. und 20. Jahrhunderts. — Frankfurt 1969, S. 471. „Der [Nietzsche] war unabhängig; kein erfolgsumrauschter Repräsentant seiner Zeit, sondern ihr Kritiker. Und einen hellsichtigeren hat es nie, zu keiner Zeit, in keinem anderen Land gegeben."

12 Nietzsche: Unzeitgemäße Betrachtungen. Bd 1, S. 175.

13 Ebd. S. 174.

14 Ebd. S. 175.

15 Hermann Hesse: Unterm Rad. Gesammelte Werke in zwölf Bänden. Bd 2. — Frankfurt a. M. 1970, S. 10.

16 Emil Strauß: Freund Hein. — Berlin 1911, S. 150 f.

17 Hesse: Unterm Rad. S. 7 f.

18 Strauß: Freund Hein. S. 24 f.

19 Ebd. S. 167.

20 Ebd. S. 166.

21 Ebd. S. 4.

22 Vgl. Nietzsche: Unzeitgemäße Betrachtungen. S. 379. „Mir scheint dagegen die wichtigste Frage aller Philosophie zu sein, wie weit die Dinge eine unabänderliche Artung und Gestalt haben: um dann, wenn diese Frage beantwortet ist, mit der rücksichtslosesten Tapferkeit auf die *Verbesserung der als veränderlich erkannten Seite der Welt* loszugehen."

23 Nietzsche: Aus dem Nachlaß der Achtzigerjahre. S. 557.

24 Ebd. S. 555.

25 Diese Haltung ist durchaus bezeichnend für den jungen Hesse. In dem zwei Jahre früher entstandenen Roman „Peter Camenzind" wird auf ähnliche Weise dem zivilisatorischen Pseudo-Sein das naturhafte Leben im Oberland gegenübergestellt, wohin der Held am Ende seiner Fahrten zurückkehrt, um dort sein Leben als bäuerlicher Eigenbrötler zu beenden. Vgl. Hesse: Peter Camenzind. Gesammelte Werke. Bd 1.

26 Vgl. Helmut Koopmann: Thomas Mann. Theorie und Praxis der epischen Ironie. — In: Deutsche Romantheorien. Hrsg. von Reinhold Grimm. Frankfurt a. M. 1968, S. 277. "... Thomas Mann hat die Ironie den ‚Sinn der Kunst' selbst genannt und seinen Ironiebegriff ausdrücklich gegen den der romantischen Ironie abgesetzt. ... jene aber, die eigentlich epische Ironie, war ihm gleichbedeutend mit dem ‚Blick der Kunst' und garantierte ihm ihre Objektivität, ja Ironie und Objektivität waren für ihn letztlich sogar identische Begriffe."

27 Hesse: Unterm Rad. S. 98.

28 Hier sieht Hermand wohl zu wenig differenziert, wenn er beide Protagonisten dem gleichen Typus des kränklich „frühreifen Knaben" zuordnet, der in seiner dekadenten Zartheit „der Realität des Lebens einfach nicht gewachsen ist." Vgl. Richard Hamann/Jost Hermand: Impressionismus. Deutsche Kunst von der Gründerzeit bis zum Expressionismus. Bd III. — Berlin 1966, S. 170. Beinlich hat recht, wenn er resümiert: „Der Musiker Heiner im ‚Freund Hein' von Emil Strauß wäre anders sicher ... ein großer Künstler geworden, hätte ihm eine unverständige Umwelt nicht die Seele abgedrückt ..." Beinlich, a. a. O., S. 101.

29 Thomas Mann: Buddenbrooks. Gesammelte Werke in zwölf Bänden. Bd. 1. — Frankfurt a. M. 1960, S. 628. (Sämtliche Th. Mann-Zitate entstammen dieser Ausgabe).

30 Strauß: Freund Hein. S. 4.

31 Ebd. S. 4 f.

32 Rehm, a. a. O., S. 20.

33 Vgl. S. 13 dieser Arbeit.

34 Ebd. S. 14.

35 Th. Mann, a. a. O., S. 437.

36 Eberhard Lämmert: Buddenbrooks. — In: Der deutsche Roman vom Barock bis zur Gegenwart. Hrsg. von Benno von Wiese. Bd 2. Düsseldorf 1963, S. 210.

37 Th. Mann, a. a. O., S. 699.

38 Hamann/Hermand, a. a. O., S. 191.

39 Th. Mann, a. a. O., S. 742 f.

40 Ebd. S. 743.

41 Burton Pike: Robert Musil: An Introduction to his Work. Ithaca, New York

1961, S. 54 f.

42 Robert Musil: Die Verwirrungen des Zöglings Törleß. Sämtliche Erzählungen. – Hamburg 1970, S. 25. (Auch die Zitate der später behandelten Novellen entstammen dieser Ausgabe, die zum erstenmal die gesamte novellistische Prosa Musils enthält.)

43 Ebd. S. 65.

44 Ebd. S. 26 f.

45 Ebd. S. 137 f.

46 Fontane: Effi Briest. S. 256.

47 Fontane: Irrungen Wirrungen. S. 106.

48 Herbert Jhering: Heinrich Mann. – Berlin 1951, S. 33.

49 Heinz Friedrich Schöpker: Heinrich Mann als Darsteller des Hysterischen und Grotesken. – Diss. Bonn 1960, S. 108.

50 Hans Christoph Kayser: Bild und Funktion der Schule in der deutschen Literatur um die Wende zum zwanzigsten Jahrhundert. S. 196 – 224.

51 Die hier vertretene Betonung der menschlichen Perspektive findet eine allgemeine Unterstützung bei Weisstein, wenn sie auch dort nicht im näheren verfolgt wird. Vgl. Ulrich Weisstein: Heinrich Mann. Eine historisch-kritische Einführung in sein dichterisches Werk. – Tübingen 1962, S. 67. „Wäre Professor Unrat nur eine detaillierte Darstellung der spychologischen Probleme, vor die ein alternder Schulmeister gestellt wird, so würde der Roman weiter keine Beachtung verdienen. Das Werk ist ein Meisterstück gerade deshalb, weil es über diese Problemstellung hinausweist, und zwar in Richtung auf das allgemein Menschliche."

52 Nietzsche: Unzeitgemäße Betrachtungen. S. 312.

53 Hesse: Unterm Rad. S. 98.

54 Heinrich Mann: Professor Unrat oder das Ende eines Tyrannen. Ausgewählte Werke in Einzelausgaben. Bd I. – Berlin 1955, S. 403. (Sämtliche H. Mann-Zitate entstammen dieser Ausgabe.)

55 Nietzsche: Unzeitgemäße Betrachtungen. S. 293.

56 H. Mann: Professor Unrat. S. 427.

57 Ebd. S. 405.

58 Ebd. S. 405.

59 Ebd. S. 456.

60 Vgl. Nietzsche: Jenseits von Gut und Böse. Bd 2, Aph. 206. Schröter weist in seiner Heinrich-Mann-Biographie darauf hin, daß Nietzsche als dessen Mentor fungierte und H. Mann mit seinen moralphilosophischen Schriften gut vertraut war. Vgl. Klaus Schröter: Heinrich Mann in Selbstzeugnissen und Bilddokumenten. – Hamburg 1967, S. 39 u. 50.

61 H. Mann: Professor Unrat. S. 405.

62 Ebd. S. 413.

63 Ebd. S. 425.

64 Ebd. S. 518.

65 Ebd. S. 557.

66 Die elfte und letzte Szene der „kahlen Sängerin" endet wie folgt: Mrs. Martin, „Parabellum, Parabellum, Parabellum!" Mrs. Smith, „Pazard, Palzac, Pazaine." Mr. Martin, „Bizarr, Bethlehem, Bad." Mr. Smith, „A, e, i, o, u! A, e, i, o, u! A, e, i, o, u! i!" Mrs. Martin, „B, c, d, f, g, h, k, l, m, n, p, q, r, s, t, v, w, x, z!" Mr. Martin, „Me, le se, we, re, we, me, le, re, re, se, se!" Mrs. Martin, „Der die das hat darin Platz!" Mrs. Smith (einen Zug imitierend): „Tsch, tsch, tsch, tsch, tsch!" Mr. Smith, „Es!" Mrs.

Martin, „Ist!" Mr. Martin, „Nicht!" Mrs. Martin, „Dort!" Mr. Smith, „Es!" Mrs. Martin, „Ist!" Mrs. Smith, „Da!" (Alle miteinander in allerhöchster Wut schreien sich gegenseitig in die Ohren. Das Licht wird ausgedreht. Im Dunkeln hört man in gesteigertem Rhythmus. Alle, „Es ist nicht dort, es ist da, es ist nicht dort, . . ." Vgl. Eugène Ionesco: Die kahle Sängerin. Theaterstücke. – Darmstadt, 1959, S. 39.

67 Weisstein, a. a. O., S. 67.

68 H. Mann, a. a. O., S. 439.

69 Th. Mann: Der Tod in Venedig. Bd 8, S. 447.

70 Ebd. S. 448.

71 H. Mann, a. a. O., S. 454.

72 Ebd. S. 497.

73 Ebd. S. 491.

74 Ebd. S. 554.

75 Ebd. S. 553.

76 Obgleich sein ursprünglich erster Roman „In einer Familie" schon 1893 entstanden war, hat H. Mann dieses Werk später verleugnet und „Im Schlaraffenland" als seinen ersten Roman bezeichnet. Vgl. Weisstein, a. a. O., S. 17.

77 Vgl. Schöpker, a. a. O. , S. 127.

78 H. Mann, a. a. O., S. 601 f.

79 Jean Jacques Rousseau: Bekenntnisse. – München 1912, S. 160.

Zunehmender Solipsismus und Verlust der Bindungsbereitschaft durch den Einfluß des Impressionismus

1 Vgl. Gustave Le Bon: Psychologie des foules. – Paris 1895.

2 Hamann/Hermand: Impressionismus. S. 81.

3 Arthur Schnitzler: Der Weg ins Freie. Gesammelte Werke. Die erzählenden Schriften. Bd 1 – Frankfurt a. M. 1961, S. 712. „Ein ähnliches Gefühl der Befreitheit kam freilich beinahe jedesmal über ihn, wenn er, auch nach schönerem Zusammensein, von einer Geliebten Abschied nahm. Selbst als er Anna an ihrem Haustor verlassen hatte, vor drei Tagen, nach dem ersten Abend vollkommenen Glücks, war er sich, früher als jeder anderen Regung, der Freude bewußt geworden, wieder allein zu sein." (Sämtliche Schnitzler-Zitate entstammen dieser Ausgabe.)

4 Hamann/Hermand: Impressionismus. S. 180.

5 Egon Friedell: Kulturgeschichte der Neuzeit. 1. – 12. Aufl. Bd 3. – München 1931, S. 444. Vgl. auch Hamann/Hermand: Impressionismus. S. 207 ff.

6 Ernst Mach: Die Analyse der Empfindungen und das Verhältnis des Physischen zum Psychischen. 9. Aufl. – Jena 1922, S. 30. Der Gedanke des „Dinges an sich" ist für Mach eine „philosophische Ungeheuerlichkeit" (= S. 5), da für ihn jede Wahrnehmung Anpruch auf Wirklichkeit hat. (= S. 8)

7 H. Mann: Professor Unrat. S. 610.

8 In einem Brief Schnitzlers an Georg Brandes heißt es: „Jetzt aber, da er [der Roman] fertig ist, schätz ich ihn höher als alles was ich bisher gemacht –". Vgl. Kurt Bergel [Hrsg.]: Georg Brandes und Arthur Schnitzler. Ein Briefwechsel. – Bern 1956, S. 97.

9 Herbert W. Reichert: Nietzsche and Schnitzler. – In: Studies in Arthur Schnitzler. Edited by Herbert W. Reichert and Herman Salinger. Chapel Hill 1963, S. 99.

10 W. Rey bezeichnet Körners Buch als „die gewichtigste der bisher erschienenen Gesamtdarstellungen" . . . auch wenn es „der wahren Bedeutung Schnitzlers nicht gerecht" wird. Vgl. William H. Rey: Die geistige Welt Arthur Schnitzlers. — In: Wirkendes Wort. 16. Jg. Düsseldorf 1966, S. 180.

11 Josef Körner: Arthur Schnitzlers Gestalten und Probleme. — Zürich/Leipzig/Wien 1921, S. 199.

12 Ebd. S. 218.

13 Vgl. Herbert Lederer: A Chronicle of Loneliness. — In: The German Quarterly. Vol. XXX. 1957, S. 82 — 94. Herbert W. Reichert/Herman Salinger (Hrsg.): Studies in Arthur Schnitzler. Gerhart Baumann: Arthur Schnitzler. Die Welt von Gestern eines Dichters von Morgen. — Frankfurt a. M./Bonn 1965. Françoise Derré: L'oeuvre d'Arthur Schnitzler. Imagerie viennoise et problemes humains. — Paris 1966. Wilhelm H. Rey: Die geistige Welt Arthur Schnitzlers. Gottfried Just: Ironie und Sentimentalität in den erzählenden Dichtungen Arthur Schnitzlers. — Berlin 1968.

14 Schnitzler: Der Weg ins Freie. S. 640.

15 Ebd. S. 950 ff.

16 Ebd. S. 958.

17 Lederer, a. a. O., S. 91.

18 Schnitzler: Doktor Gräsler, Badearzt. Die erzählenden Schriften. Bd 2. S. 113 — 205.

19 Schnitzler: Der Weg ins Freie. S. 692.

20 Ebd. S. 643.

21 Ebd. S. 780.

22 Ebd. S. 680 f.

23 Ebd. S. 774.

24 Ebd. S. 782.

25 Ebd. S. 705.

26 Ebd. S. 712.

27 Ebd. S. 712.

28 Ebd. S. 864.

29 Vgl. folgende Zitate, um nur einige Beispiele zu nennen: „Er [Georg] stand am Fenster und blickte hinaus." (= S. 636) „Sobald Anna fortgegangen war, versperrte Georg die Notenblätter in der Tischlade . . . und öffnete ein Fenster." (= S. 738) „Am offenen Fenster seines Schlafzimmers stand Georg noch eine ganze Weile überwach. (= S. 856) „Georg sah durchs Fenster, erblickte Dächer, Schornsteine . . ." (= S. 932)

30 Ebd. S. 839 f.

31 Ebd. S. 763.

32 Ebd. S. 795.

33 Körner, a. a. O., S. 25

34 Ebd. S. 41.

35 Vgl. Hamann/Hermand, die die wiederaufkommende anakreontische Tendenz im Impressionismus hervorheben: Impressionismus. S. 133, oder auch Alfred Anger, der es als symptomatisch ansieht, daß sich gerade im Impressionismus eine Neubewertung des Rokokos vollzieht: Literarisches Rokoko. 2. Aufl. — Stuttgart 1968. (= Sammlung Metzler N. 25)

36 Hunold, a. a. O., S. 140 — 167.

37 Schnitzler: Der Weg ins Freie. S. 789.

38 Vgl. folgende Zitate: „mit dem stolzen Entzücken des Einsamen hatte er die Sonne in der Campagna versinken sehen." (= S. 795) „einsam, ein wenig stolz auf seine Einsamkeit und ein wenig durchschauert von seinem Stolz." (= S. 952) Historisch gesehen handelt es sich hier um eine Parallele zur Empfindsamkeit gegen Ende des 18. Jahrhunderts. Auch der Empfindsame gelangte erst durch die Entfernung von der Geliebten, in der Einsamkeit, zu einer gesteigerten Erlebnisintensität. Vgl. S. 19 ff. dieser Arbeit.

39 Hesse: Im Nebel. – In: Diesseits. Bd 2, S. 268.

40 Schnitzler, a. a. O., S. 951.

41 Ebd. S. 638.

42 Ebd. S. 837.

43 Ebd. S. 681.

44 Ebd. S. 710.

45 Vgl. E. Friedrichsmeyer, der das Paradoxon des Augenblickserlebnis vor allem im „Aegidius", „Anatol", „Sterben", „Reigen", „Paracelsus" und „Einsamen Weg" genau analysiert. Wenn sich der Schnitzlersche Mensch einerseits durch die Hingabe an den Augenblick über die Zeitlichkeit erheben kann, wird andererseits „die Wirklichkeit des Augenblicks" immer wieder in Frage gestellt. Erhard Friedrichsmeyer: Zum ‚Augenblick' bei Schnitzler. – In: Germ.-Rom. Monatsschrift. 47. N. F. 16. Heft 1, Januar 1966, S. 5.

46 Schnitzler: Der Weg ins Freie. S. 840.

47 Der Nachsatz des folgenden Zitates, der mit Absicht bei der ersten Erwähnung noch ausgespart wurde, ist hierfür ein deutlicher Beweis: „Während er so am Fenster stand ... empfand er es wie beruhigend, daß er zu keinem menschlichen Wesen in engerer Beziehung stand, und daß es doch manche gab, mit denen er wieder anknüpfen, in deren Kreis er wieder eintreten durfte, sobald es ihm nur beliebte." (= S. 640)

48 Ebd. S. 916 f.

49 Vgl. S. 19 f. dieser Arbeit.

50 Soergel/Hohoff: Dichtung und Dichter der Zeit. S. 712.

51 Kölbel: Über die Einsamkeit. S. 33.

52 Kierkegaard: Der Begriff der Angst. S. 36.

53 Ebd. S. 36.

54 Friedrich Huch: Mao. – Berlin 1914, S. 13 f.

55 Ebd. S. 12.

56 Vgl. Maltes Rückerinnerungen an die Geburtstage. Rainer Maria Rilke: Die Aufzeichnungen des Malte Laurids Brigge. Sämtliche Werke, Bd 6. – Frankfurt a. M. 1966, S. 843. „. . . . es gilt, den Geburtstag zu retten, die anderen zu beobachten, ihren Fehlern zuvorzukommen, sie in ihrer Einbildung zu bestärken, daß sie alles trefflich bewältigen. Sie machen es einem nicht leicht."

57 Huch, a. a. O., s. 48 f.

58 Ebd. S. 68. f.

59 Ebd. S. 68.

60 Rilke: Die Aufzeichnungen. S. 746.

61 Ebd. S. 813 f.

62 Fritz Martini: Rainer Maria Rilke. ‚Die Aufzeichnungen des Malte Laurids Brigge'. – In: Das Wagnis der Sprache. Interpretationen deutscher Prosa von Nietzsche bis Benn. 5. Aufl. – Stuttgart 1964, S. 156.

63 Otto Friedrich Bollnow: Rilke. 2. Aufl. – Stuttgart 1956, S. 107.

64 Walter Falk: Leid und Verwandlung. Rilke, Kafka, Trakl und der Epochenstil des Impressionismus und Expressionismus. — Salzburg 1961, S. 52.

65 Huch, a. a. O., S. 11.

66 Rilke: Die Aufzeichnungen. S. 861.

67 Nietzsche: Zarathustra. S. 316.

68 Ebd. S. 327.

69 Nietzsche: Morgenröte. Aph. 491.

70 Rilke: Die Aufzeichnungen. S. 709.

71 In einem Brief an ein junges Mädchen weist Rilke ausdrücklich auf die Bedeutung jedes fehlenden menschlichen Bezugs für Malte. „Stellen Sie sich einen Malte vor, der in diesem für ihn so furchtbaren Paris eine Geliebte oder selbst einen Freund gehabt hätte. Wäre er dann wohl je so tief in das Vertrauen der Dinge eingetreten? " Rilke: Briefe aus Muzot von 1921 bis 1926. — Leipzig 1935, S. 17.

72 Rilke: Die Aufzeichnungen. S. 709.

73 Ebd. S. 726 f.

74 Ebd. S. 776.

75 Ebd. S. 776.

76 Ebd. S. 905 f.

77 Ebd. S. 755 f.

78 Huch: Mao. S. 8 f.

79 Ebd. S 101.

80 Vgl. Rilke, a. a. O., S. 897. „Nun Schlägt es [das Buch] sich auch mir an den Stellen auf, die ich gerade meine, und wenn ich sie lese, so bleibt es unentschieden, ob ich an Bettine denke oder an Abelone. Nein, Bettine ist wirklicher in mir geworden, Abelone, die ich gekannt habe, war wie eine Vorbereitung auf sie, und nun ist sie mir in Bettine aufgegangen wie in ihrem eigenen, unwillkürlichen Wesen."

81 Huch, a. a. O., S. 102.

82 Ebd. S. 70.

83 Ebd. S. 69.

84 Ebd. S. 7.

85 Vgl. Ernst Fedor Hoffmann: Zum dichterischen Verfahren in Rilkes ‚Aufzeichnungen des Malte Laurids Brigge'. — In: Deutsche Vierteljahrsschrift für Literaturwissenschaft und Geistesgeschichte. 42. Jg. 1968. Heft 2, S. 214.

86 Ebd. S. 214.

87 Rilke, a. a. O., S. 728.

88 Ebd. S. 764.

89 Ebd. S. 801.

90 Ebd. S. 751 f.

91 Ebd. S. 802.

92 Wenn darauf verzichtet wird, im Einzelnen auf die besondere Deutung des Einsamen als existentiellen Menschentypus einzugehen, so deshalb, weil Martini gerade diese Stelle in seiner Textanalyse der „Aufzeichnungen" benutzt und dieser Interpretation nichts hinzuzusetzen ist. Vgl. Martini: Rainer Maria Rilke. Die Aufzeichnungen des Malte Laurids Brigge. S. 133 — 175.

93 Walter Rehm: Der Dichter und die neue Einsamkeit. S. 19.

94 Ebd. S. 19.

95 Huch: Mao. S. 113.

96 Rilke: Die Aufzeichnungen. S. 880.

97 Huch, a. a. O., S. 19.

98 Ebd. S. 108.

99 Ebd. S. 128.

100 Ebd. S. 136.

101 Vgl. Hoffmann: Zum dichterischen Verfahren in Rilkes ‚Aufzeichnungen des Malte Laurids Brigge‘. S. 223. „Die Symmetrie bildet also ein Gegengewicht zum Eindruck fortschreitender Entwicklung, der beim Nacheinander-Lesen entsteht, und betont das dauernd Gültige in Maltes Erleben.“

102 Rilke: Die Aufzeichnungen. S. 832.

103 Ebd. S. 938.

104 In „den Briefen an einen jungen Dichter“ weist Rilke des öfteren auf eben diese Hilfen, die dem Einsamen immer bleiben. Vgl. Rilke: Briefe an einen jungen Dichter. — Leipzig 1933, S. 33. „. . . wenn keine Gemeinsamkeit zwischen den Menschen ist und Ihnen, versuchen Sie es, den Dingen nahe zu sein, die Sie nicht verlassen werden; . . . und die Kinder sind noch so, wie Sie gewesen sind als Kind, . . . und wenn Sie an Ihre Kindheit denken, dann leben Sie wieder unter ihnen, unter den einsamen Kindern, und die Erwachsenen sind nichts, und ihre Würde hat keinen Wert.“

105 Rilke: Die Aufzeichnungen. S. 856.

106 Ebd. S. 930.

107 Ebd. S. 936.

108 Rilke: Briefe aus Muzot 1921 bis 1926. — Leipzig 1935, S. 17.

Polarität von Einsamkeit und Vereinigung in der fiktiven Welt Robert Musils

1 Vgl. Lida Kirchberger: Musil's Trilogy: An Approach to ‚Drei Frauen‘. — In: Monatshefte. Vol. LV. 1963, S. 168. „From the little said so far it can be seen that the three women for whom the Novellen are named both individually and as a collection might possibly be connected with each other in such a way as to make of ‚Drei Frauen‘ a genuine trilogy rather than a mere group of stories about women. Indeed in the primeval, medieval, and modern settings there are suggestions of a wider perspective comparable to the historical range of Flaubert's ‚Trois Contes‘.

2 Paul Requadt: Zu Musils ‚Portugiesin‘. — In: Wirkendes Wort. 5. Jg. 1955, S. 152.

3 E. Allen McCormick: Ambivalence in Musil's ‚Drei Frauen‘: Notes on Meaning and Method. — In: Monatshefte. Vol. LIV. 1962, S. 192.

4 Ebd. S. 187.

5 Ebd. S. 183.

6 Hermand: Musils ‚Grigia‘. — In: Monatshefte. Vol. LIV. 1962, S. 180.

7 Robert Musil: Grigia. Sämtliche Erzählungen. S. 223.

8 Musil: Die Portugiesin. Sämtliche Erzählungen. S. 242.

9 Kirchberger, a. a. O., S. 169.

10 Carol B. Bedwell: Musil's ‚Grigia‘: An Analysis of Cultural Dissolution. — In: Seminar. A Journal of Germanic Studies. Vol. 3. Nr. 2. 1967, S. 117 — 126.

11 Vgl. McCormick, a. a. O , S. 185. „Her [Tonka's] background, even her name, remind us of that ambiguous, borderline quality already observed in the setting and characters of ‚Grigia‘ and ‚Die Portugiesin‘ “.

12 Musil: Grigia. S. 224 f.

13 Musil: Die Portugiesin. S. 241.

14 Musil: Grigia. S. 224.

15 Ebd. S. 229.

16 Ebd. S. 229.

17 Ebd. S. 230.

18 Ebd. S. 229.

19 Ebd. S. 235.

20 Hermand, a. a. O., S. 171.

21 Musil: Grigia. S. 228.

22 Ebd. S. 236.

23 Ebd. S. 227.

24 Ebd. S. 237.

25 Ebd. S. 236.

26 Musil: Die Vollendung der Liebe. S. 181. „ . . . so war es eine innere Vereinigung, [mit ihrem Mann] während sie die Oberfläche ihres Wesens diesem Fremden überließ, der sie verunstaltete."

27 McCormick, a. a. O., S. 192.

28 Musil: Grigia. S. 237.

29 Ebd. S. 241.

30 Requadt, a. a. O., S. 155. „Aus dem Psychologischen hatte Musil den Gegensatz zu der höheren Antinomie zweier Kulturtypen entwickelt und damit das seit Winckelmann und Goethe lebendige Nord-Süd-Motiv· auf seine Weise abgewandelt." Vgl. auch Werner Zimmermann: Robert Musil ‚Die Portugiesin'. — In: „Deutsche Prosadichtungen unseres Jahrhunderts". Bd 1. 1. Aufl. der Neufassung. Düsseldorf 1966, S. 257. „Der mittelalterliche Stoff und die Antinomie zwischen nordisch-germanischem und südlich-romanischem Prinzip, die in der Kluft zwischen den beiden Ehegatten, aber auch in dem Gegensatz zwischen der Eigenwelt und der Sehnsuchtswelt des Herrn von Ketten sichtbar wird . . ."

31 Musil: Die Portugiesin. S. 246.

32 Musil: Grigia. S. 223.

33 Musil: Die Portugiesin. S. 248.

34 Ebd. S. 242.

35 Requadt, a. a. O., S. 154.

36 Es wird noch davon zu sprechen sein, wie sich eine ähnliche Problematik in verschärfter Form in der Novelle „Tonka" wiederholt.

37 Musil: Die Portugiesin. S. 247.

38 Ebd. S. 247.

39 Ebd. S. 245.

40 Ebd. S. 243.

41 Ebd. S. 244.

42 Ebd. S. 247 f.

43 Ebd. S. 248.

44 Vgl. Requadt, a. a. O., S. 154.

45 Musil: Die Portugiesin. S. 253.

46 Vgl. McCormick, a. a. O., S. 192. „The different backgrounds (and sex) of the main characters in each story reinforces the theme of struggle or tension between opposites that split the world — and any human existence — into two parts. Being thus devided, the task is one of reconciliation."

47 Vgl. hierzu Zimmermann, der eine detaillierte Ausdeutung des Wunders vornimmt. S. 268 — 276.

48 Musil: Tonka. Sämtliche Erzählungen. S. 261.

49 Ebd. S. 259.

50 Wilhelm Braun: An Interpretation of Musil's ‚Tonka'. — In: Monatshefte. Vol. LIII. 1961, S. 73.

51 Musil: Tonka. S. 264.

52 Ebd. S. 281.

53 Ebd. S. 265.

54 Vgl. Braun, a. a. O., S. 79.

55 Musil: Tonka. S. 268.

56 Ebd. S. 271.

57 Ebd. S. 280.

58 Ebd. S. 293.

59 Musil: Der Mann ohne Eigenschaften. Sonderausgabe. Hrsg. von Adolf Frisé. — Hamburg 1970, S. 593.

60 Vgl. auch den Aufsatz Gerhard Bauers: Die ‚Auflösung des anthropozentrischen Verhaltens' im modernen Roman. Dargestellt an Musils ‚Mann ohne Eigenschaften'. — In: Deutsche Vierteljahrsschrift für Literaturwissenschaft und Geistesgeschichte. 42. Jg. 1968. Heft 5, S. 677 — 701.

61 Vgl. hierzu Burton Pike, der in diesem Zusammenhang von „the decline of identity" spricht. A. a. O., S. 143. „The decline of identity is perhaps more urgent on the personal level than it is on the national and social levels. Within a dissolving social context that has no central core the individual can no longer build has life around an integral set of values."

62 Musil, a. a. O., S. 859.

63 Pike, a. a. O., S. 171.

64 Musil, a. a. O., S. 683 f.

65 Ebd. S. 903.

66 Ebd. S. 899.

67 Ebd. S 1415.

68 Ebd. S. 648.

69 Ebd. S. 596.

70 Ebd. S. 644.

71 Ebd. S. 663 f.

72 Ebd. S. 648 f.

73 Wolfdietrich Rasch: Über Robert Musils Roman ‚Der Mann ohne Eigenschaften'. — Göttingen 1967, S. 130. (= Kl. Vandenhoeck-Reihe 242/243/244)

74 Musil, a. a. O., S. 727.

75 Ebd. S. 732.

76 Ebd. S. 728.

77 Ebd. S. 963.

78 Ebd. S. 757.

79 Ebd. S. 676.

80 Ebd. S. 876.

81 Ebd. S. 827.

82 Ebd. S. 765.

83 Ebd. S. 766.

84 Ebd. S. 527.

85 Ebd. S. 761.

86 Ebd. S. 1245.

87 Ebd. S. 1314.

88 Ebd. S. 1246.

89 Ingeborg Bachmann: Ins Tausendjährige Reich. — In: Akzente. 1. Jg. 1954, S. 52.

90 Musil, a. a. O., S. 1378.

91 Ebd. S. 1344.

92 Rasch, a. a. O., S. 113.

93 Musil, a. a. O., S. 1419.

94 Ebd. S. 1424.

95 Ebd. S. 1424 f.

96 Ebd. S. 1427.

97 Vgl. Hermann Pongs: Ambivalenz in moderner Dichtung. — In: Sprachkunst als Weltgestaltung. Salzburg 1966, S. 193.

98 Vgl. die Zeugnisse des spanischen Mystikers Miguel de Molinos. Zitiert nach Christa Fichte, a. a. O., S. 9. (Vgl. Anmerkung 11, 1. Kapitel.)

99 Musil, a. a. O., S. 1426.

100 Ebd. S. 1426.

101 Ebd. S. 1421.

102 Ebd. S. 1426.

LITERATURVERZEICHNIS

Primärliteratur

ALTENBERG, Peter: Wie ich es sehe. — Berlin 1896.
BEER, Ulrich: Ich und Du. Der Mensch in Ausdruck, Kontakt und Konflikt. — Stuttgart 1967.
BIERBAUM, Otto Julius: Stilpe. Gesammelte Werke in 10 Bänden. Hrsg. von Michael G. Conrad u. Hans Brandenburg. Bd 1. — München 1912.
FONTANE, Theodor: Sämtliche Werke. Hrsg. von Edgar Gross. — München 1956.
FRENSSEN, Gustav: Jörn Uhl. — Berlin 1943.
FRIEDELL, Egon: Kulturgeschichte der Neuzeit. 1. — 12. Aufl. — München 1931.
GOETHE: Gedichte und Epen. Werke. Hamburger Ausgabe. Bd 1, 6. Aufl. 1962.
Ders.: Die Leiden des jungen Werther. Bd 6, 4. Aufl. 1960.
GRIMMELSHAUSEN: Simplicissimus Teutsch. Beschreibung des Lebens eines seltsamen Vaganten, genannt Melchior Sternfels von Fuchshaim. Hrsg. von J. H. Scholte. — Halle/Saale 1938. (= Neudrucke dt. Literaturwerke des 16. u. 17. Jh. Nr. 302/309.)
Ders.: Continuatio des abentheurlichen Simplicissimi. Hrsg. von J. H. Scholte. — Halle/Saale 1939. (= Neudrucke dt. Literaturwerke des 16. u. 17. Jh. Nr. 310/314.)
HEIDEGGER, Martin: Sein und Zeit. In: Jahrbuch für Philosophie und phänomenologische Forschung. — Halle 1927.
HESSE, Hermann: Gesammelte Werke in 12 Bänden. — Frankfurt a. M. 1970.
HOFMANNSTHAL, Hugo: Gedichte und lyrische Dramen. Gesammelte Werke in 12 Einzelausgaben. Bd 1. — Frankfurt a. M. 1946.
HOFSTÄTTER, Peter: Gruppendynamik. — Hamburg 1957.
HOLLÄNDER, Felix: Der Weg des Thomas Truck. Gesammelte Werke. Bd 13. — Rostock 1926.
HUCH, Friedrich: Mao. — Berlin 1914.
HUNOLD, Christian Friedrich: Die liebenswürdige Adalie. — Stuttgart 1967. (= Deutsche Neudrucke/Reihe: 18. Jahrhundert.)
IONESCO, Eugène: Die kahle Sängerin. Theaterstücke. — Darmstadt 1959.
JACOBSEN, Jens Peter: Niels Lyhne. — Leipzig 1889.
JUNG-STILLING, Johann Heinrich: Lebensgeschichte. Sämtliche Werke. Neue vollst. Ausg. Bd 1. — Stuttgart 1857.
KAYSER, Rudolf: Die Zeit ohne Mythos. — Berlin 1923.
KEYSERLING, Eduard von: Baltische Romane. — Berlin 1933.
KIERKEGAARD, Sören: Furcht und Zittern. Gesammelte Werke. Bd 3, 2. Aufl. — Jena 1909.
Ders.: Der Begriff der Angst. Bd 5. — Jena 1912.
KÖLBEL, Gerhard: Über die Einsamkeit. Vom Ursprung, Gestaltwandel und Sinn des Einsamkeitserlebens. — München/Basel 1960.
LE BON, Gustave: Psychologie des foules. — Paris 1895.
LERSCH, Philipp: Der Mensch als soziales Wesen. — München 1964.
LOËN, Johann Michael von: Der redliche Mann am Hofe. — Stuttgart 1966. (= Deutsche Neudrucke/Reihe: 18. Jahrhundert.)

MACH, Ernst: Die Analyse der Empfindungen und das Verhältnis des Physischen zum Psychischen. 9. Aufl. — Jena 1922.

MANN, Golo: Deutsche Geschichte des 19. und 20. Jahrhunderts. — Frankfurt a. M. 1969.

MANN, Heinrich: Ausgewählte Werke in Einzelausgaben. Hrsg. von Alfred Kantorowicz. — Berlin 1955.

MANN, Thomas: Gesammelte Werke in 12 Bänden. — Frankfurt a. M. 1960.

MORITZ, Karl Philipp: Anton Reiser. Ein psychologischer Roman. — Berlin 1785 — 1786.

MUSIL, Robert: Der Mann ohne Eigenschaften. Hrsg. von Adolf Frisé. — Hamburg 1970.

Ders.: Sämtliche Erzählungen. — Hamburg 1970.

NIETZSCHE, Friedrich: Werke in drei Bänden. Hrsg. von Karl Schlechta. München 1955.

PARPERT, Friedrich: Philosophie der Einsamkeit. — München 1955.

PETRARCHAE, Francisci: De Vita Solitaria. Editio secundo. — Bernae M. D. C. V.

PLATEN, August Graf von: Sämtliche Gedichte. 3. Bd. zweiter Teil. Sämtliche Werke in 12 Bänden. Hist.-krit. Ausgabe. Hrsg. von Max Koch und Erich Petzet. — Leipzig 1910.

PREYER, Wilhelm: Die Seele des Kindes. 7. Aufl — Leipzig 1908.

RAABE, Wilhelm: Sämtliche Werke. Braunschweiger Ausgabe. Hrsg. von Karl Hoppe. — Göttingen 1965.

RILKE, Rainer Maria: Sämtliche Werke. — Frankfurt a. M. 1966.

Ders.: Briefe an einen jungen Dichter. — Leipzig 1933.

Ders.: Briefe aus Muzot 1921 bis 1926. — Leipzig 1935.

ROUSSEAU, Jean Jacques: Bekenntnisse. — München 1912.

SCHMALENBACH, Herman: Die Genealogie der Einsamkeit. In: Logos. Internationale Zeitschrift für Philosophie und Kultur. Bd VIII, Heft 1.

SCHNITZLER, Arthur: Gesammelte Werke. Die Erzählenden Schriften. Frankfurt a. M. 1961.

SCHOPENHAUER, Arthur: Sämtliche Werke. Textkritisch bearb. und hrsg. von Wolfgang Frhr. von Löhneysen. — Frankfurt a. M. 1963.

SIGISMUND, Bertholdt: Kind und Welt. Ausgewählte Schriften. — Langensalza 1900.

STRAUSS, Emil: Freund Hein. — Berlin 1911.

SUDERMANN, Hermann: Frau Sorge. Werke. Bd 1. — Stuttgart/Berlin 1954.

TIECK, Ludwig: William Lovell. L. Tiecks Schriften. Bd 6/7. — Berlin 1828.

WEDEKIND, Frank: Frühlings Erwachen. Gesammelte Werke. Bd 2. — München 1912.

WIEN, Alfred: Die Seele der Zeit. — Leipzig 1921.

WILDE, Oscar: Das Bildnis des Dorian Gray. Werke in 2 Bänden. Hrsg. von A. Zweig. Bd 2. — Berlin 1936.

ZIMMERMANN, Johann Georg: Über die Einsamkeit. — Leipzig 1785.

Sekundärliteratur

ALEWYN, Richard: Erzählformen des deutschen Barock. In: Formkräfte der deutschen Dichtung vom Barock bis zur Gegenwart. 2. Aufl. — Göttingen 1967. (= Kleine Vandenhoeck-Reihe 169 S.)

ANGER, Alfred: Literarisches Rokoko. 2. Aufl. – Stuttgart 1968. (= Sammlung Metzler Nr. 25.)

BACHMANN, Ingeborg: Ins Tausendjährige Reich. In: Akzente. 1. Jg. 1954.

BAUER, Gerhard: Die ‚Auflösung des anthropozentrischen Verhaltens‘ im modernen Roman. Dargestellt an Musils ‚Mann ohne Eigenschaften‘. In: Deutsche Vierteljahrsschrift für Literaturwissenschaft und Geistesgeschichte. 42. Jg. 1968, Heft 5.

BEDWELL, Carol B.: Musil's ‚Grigia‘: An Analysis of Cultural Dissolution. In: Seminar. A Journal of Germanic Studies. Vol. 3. Nr. 2. 1967.

BEINLICH Alexander: Kindheit und Kindesseele in der deutschen Dichtung um 1900. – Breslau 1937. In der Reihe: Sprache und Kultur der germanischen und romanischen Völker. B. Germanistische Reihe. Bd XXIII.

BERGEL, Kurt (Hrsg.): Georg Brandes und Arthur Schnitzler. Ein Briefwechsel. – Bern 1956.

BOLLNOW, Otto Friedrich: Rilke. 2. Aufl. – Stuttgart 1956.

BRAUN, Wilhelm: An Interpretation of Musil's ‚Tonka‘. In: Monatshefte. Vol. LIII. 1961.

DERRÉ, Françoise: L'oeuvre d'Arthur Schnitzler. Imagerie viennoise et problèmes humains. – Paris 1966.

EICHBAUM, Gerda: Jugendprobleme im Spiegel der deutschen Dichtung (1880 – 1930). In: Zeitschrift für deutsche Bildung. 7. Jg. 12. Heft. Dez. 1931.

FALK, Walter: Leid und Verwandlung. Rilke, Kafka, Trakl und der Epochenstil des Impressionismus und Expressionismus. – Salzburg 1961.

FICHTE, Christa: Das Erlebnis der inneren Einsamkeit von der romanischen Mystik bis zur deutschen Empfindsamkeit. – Diss. Köln 1954. [Masch.]

GRIMM, Reinhold (Hrsg.): Deutsche Romantheorien. – Frankfurt a. M. 1968.

HAMANN, Richard/HERMAND, Jost: Deutsche Kunst und Kultur von der Gründerzeit bis zum Expressionismus. – Berlin 1966.

HERMAND, Jost, Musils ‚Grigia‘. In: Monatshefte. Vol. LIV. 1962.

Ders.: Synthetisches Interpretieren. – München 1968.

HOFFMANN, Ernst Fedor: Zum dichterischen Verfahren in Rilkes ‚Aufzeichnungen des Malte Laurids Brigge‘. In: Deutsche Vierteljahrsschrift für Literaturwissenschaft und Geistesgeschichte. 41. Jg. 1968, Heft 2.

HOFMILLER, Joseph: Emil Strauß. In: Corona. 3. Jg. 1933, Heft 6.

HOLTHUSEN, Hans Egon: Der unbehauste Mensch. Motive und Probleme der modernen Literatur. – München 1951.

HOPPE, Karl: Wilhelm Raabe. Beiträge zum Verständnis seiner Person und seines Werkes. – Göttingen 1967.

JHERING, Herbert: Heinrich Mann. – Berlin 1951.

JUST, Gottfried: Ironie und Sentimentalität in den erzählenden Dichtungen Arthur Schnitzlers. – Berlin 1968. (= Reihe: Philologische Studien und Quellen. Heft 42.)

KAINZ, Friedrich: Pessimistische Dichtung. In: Reallexikon der deutschen Literaturgeschichte. Hrsg. von Paul Merker u. Wolfgang Stammler. 2. Bd. – Berlin 1926/1928.

KAYSER, Hans Chr.: Bild und Funktion der Schule in der deutschen Literatur um die Wende zum zwanzigsten Jahrhundert. – Diss. Washington 1970.

KILLY, Walther: Romane des 19. Jahrhunderts. Wirklichkeit und Kunstcharakter. – Göttingen 1967.

KIRCHBERGER, Lida: Musil's Trilogy. An Approach to ‚Drei Frauen'. In: Monatshefte. Vol. LV. 1963.

KÖRNER, Josef: Arthur Schnitzlers Gestalten und Probleme. — Zürich/Leipzig/Wien 1921.

KOOPMANN, Helmut: Thomas Mann. Theorie und Praxis der epischen Ironie. In: Deutsche Romantheorien. Hrsg. von Reinhold Grimm. — Frankfurt a. M. 1968.

LÄMMERT, Eberhard: ‚Buddenbrooks'. In: Der deutsche Roman vom Barock bis zur Gegenwart. Hrsg. von Benno von Wiese. Bd 2. — Düsseldorf 1965.

LEDERER Herbert: A Chronicle of Loneliness. In: The German Quarterly. Vol. XXX. 1957.

LUKÁCS, Georg: Die Theorie des Romans. — Neuwied/Berlin 1971.

MAATJE, Frank C.: Der Raum als konstituierendes Moment in Wilhelm Raabes ‚Hungerpastor'. In: Raabe in neuer Sicht. Hrsg. von Herm. Helmers. — Stuttgart 1968.

MAJUT, Rudolf: Problemkreis des ‚dekadenten Menschen' und Künstlers. In: Deutsche Philologie im Aufriß. 2. Aufl. 1960. Bd II.

MCCORMICK, E Allen: Ambivalence in Musil's ‚Drei Frauen': Notes on Meaning and Method. In: Monatshefte. Vol. LIV. 1962.

MEINERTS, Hans Jürgen: Die Akten des Vogelsangs. Raabestudien auf Grund einer Sprachuntersuchung. — Berlin 1940.

MEYER, Herman: Raum und Zeit in Wilhelm Raabes Erzählkunst. In: Raabe in neuer Sicht, a. a. O.

Ders.: Der Sonderling in der deutschen Dichtung. — München 1963. (= Reihe: Literatur als Kunst.)

MILLS, Edgar: Die Geschichte der Einsiedlergestalt vom mittelalterlichen Epos über Barock und Empfindsamkeit bis zum Roman der Romantik. — Diss. N. Y. U. New York 1964.

OHL, Hubert: Bild und Wirklichkeit. Studien zur Romankunst Raabes und Fontanes. — Heidelberg 1968.

PIKE, Burton: Robert Musil: An Introduction to his Work. — Ithaca, New York 1961.

PONGS, Hermann: Ambivalenz in moderner Dichtung. In: Sprachkunst als Weltgestaltung. — Salzburg 1966.

PORITZKY, J. E.: Das Kind in der Weltliteratur. — In: Das literarische Echo. Jg. 3. 1901/1902, Heft 24.

PÜTZ, Peter: Friedrich Nietzsche. — Stuttgart 1967. (= Sammlung Metzler Nr. 62.)

RASCH, Wolfdietrich: Über Robert Musils Roman ‚Der Mann ohne Eigenschaften'. — Göttingen 1967. (= Kleine Vandenhoeck-Reihe 242/243/244.)

REHM, Walther: Der Dichter und die neue Einsamkeit. Aufsätze zur Literatur um 1900. — Göttingen 1969. (Kleine Vandenhoeck-Reihe 306.)

REICHERT, Herbert W.: Nietzsche and Schnitzler. In: Studies in Arthur Schnitzler. — Chapel Hill 1963.

REQUADT, Paul: Zu Musils ‚Portugiesin'. In: Wirkendes Wort. 5. Jg. Düsseldorf 1955.

REY, William H.: Die geistige Welt Arthur Schnitzlers. In: Wirkendes Wort. 16. Jg. Düsseldorf 1966.

RICHTER, Karl: Resignation. Eine Studie zum Werk Theodor Fontanes. — Stuttgart 1966.

SCHLAFFER, Heinz: Das Schicksalsmodell in Fontanes Romanwerk. Konstanz und Auflösung. In: Germanisch-Romanische Monatsschrift. Bd XLVII. N. F. Bd XVI. Heidelberg 1966.

SCHMITT, Franz Anselm: Stoff- und Motivgeschichte der deutschen Literatur. 2. Aufl. — Berlin 1965.

SCHÖPKER, Heinz Friedrich: Heinrich Mann als Darsteller des Hysterischen und Grotesken. — Diss. Bonn 1960.

SCHRÖTER, Klaus: Heinrich Mann in Selbstzeugnissen und Bilddokumenten. — Hamburg 1967.

SINGER, Herbert: Der deutsche Roman zwischen Barock und Rokoko. — Köln/Graz 1963.

SOERGEL, Albert/HOHOFF, Curt: Dichtung und Dichter der Zeit. Vom Naturalismus bis zur Gegenwart. 2 Bde. — Düsseldorf 1963.

VOSSLER Karl: Poesie der Einsamkeit in Spanien. 2. Aufl. — München 1950.

WAHL, Victor: Die Gestalt des Kindes in deutschen Dichtungen. — Diss. Freiburg 1922. [Masch.]

WEISSTEIN, Ulrich Heinrich Mann. Eine historisch-kritische Einführung in sein dichterisches Werk. — Tübingen 1962.

ZEITLIN, Jacob: The Life of Solitude by Francis Petrarch. — University of Illinois. Illinois 1924.

ZIMMERMANN Werner: Robert Musil, Die Portugiesin (1923). In: Deutsche Prosadichtungen unseres Jahrhunderts. Bd 1. — Düsseldorf 1966.

Es wurden nur die Werke angeführt, die in einem unmittelbaren Zusammenhang mit dem Thema stehen.

NAMENREGISTER